ちくま新書

教養としての政治学入門

成蹊大学法学部 編
Faculty of Law, Seikei University

1393

教養としての政治学入門【目次】

はじめに　今井貴子　015

I 日本と世界　021

第1章 [日本政治] 議院内閣制と政党政治——日本はいかなる政治システムの国か?　高安健将　023

1 日本の首相は強い?　023

一強多弱の日本政治/強すぎる首相?/「強すぎる首相」と「弱すぎる首相」が並存する日本政治

2 英国型議院内閣制とアメリカ型大統領制　026

議院内閣制と権力/議院内閣制と大統領制/権力者は信頼できるか

3 日本は議院内閣制か?　033

日本国憲法上の規定/ガングホーフの類型論——議会と政府の関係/半議院内閣制とは/日本は半議院内閣制か?

4 半議院内閣制を使いこなせるか　041

政党政治と政治制度/半議院内閣制を機能させる条件

第2章 [行政学] 公務員制度批判について考えよう　西村美香　047

1 年功序列の公務員制度は生ぬるい？ 047
公務員制度を知ってる？／実は昔から成績主義の原則を採用している／キャリア・ノンキャリアの人事慣行／年功序列的な人事が多い地方公務員／能力実績主義の徹底を求める動き／人事評価制度による変化／キャリア制度の廃止へ／幹部職員人事の一元管理／政治主導の下での幹部公務員人事

2 公務員の給与は高すぎる？ 056
国家公務員の給与決定のしくみ／地方公務員の給与決定のしくみ／公務員の給与は民間より高い？／地方公務員給与は国より高い？／財政難なら大幅削減するべきか／日本の公務員の労働基本権／人事院勧告か労使交渉か

3 公務員の天下りはなぜなくならない？ 065
天下りとは／なぜ批判されるのか／旧国家公務員法による再就職規制／天下りは必要悪か／天下りは官民関係の潤滑油？／安倍政権での天下り規制改正／新しい規制の限界

4 日本の公務員は多すぎる？ 072
対人口比でかなり少ない日本の公務員／行政の委託を受ける法人やボランティア／国家公務員の定員削減／地方公務員の定員削減／定員削減の副作用

5 公務員制度改革へ向けて 077

第3章 ［地方自治］権限と財源から見た地方自治　浅羽隆史　079
1　地方自治の意義　079
地方自治の必要性／自治体の独自施策が国の制度へ／自治権の根拠と日本国憲法／グローバル・スタンダードはない／国により層も異なる
2　地方自治体の権限　085
日本における事務配分／地方分権
3　地方自治体の多様性と財源格差　091
多様な自治体／地方税は財源の三分の一強にすぎない／三位一体の改革で格差が拡大／財源の格差／武蔵野市の独自性と財源の豊かさ／充実した地方自治の実現をめざして
第4章 ［国際政治］現代世界における戦争と暴力　遠藤誠治　103
1　減少する国家間戦争　105
国内紛争の増加／国内紛争の国際化と越境テロ
2　国家間戦争とはどのような問題か　109
国際政治の分権的構造／国際政治も集権的にすればよいのか／安全保障のディレンマ／平和的な秩序変更

3 「新しい戦争」の論理 116
グローバリゼーションという構造的要因／紛争発生における自己利益追求、紛争継続の自己目的化／グローバルな政治経済システムによる内戦の国際化
4 戦争のメカニズムの変化と国際政治学 122
グローバリゼーションによる相互依存関係強化／格差是正と社会変革の必要性

Ⅱ 歴史と思想 131

第5章 ［政治理論］官僚制の思想史――デモクラシーの友か敵か？ 野口雅弘 133
1 アプローチと語源 133
思想史的なアプローチ／語源
2 日本の「官僚」のイメージ 136
小説『官僚たちの夏』／テクノクラシーと「官僚内閣制」
3 マックス・ウェーバーの官僚制論 141
組織の時代／官僚制の「即物的非人格性」／政治家と官僚の違い
4 全体主義と官僚制 146

丸山眞男と「無責任の体系」／アーレントのアイヒマン・レポート／アーレントを引き継ぐ『海辺のカフカ』
5　新自由主義　151
官僚制バッシング／「小さな政府」において強化される官僚の統治
6　官僚制とデモクラシー　155
友でもあり、敵でもある／政治的リテラシー
第6章［西洋政治思想史］敗戦の経験とデモクラシー――戦後日本の一つの思想的伝統　平石　耕　161
1　西洋政治思想史研究と敗戦との関わり　161
2　「大日本帝国の国家破産」の経験　163
天皇制国家における〈個人と国家〉――「草莽の文」／「トカトントン」に示される虚脱／「堕落論」「続堕落論」に示される解放／「焼跡」の闇市における「イエス」と「審問官」／「焼跡の審問官」に示される「自由」への懸念
3　政治的死の位置づけをめぐって　172
「自由」は「配給」されたのか――「冬に入る」／敗戦をめぐる悲惨の体験とデモクラシー／解放戦

争としての「大東亜戦争」――『大東亜戦争肯定論』／「散華」としての政治的死／「難死」としての政治的死――『「難死」の思想』「平和の倫理と論理」／「難死」と「戦敗国ナショナリズム」／「加害者意識」の問題／「難死」・デモクラシー・「開かれたナショナリズム」
4 敗戦の経験からデモクラシーの原理へ 187
何が見えてきたのか／何を、どう受け継ぐのか

第7章 【日本政治外交史】戦後日本外交入門――日中国交正常化を事例に 井上正也 191

1 戦後外交史のなかの日中国交正常化 191
「戦後処理」外交／日中国交正常化の現代的意義
2 戦後日中関係史 194
米中冷戦と安保問題／台湾問題
3 日中国交正常化の交渉過程 198
中ソ対立と米中接近／ニクソン・ショック／田中角栄政権の発足／竹入メモ／アメリカとの事前調整／日中国交正常化交渉の開始／日中国交正常化の成立
4 日中国交正常化の評価 209
何が合意されたのか？／議論されなかった尖閣問題／「一九七二年体制」／歴史認識問題／日中国

交正常化の歴史的意義

第8章 ［西洋政治史］ロシアにおける第二次世界大戦の記憶と国民意識　立石洋子　219

1　ロシアと第二次世界大戦の記憶　219
戦争の記憶と社会／ソ連・ロシアと戦争の歴史

2　同時代を記録する——戦時下の資料収集と保存の試み　222
独ソ戦とソ連社会／国家と社会／作家の活動／歴史家の活動／博物館と図書館、公文書館の活動／戦争体験の記録と社会

3　終戦と大祖国戦争の記憶の統制　230
終戦後のソ連社会／公式の戦争史観との対抗／戦争体験の継承とソ連の社会／独ソ戦の歴史と愛国主義の育成

4　ソ連の解体と独ソ戦の記憶の継承　238
ロシアにおける独ソ戦の記憶／「不滅の連隊」と戦争の歴史の政治利用への反発／社会による記憶の継承／戦争の記憶と市民社会

Ⅲ　比較と地域　247

第9章［比較福祉政治］生活保障システムを比較する　今井貴子　249

1　産業構造の転換と「ちびだら飲み」コーヒー　249
人々の働き方が変わった／新しい社会的リスクの浮上

2　「世界」の違いと比較の枠組み　252
福祉レジーム類型論／比較の指標／「世界」を形成する政治ダイナミズム

3　三つの「世界」の違い　256
自由主義レジームと保守主義レジーム／社会民主主義レジーム

4　戦後福祉レジームの揺らぎ　258
転換の圧力・制度の抵抗／経済のグローバル化／脱工業経済の到来

5　社会的リスクの構造変容　263
従来の社会的リスク／普遍化する新しい社会的リスク

6　新しい政策アイディア——社会的包摂という政策概念　266
社会的包摂の分岐／ワークフェア／アクティヴェーション／ベーシック・インカム

7 今後の展望 273

第10章 [アメリカ政治] 政治不信の高まりと政治的分極化 西山隆行 277

1 オバマとトランプ 277

トランプ・ショック/「ワシントン政治の素人」

2 政治不信とアウトサイダー候補への期待 279

アメリカ社会分断克服への期待/超党派路線の模索と断念/ティーパーティ運動とウォール街占拠運動/トランプ政権誕生の背景

3 政治的分極化 287

大統領支持率の党派別分極化/イデオロギー的分極化/分極化をもたらす装置としてのメディア/SNSと政治的分極化

4 アメリカ政治の争点 295

移民・不法移民問題/銃規制/医療保険/地球温暖化/人工妊娠中絶/税の問題/自由貿易/同性婚/マリファナ合法化/テロと市民的自由/コンセンサスの欠如

第11章 [ヨーロッパ政治] 変貌するドイツ政治 板橋拓己 307

1　揺れるドイツ社会　307
エジル選手のドイツ代表引退／ケムニッツでの騒乱
2　「移民国家」ドイツと難民危機　310
「移民国家」としてのドイツ／反イスラム的言動の公然化／難民危機とドイツ／「歓迎」から「不安」へ
3　「ドイツのための選択肢（ＡｆＤ）」の躍進　316
ＡｆＤの登場／ＡｆＤの右傾化／ドイツ政治と極右政党／従来の極右政党とＡｆＤの違い
4　「安定」の政治の変容　322
二〇一七年連邦議会選挙／メルケル政治の鬼子としてのＡｆＤ／ドイツ型代表制民主主義の動揺／政党政治の変容／ポスト・メルケル時代へ

第12章　［アジア政治］中国から政治を見る　光田　剛　335

1　封建制と郡県制　336
儒家の登場／封建論／郡県制と皇帝制
2　後期帝制時代の社会　341
始皇帝の理想の実現／科挙官僚制／儒教知識人を取り込む／紳士階層の出現／「皇帝－紳士－庶

民」の階層構造／高まる変革要求
3　近現代中国への展開　352
紳士の共和国／軍閥の時代と紳士／国民革命と「封建」の命運／取り残される個人の自由
あとがき　西山隆行　361
執筆者紹介　364

凡例
＊各章末の「さらに詳しく知るための参考文献」に掲載されている文献については、本文中では（著者名　発表年）という形で略記した。

はじめに

今井貴子

本書は、成蹊大学法学部政治学科に在籍する研究者による政治学の入門書である。入門といっても、本書が意図するのは、政治学全般を網羅的・体系的に論じるものではない。むしろ、政治学のさまざまな領域の専門家が、初学者を自身の分野へ招き入れるためのテーマを選定し、何が問題・争点になっているのか、それらの問題・争点をどう考えるのか、をできるだけ平易に叙述することに重きがおかれている。政治学をこれから学ぼうと考えている読者はもちろん、取り立てて政治学なるものに足を踏み入れるつもりはないのだけれども、今日わたしたちが直面している課題や争点を知り、それらを理解する手がかりを得たいと思っている読者にも、ぜひ繙《ひもと》いてもらいたい。

もとより政治はとっつきにくい。そもそも、何をもって政治とするのかさえはっきりしない。「政治とは何か」という問い自体が古代以来のものであって、人間の歴史を通じて数多《あまた》の賢人たちが論争を重ねてきた。一つはっきりいえるのは、他者との関係性のなかで生きる社会的存在としての人間の営みがあるところには、必ず政治が存在することである。

政治学者バーナード・クリックがいうには、政治は、相異なる利害が共存する事実を受け入れるところではじめて生起する。特定のイデオロギーに基づく一体性を徹底し、それへの異論を唱える「KYな（支配的な空気を読まない）」人たちをことごとく排除するところでは、政治の出番はない。人々は多様な利害を抱え、複雑な相互関係を結ぶ。共存のための解を見出すのは容易なことではない。したがって、政治は面倒でひたすら手間がかかる。だが、それを引き受けることこそが、野蛮から離れる叡智である。

そして、人間の活動の多次元性・多様性を映し出すように、政治学もまた専門分化してきた。本書は全一二章から成るが、それでも政治学の多面性のごく一端を示しているにすぎない。同時に、個別の分野は相互に深く関連しあっている。その明らかな関連性は、本書の「日本と世界」「思想と歴史」「比較と地域」という三部の構成にみることができる。もちろん、レンズをさらに引くと、これら三部もまた地続きなのである。

第I部は、日本と世界を形作る複雑で重層的な仕組みの見取り図を示す。「安倍一強」など と権力の集中が指摘されている日本の政治システムについて、第1章は、制度比較の観点から日本のそれは参議院の機能ゆえに「半」議院内閣制であると論じ、そのシステムを十全に機能させる条件を示す。第2章は、「年功序列の公務員制度は生ぬるい？」といった世間に流布する公務員制度批判を行政学の立場から解説する。第3章では地方自治を扱う。自治体の多様性、自治体間の財政力格差を豊富なデータから示し、充実した地方自治への展望を論じる。日本を取り巻く国際関係を取り上げる第4章は、甚大な被害を生んでいる内戦や国際化した内戦という、従来の国家間戦争とは異なる「新しい戦争」のメカニズムを明らかにする。

第Ⅱ部は、思想史・歴史学の視座から、今日的問題の淵源を探る。第5章は、官僚制という語の成立と、それをめぐる言説の変容を思想史的に検討する。バルザック、ウェーバー、アーレントらの政治理論を紹介しながら、官僚制とデモクラシーの関係を考察する。第6章は、日本の西洋政治思想史研究に決定的な影響を与えた、敗戦の体験を起点とする戦後デモクラシー理解を明らかにする。第7章では、一九七二年の日中国交正常化の意義が資料に基づいて論じられ、日本政治外交史の醍醐味を知ることができる。国民は歴史をどう記憶するのか。第8章はこの問いに取り組み、ソ連後期の歴史政策がプーチン時代のロシアに与えた影響を析出する。

第Ⅲ部では比較政治（史）・地域研究にかかわる論考が展開される。第9章は、雇用と社会保障の総体である生活保障システムの揺らぎが指摘される中、各国のシステムの成り立ちと今日のリスクへの対応策を比較の視点から示す。トランプ大統領の登場、ドイツでの右翼ポピュリスト政党「ドイツのための選択肢（ＡｆＤ）」の台頭など、各国政治の明らかな変容について、第10章では、アメリカにおける政治不信の高まりと政治的分極化を分析し、第11章は、急速に支持を伸ばすＡｆＤを取り上げて、歴史的岐路にたつドイツ政治を描く。政治学というとギリシャ由来のヨーロッパの視点ばかりに目が向きがちだが、第12章は、中国の政治論を孔子の時代から今日まで、じつに二〇〇〇年にわたって鳥瞰する。

いささか苦手意識を感じる章もあるかもしれない。まずはご自分の関心に近そうな章から読みはじめてほしい。読後もっと知見を広め深めたい読者のために、章末に解題付きブックガイドを付した。活用していただきたい。

そのうえで、未知のテーマにも足を踏み入れていただければと願う。それが「教養としての」、といういささか大上段に構えたタイトルを据えた本書の真意である。本書は、ますます不確実性が高まる今日の国内外の政治について考える手がかりを提供しているはずだが、同時に、教養書としての役割を念頭においている。一九世紀イギリスの知の巨人Ｊ・Ｓ・ミルによれば、教養とは、人間の利害にかかわるあらゆる重要な問題について何かしら知識を持つことである。それは、いくつもの個別独立した知識や見解同士を結びつけ、全体を見通すために不可欠である。

現在、「教養」という言葉が改めて脚光のもとにある。背景には、汎用ＡＩ（人工知能）時代の到来可能性がある。機械が人間の営みの多くの部分を取って代わるという将来像が現実味をおびてくる中、人間の「Ｉ＝インテリジェンス」が問い直されている。論者たちが指摘するのは、一つのことに精通するスペシャリストであると同時に、教養を備えたジェネラリストであることの強みである。自らのスペシャルティを全体の中でどう活かすか、時代の変化に応じて新たな専門性《スペシャリティ》を身につけるために全体をどう見定めるか。そこでは豊かな一般的教養が欠かせない。本書がそうした教養としての政治学の旅に向かう読者のささやかな道案内になれば幸いである。

Ⅰ 日本と世界

第1章 ［日本政治］議院内閣制と政党政治――日本はいかなる政治システムの国か？

高安健将

1 日本の首相は強い？

†一強多弱の日本政治

日本政治が「一強多弱」と言われて久しい。そのときの「一強」は、「自民党一強」であり、「安倍一強」である。自民党は、二〇一二年衆院選以降、二〇一三年参院選、二〇一四年衆院選、二〇一六参院選、二〇一七年衆院選と、国政選挙で五連勝する一方、野党は、二〇〇〇年代に二大政党の一角を担った民主党が二〇一二年衆院選を前に分裂すると、その後、合併と分裂を繰り返し、「多弱」の状態に陥った。

一強状態の自民党の中をみると、かつて全盛を極めた派閥は、総裁候補の擁立、選挙支援、政治資金の獲得、ポスト配分のいずれでも役割を低下させた。自民党内の総務会や政務調査会の関連機関がかつて示した自律性も、小泉政権時代に低下し始め、第二次安倍政権になって失なわれた感がある。自民党内における公式機関の自律性は、結局のところ、派閥に支えられていた面が強かったのであろう。こうして、自民党内の分権性は影を潜めた。そして、自民党は、首相（＝総裁）のもとへの集権性を顕著な特徴として示すようになった。もちろん、国政選挙での勝利と世論の支持をつなぎとめていることが今日の安倍晋三首相の強さの前提であるが、「安倍一強」は際立っている。

†強すぎる首相？

第二次安倍政権は、二〇一二年に成立すると、従来、手を付けることが躊躇《ためら》われた政策課題を次々に取り上げ、政策を変更してきた。

安全保障面では、従来違憲とされてきた集団的自衛権の行使を容認する憲法解釈の閣議決定による変更と、これを前提とする安保法制の整備や、武器輸出を全面的に禁じた武器輸出三原則の事実上の解禁（武器装備移転三原則の決定）などが行なわれた。経済面では、総裁人事などを通した日本銀行による異次元の金融緩和策や、よりリスクの高い国内株式の購入比率を倍増する年金積立金管理運用独立行政法人（ＧＰＩＦ）の運用見直しが進められた。国に連なる公的機関による大量の長期国債と民間株式の保有は、市場への国家介入の強化という点で重大な意味合いをもっている。

治安面で言えば、安倍政権は、特定秘密保護法や、共謀罪（テロ等準備罪）の創設を含む改正組織犯罪処罰法を成立させた。これらの法律は、一般の人々の自由や権利を侵害する恐れがあると指摘され、これまで容易には国会を通らないものであった。農業政策と産業政策などを連携させなければならないTPP条約交渉をまとめることができたのも、政権中枢の強さを抜きには語れない。

今日、日本の首相は強い権力を行使するようになっている。日本における政治改革運動は、英国の議院内閣制を範とし、政治腐敗の一掃とともに強いリーダーシップの確立を求めてきた。今日の状況はその実現をみたかのようである。そして、それは強すぎるリーダーシップとの批判も招くこととなった。

†「強すぎる首相」と「弱すぎる首相」が並存する日本政治

しかし、少し時計の針を戻してみると、強い首相の代名詞であった小泉純一郎首相の退任後、日本の首相は次々と交代し、二〇〇六年以降六名が各々一年前後で退陣するという事態に至ったこともある。その六名には自民党の首相もいれば民主党の首相もおり、そのひとりであった安倍首相は第二次政権では長期政権を率いていることから、単純に政党や個人の失敗とは言えない別の要素があったとも考えられる。

今世紀に制度改革があったわけではないのに、日本政治が「強すぎる首相」も「弱すぎる首相」もともにみることになった背景にはどのようなことが考えられるのであろうか。本章では、このまったく異なる首相のパターンがなぜ日本政治に並存するのかを、議院内閣制と半議院内閣制いうキーワードから考えてみたい。

2 英国型議院内閣制とアメリカ型大統領制

†議院内閣制と権力

そもそも議院内閣制とは何であろうか。

議院内閣制とは、国や自治体の中で権力を作り、これを制御するメカニズムである。議院内閣制を語ることは権力を語ることである。それは、人々の生活に直結し、国や社会のあり方を左右する公式の権力である。権力は、公共善を実現する「善きもの」とみなすのであれ、一定の秩序を得るための必要悪とみなすのであれ、私たちの社会には必要である。

権力があることで、社会の秩序は維持されて犯罪は取り締まられ、対外的脅威は退けられる。権力があることで、市場の適切な機能の発揮もその歪みの是正も可能となり、生きることに伴う様々な困難に直面する人々にも手を差し伸べることができる。

反面、権力の担い手は、分かりやすいところで言えば、私たちの財産を「税」などというかたちで取り上げ、身柄を拘束することもできる。戦争のような場面では、人々は生命さえも差し出すことを強要される。

権力が必要であることは確かであるとしても、それがむやみに作り出されて行使されれば、私たちにとってプラス面と同じくらいに、あるいはそれ以上にマイナス面を伴う。権力が作り出される時、これをどのように制御するのかは常に考えておかなければならない。

†議院内閣制と大統領制

議院内閣制を考える場合、大統領制と対をなして語られることが多い。両者はともに権力を作り出し制御するための仕組みである。

近年では、議院内閣制と大統領制とは言っても、バリエーションが多いことから二項対立的に捉えるべきではないとの議論もある。しかし、英国の議院内閣制とアメリカの大統領制を比較すると、実際問題として、制度のみならずこれを支える思想からしても対照的であることがわかる。そこで本章では、日本政治の仕組みを理解する第一歩として、日本でもっとも馴染み深い英国の議院内閣制とアメリカの大統領制を比較して、各々《おのおの》の特徴を考えてみたい。

議院内閣制は、政府を率いる内閣の存立が、議会の信任に依存するシステムである。有権者は、議会のメンバーである議員を選出し、議会が内閣を信任することで、内閣は成立する。内閣は議会の信任を失えば、直ちに崩壊することになる。英国の場合には、女王が、庶民院（＝下院）の信任を得られそうな議員を首相に選ぶ。庶民院は、首相率いる内閣に対する不信任決議案を可決したり、信任決議案を否決することで、内閣をクビにできる。当然、内閣は議会に対し説明責任を有するし、政府を制御するのは議会である。

また、議院内閣制では、政府が議会の解散権をもつ場合とそうでない場合がある。英国の場合、従来、解散権は、首相の助言に基づいて女王が行使してきたことから、実質的には首相の専権事項と理解されてきた。この場合、解散権があることで、政府が議会に対して一方的に依存するのではなく、両者は相互依存の関係にあると表現できる。

しかし、英国では、二〇一一年に議会期固定法が成立したことにより、女王大権としての解散権、すなわち、首相の専権事項としての解散権はなくなった。議会の三分の二が解散に賛成するか、不信任決議成立後一四日以内に新政権が庶民院の信任を得られない場合に庶民院は解散されることとなった（ただし、庶民院の解散は、二〇一七年にはテリーザ・メイ首相が提案し、野党・労働党が賛成することで、決定されており、どのように解散が行なわれるのかは今後の実践の積み重ねによる）。

いずれにせよ、政府と議会にまたがる政治を実質的に取り仕切るのは、議会の多数派である。戦後英国では、階級社会という歴史的経緯と小選挙区制という選挙制度によって、保守党と労働党による全国的な二大政党制が作り出され、維持されてきた。小選挙区制は、選挙区のなかでもっとも多くの票を獲得した候補者を当選者とする。それがたとえ三〇％台の得票率であっても、である。例えば、二〇〇五年の総選挙では、労働党は三五・二％の得票率しかなかったが、五五％の議席を獲得している。結果的に、英国の総選挙では、二大政党がいずれも過半数の票を獲得しないにもかかわらず、勝者が庶民院の過半数を確保して単独で政権を成立させることが多かった。

こうして、議会多数派は議会と政府という二つの権力を同時掌握することができた。それゆえに、英国の議院内閣制では、多数派が意思統一をすれば、決定を効率的に行なえる制度となっている。集権的で多数代表的な性格を示す英国の議院内閣制は、英国議会の所在地からとって、しばしばウェストミンスター・モデルと呼ばれる。

対照的に、特定の政治勢力に権力を委ねることを嫌うのが、アメリカの大統領制である。アメリカの大統領制では、大統領と、議会を構成する上院と下院は、有権者によって別々に選挙で選ばれる（大統領は大統領選挙人によって選ばれるとはいえ、今日、有権者が直接選んでいるのに近い）。

大統領と上院、下院は各々独自の民主的正当性をもつことになる。大統領に議会の解散権はなく、逆に議会も大統領を罷免できない（議会による大統領の弾劾手続きは例外的である）。司法は強力であり、州が主権を有するなど連邦からの独立性も高い。

権力は、分割される制度設計となっており、ひとつの政治勢力に委ねられることはない。たとえ大統領や議会の多数派が自らの好む政策を強く推進したいとしても、必ずしもこれを実現できるとは限らない。アメリカの大統領制が権力分立制とも称される所以《ゆえん》である。

†権力者は信頼できるか

このような英米間の違いは、権力にとっていかなる意味をもつのであろうか。

英国の議院内閣制は、（単独であれ複数であれ）政権党がまとまれば、時々の課題に迅速に対応する強力な権力を作り出すことが可能である。総選挙で勝利した政党とその指導者たちに権力が委ねられるのである。問題は、権力がどのように制御されるのかということである。

英国の議院内閣制でその役割を基本的に担うのは議会と総選挙ということになる。しかし、議会は、政府を支持する役割と、これを監視し制御する二律背反的役割を委ねられている。議会のなかで、政権党のまとまり＝凝集性が強すぎると、監視と制御の役割が疎かになる危険は避けがたい。それゆえ、英国の議院内閣制は、特定の政党が一度総選挙で勝利し政権を獲得すると、次の総選挙まで制御が効かない「選挙独裁」になるとの批判も受けてきた。また、英国の議院内閣制は、多数代表的で集権的であるために、社会に存在する様々な利益や考え方を取り込むことが得意ではない。政治指導者たちが民意から離れてしまう危険を孕んだシステムだという言い方もできる。

こうした英国の議院内閣制の欠陥を補い、システム全体の正当性を支えてきたのが二つの前提であった。ひとつが二大政党制による政党間競争と民意の集約機能である。二大政党は社会に根を張り、民意は両党を通して政治権力とつながる。そして、二大政党は、有権者からの支持を二分して競合することで権力に対する歯止めとなる一方、交代で政権を担当することにより、理屈の上では、中長期的には全ての有権者の支持する政党が権力を担う機会を得ることができた。

第二には、政治指導者たちに対する信頼である。この信頼が意味したのは、政治指導者たちが適切に権力を行使し暴走はしないという了解であり、その裏返しとして政治指導者は権力を抑制的に使うという想定である。権力を預かる指導者たちが、政党間競争を妨げたり、異論を封じるような権力の使い方はしないという想定も、当然、含まれている。

また、スピーディーな決定が良好な政策的帰結に結びついているという観念も、政治指導者たちに対する信頼につながっていた。こうした前提があって初めて、強力な権力を作り出す英国の議院内閣制は、欠陥を抱えながらも、正当性を得ることができたのである。

問題は、こうした前提が問い直される事態であった。つまり、二大政党間の政権交代がない事態、政権交代があったとしても二大政党が民意からの支持を得られない事態、二大政党や政治指導者たちに対する信頼が失われる事態、政治指導者たちが暴走する事態、そして効率的な決定が望ましい政策的帰結をもたらさないといった事態である。こうした事態に直面すると、政治指導者に政治運営を委ねる議院内閣制の正当性は、疑問視されざるを得ない。

これに対し、アメリカの大統領制は、権力とその担い手に対する徹底した不信感に基づいて設計されていた。権力の担い手が、少数派であれ、多数派であれ、王であれ、貴族であれ、民衆であれ、信用することはできない。今日的に言えば、政治家も、官僚も、裁判所も、第三者機関も、専門家も信用することはできない。それゆえに、アメリカは一般的な法律の上位に憲法という特別なルールを設けて権力の担い手を拘束し、さらに権力を分割して、様々な機関に担わせることとした。

大統領制という名称とは裏腹に、アメリカの権力分立制は、いかなる政治勢力も、政治指導者も、独走できない仕組みになっている。権力分立制では、国内政策に関して、現状からの変更は議院内閣制と比較してはるかに困難である。ドナルド・トランプ大統領が、国内政策では、最近の大規模減税までほとんど実績らしい実績をもたないのは、裁判所や議会、連邦制の縛りが効くこのような仕組みのためである。

もちろん、権力の制御を重視すれば、権力によって何かを実現することは困難になる。決定のスピードも当然落ちる。大統領と上下両院いずれか（あるいは両方）の多数派が異なる政党に属する場合、政党間対立も加わって、ひとつの政治勢力の独走はさらに難しくなり、合意形成へのハードルは一層高くなる。分割政府である。アメリカでは、政治運営上の効率性への志向よりも、政治権力に対する不信感が強いということなのであろう。

3 日本は議院内閣制か？

†日本国憲法上の規定

それでは戦後日本はいかなる制度を採用してきたのであろうか。

戦後日本は議院内閣制を採用している——このように論じられることが多い。現在の日本国憲法に基づく政治制度は、議院内閣制と三権分立の両方を採用しているとも指摘されてきた。川人貞史の研究によれば、戦後の日本政治は、この二つの原理に関して調整と均衡を求める展開を辿り、議院内閣制として機能するに至ったとの見方もある（川人二〇〇五）。

日本の政治制度を議院内閣制とみなす根拠は、憲法に明記される、衆議院と内閣の関係にある。憲法第六七条第一項には、「内閣総理大臣は、国会議員の中から国会の議決で、これを指名する」とあり、続けて、第二項で、「衆議院と参議院とが異なった指名の議決をした場合に、法律の定めるところにより、両議院の協議会を開いても意見が一致しないとき、又は衆議院が指名の議決をした後、国会休会中の期間を除いて十日以内に、参議院が、指名の議決をしないときは、衆議院の議決を国会の議決とする」と定められている。同第六九条には、「内閣は、衆議院で不信任の決議案を可決し、又は信任の決議案を否決したときは、十日以内に衆議院が解散されない限り、総辞職をしなければならない」と明記されている。

つまり、首相は衆議院の支持によってその職に就き、衆議院の支持を失ったとき、内閣総辞職か衆議院の解散を選択しなければならない。日本国憲法は、衆議院を中心にみた場合、英国と同様、まさに議院内閣制の特徴を備えている。

ところが、日本は両院公選の二院制を採用している。衆議院の他に参議院が存在するのである。衆議院と参議院は別の選挙で選出されており、衆議院とこれに支えられる内閣という政治勢力に対して、参議院は独立の存在である。確かに、参議院は、首班指名を行なうことはできる。だが、参議院の意思が首班指名に反映されるのは、衆議院の意思と一致した場合のみである。両院の意思がずれた場合、衆議院の議決が国会の議決となる。衆議院の議決と異なる議決をした場合に、参議院の議決に効力がないならば、参議院が首相の選任と内閣の成立に直接に関与しているとは言えないであろう。

また、参議院には法的拘束力をもつ内閣不信任決議の制度がない。参議院が内閣によって解散させられることもない。内閣と相互依存の関係にある衆議院とは対照的である。参議院の意思表示の一種である問責決議を可決させたとしても、法的拘束力はない。竹中治堅はこうした日本の政治制度を「日本型分割政府」と呼んだ（竹中治堅「『日本型分割政府』と参議院の役割」『年報政治学』第五五巻、二〇〇五）。

このような二院制を有する日本の政治制度はどのように理解すればよいのであろうか。

†ガングホーフの類型論――議会と政府の関係

ポツダム大学のシュテフェン・ガングホーフは近年、議会と政府の関係に関する興味深い類型論を提示している。ガングホーフは、二院制をたんに議会のあり方にとどまらず、政治運営のあり方という抱括的な観点から理解することを提唱している。

ガングホーフは、政府の成立と存続という二つの側面に注目する。政府の成立の仕方としては、有権者による選挙とそうでない場合がある。政府の存続については、政府が議会に完全に依存する場合、完全に独立している場合、そしてその中間として議会に部分的に依存する場合、という区別ができる。この二つの軸を組み合わせると、表1のような整理ができる。

こうした整理をすると、アメリカの大統領制と英国の議院内閣制が好対照をなすことがわかる。同時に、イスラエルでかつて採用されていた首相公選制やフランスの半大統領制といった政治制度も位置づけることができる。

首相公選制は、日本でも小泉政権時代に検討されたことがある。有権者が首相を直接選ぶ制度であり、この点では大統領制と同じである。反面、首相公選制の下では、首相が議会の信任に依存するということは、首相を選定する者と首相をクビにできる者が異なることになり（イスラエルの場合には、議会が首相を罷免するためには、三分の二の特別多数が必要であった）、潜在的不安定性を抱えることになる。

半大統領制とは、有権者が大統領を直接公選する一方で、執政権力（＝行政権）は、大統領と首相の間で共有される制度である。半大統領制には、大統領と首相の両方が存在する。フランスの場合、大統領は首相を選任できる一方で、首相は議会の信任を必要とする。執政権力の一部分だけが議会に依存する制度である。

大統領の政党と議会多数派が同じであれば、大統領にとっては首相を自陣営から選ぶことができるので、リーダーシップを発揮しやすい。しかし、大統領と議会多数派にねじれが生じれば、大統領は、首相に対する議会の支持を得るために、異なる党の指導者を首相に選任しなけ

		政府の存続		
		議会に完全に依存	議会に部分的に依存	議会から完全に独立
政府の成立	有権者の選挙に依る	[1] 首相公選制（イスラエル 1996-2002）	[2] 半大統領制（フランス）	[3] 大統領制（アメリカ）
	有権者の選挙に依らない	[4] 議院内閣制（英国）	[5] 半議院内閣制（日本・オーストラリア）	[6] 参事会制（スイス）

表1　政治制度の形態

出典：以下2論文より著者が整理。Ganghof, Steffen (2014), 'Bicameralism As a Form of Government (Or: Why Australia and Japan Do Not Have a Parliamentary System)', *Parliamentary Affairs*, 67 (3): 647-663.
Ganghof, Steffen (2018), 'A New Political System Model: Semi-parliamentary Government', *European Journal of Political Research*, 57 (2): 261-281.

ればならない。フランスでは、大統領と首相の所属する政党が異なる事態をコアビタシオン（保革共存）と呼ぶ。この場合、フランスでは、大統領と首相が外交・安全保障と内政について分業したり、首相の役割がむしろ大きくなって議院内閣制的な政治運営が行なわれることもあった。半大統領制では、大統領と議会の党派構成によって、政治が異なるかたちで運営されることになる。

ガングホーフは、こうした政治運営の形態の中で、十分に顧みられてこなかったのが、半議院内閣制であったと強調する。半議院内閣制は半大統領制と対をなすかたちで、議院内閣制と大統領制の間に位置する制度である。ガングホーフによれば、議会に対する政府の部分的依存には二つのパターンがあるという。ひとつは、政府の側が大統領と首相に分立しており、大統領のみが議会から独立し、首相（内閣）は議会に依存するタイプである。もうひとつは、議会が分立しており、政府が議会の一部にのみ依存するタイプである。そして、この半議院内閣制にこそ、日本がオーストラリアとともに該当するとガングホーフは主張したのであった。

†半議院内閣制とは

半議院内閣制とは、第一に、執政長官（＝政府のトップ）ないし国家元首を有権者の投票によっては選ばず、第二に、議会が直接に選挙で選ばれる二つの部分をもち、第三に政府の存続が議会の一方のみの信任に依存するシステムと定義される。さらに、半議院内閣制には三つの条件がある。

①第二院は、第一院と同様、直接選挙で選ばれ、同程度の民主的正当性をもつこと。
②第二院は、財政関連を除く全ての重要法案について絶対的な拒否権をもつこと。
③第二院の過半数が政治的理由で内閣を一方的に罷免する権限をもたないこと。

ガングホーフによれば、半議院内閣制は、半大統領制同様、議院内閣制と大統領制のハイブリッドであり、他の制度にはない独特のデモクラシーを作り出す型として位置づけられるという。議院内閣制には、議会が政府に対する支持と制御という二律背反の役割を負わされるという問題がある。二院制を用いれば、一方が政府を支持する部分となり、他方がチェックを加える部分となって分業することが可能になる。政治学では、しばしば多数代表型デモクラシー

（＝ウェストミンスター型）と合意型デモクラシーを対置し、前者が有権者による明確な選択と政権の安定性そして責任政治を、後者が代表性や合意形成を強調してきた。二院制では、選挙制度にも左右されるが、この両者を共存させることができるとガングホーフは主張する。

他方、大統領制では、大統領が政府の中で強大になり過ぎるという問題があり、任期が固定されていて問題のある大統領であっても排除できない。大統領が強権的になり過ぎれば、デモクラシー自体を破壊し、権威主義体制化の危険もある。

半議院内閣制は、議院内閣制と大統領制のこうした欠陥を克服する一方で、両者の長所を活かすこともできるというのがガングホーフの主張であった。

†日本は半議院内閣制か？

それでは日本は本当に半議院内閣制を有する国であろうか。

日本の政治制度では、執政長官と位置づけられる首相は直接選挙で選ばれてはいない。憲法上、議会は公選の二院制である一方、政府の存続は議会の一方である衆議院にのみ依存し、参議院は独立している。ガングホーフの定義する半議院内閣制である。

ただし、参議院の議決は、憲法五九条二項により、衆議院の三分の二の特別多数によって覆されうる。それゆえ、参議院は法案に対する絶対的な拒否権をもたない。また、参議院は、衆議院と比較して、一票の格差が大きいことから、民主的正当性という点で劣るとガングホーフは論じる。そうしたことから、日本の制度は、オーストラリア連邦やその州と比較すると、半議院内閣制の理念型からはもっとも遠く、「薄められた半議院内閣制」であると表現される。参議院が弱いと理解されるためである。

しかし、実際の参議院はガングホーフが評価するよりも遥かに強力である。そもそも参議院は日本国憲法が想定したのとは異なるかたちで近年、制度を運用してきた。ガングホーフの整理する半議院内閣制という観点からすると、二つの点が重要である。

ひとつは、予算に関連してである。予算に関しては、衆参で議決が異なる場合、衆議院の議決が優越する。憲法の規定に従い、予算に関して参議院に拒否権はない。しかし、参議院には予算関連法案を否定する権限がある。租税特別措置を含む毎年の税制改正や特例公債は予算本体ではなく、関連法案として国会に提出される。参議院は予算本体の成立を阻止することはできないが、関連法案は通常の法案同様に否決できる。政府としては、いかに予算本体が無事に国会を通過しても、関連法案がなければ、予算を全体として執行することはできない。参議院は関連法案を否決することで事実上予算に対する拒否権をもつのである。

第二に、参議院は、憲法上確かに内閣不信任を決議する権限をもたない一方で、問責決議を用いることで、事実上、首相と内閣の命運を左右することができた。参議院は、一九九八年以降、とくに審議拒否と問責決議を組み合わせて用いることで、事実上、不信任決議と類似する効果を発揮する武器を手にしていた。

このように、予算関連法案を否定したり、内閣不信任決議と同様の効果をもつ問責決議を用いることで、参議院は、事実上、政府も引きずり下ろすことができた。衆議院が選出する首相と内閣を、参議院が否定すれば、循環が起きることになる。二〇〇〇年代後半から二〇一〇年代前半にかけてみられたのはこうした事態である。参議院によるこのような制度の運用は、内閣の不安定化をもたらした。憲法上の想定を超える強さを参議院は示していたことになる。

日本の政治制度は憲法上、確かにガングホーフの整理する半議院内閣制の特徴を備えている。しかし、参議院は、内閣を否定できるという意味で、ガングホーフが論じるよりも制度の実際の運用では遥かに強力であった。

4　半議院内閣制を使いこなせるか

†政党政治と政治制度

日本の政治制度は、衆参両院の多数を同じ政治勢力が掌握するとき、議院内閣制と同様に機能してきた。一九五五年に自由民主党が誕生して以降、一九五六年から一九八九年まで、衆参両院の過半数を自民党が獲得している時期が長く続いた。そのため、両院間の関係そして参議院と内閣の関係よりも、首相率いる政府と自民党の関係こそが政治運営にとって問題であった。一九九〇年代に入り連立政権の時代となって以降も、政権を支える諸政党（＝政権党）と首相率いる政府の関係が政治運営にとっての重大事であった。

とくに自民党内が総裁のもとに集権化し、首相を制御する能力を低下させると、政治運営における首相の権力は、圧倒的な強さを示すようになった。政治改革運動の想定では、権力の制御は、政権党内よりも、野党との政党間競争に委ねられるはずであった。しかし、残念ながら、現実をみると、野党の分裂が議院内閣制の作り出す強大な権力の制御を困難にしている。こうした問題は、強力な野党不在のもとでの議院内閣制の特徴であり限界と言える。

他方で、衆議院の多数派が参議院で過半数を掌握できない場合、日本の政治制度は権力分立制的に機能した。首相率いる政府は、凝集性の高い政権党に支えられる議院内閣制下のように、自在に政治運営を行なうことはできない。衆議院の多数派に支えられる内閣は、参議院で他の政党の協力を取り付けるべく、妥協をし、合意形成に努めなければ、政治運営はままならない。権力分立制のもとでは、妥協の圧力は参議院の全ての政党にのしかかる。各党は、イデオロギー的、政策的に合意点のない相手とも、権力を共有しなければならない。二院制とねじれ国会を前提とすれば、政党が公約通りに政治を運営できると考えるのは幻想である。

このように、日本の政治制度は、衆参両院の政党構成によって、議院内閣制として機能する時期と、権力分立制として機能する時期がある。二一世紀に入ってからの日本政治が、「強い首相」と「弱い首相」の両方を経験してきたのは、こうした制度的帰結のゆえである。日本は純粋な議院内閣制とは制度的に異なるのである。

†半議院内閣制を機能させる条件

日本の政治制度を理解する上で、本章で検討してきたガングホーフの半議院内閣制は参考になる概念である。二院制は議院内閣制と相性が悪い、あるいは緊張関係を作り出す、といったことも言われる。しかし、第一院（日本で言えば衆議院）に立脚した政府が不信任制度によって柔軟に制御されつつも安定的に維持される一方で、第二院（日本で言えば参議院）が政権を崩壊させずに法案審査を強力に行なう。ガングホーフが好意的に捉える半議院内閣制はこのような姿を示している。

ガングホーフ自身は、オーストラリアの（そして、日本の）制度を理解する上で、両院の党派構成次第で、制度が時に議院内閣制として、時に権力分立制として機能する、という理解の仕方には賛成しない。あくまで両国は半議員内閣制だと彼は捉える。しかし、それは恐らくガングホーフが特定の選挙制度を各院に想定しているためであるように思われる。具体的に言えば、第一院には小選挙区制のような多数代表制を、第二院にはより比例代表的な選挙制度を案に想定している可能性がある。であるとすれば、日本の半議院内閣制が、ガングホーフの論じる意味で適切に機能するためには、両院の役割分業を反映させた選挙制度改革を一体的に検討する必要がある。

また、先に論じたように、日本の制度が、ガングホーフの考える理念型的な半議院内閣制として機能する上で、もうひとつ障害となるのが参議院の問責決議と予算関連法案の扱いである。参議院が内閣の成立に事実上関与しない以上、参議院が内閣を排除するべく制度を利用すれば、政府の存在は不安定なものとならざるを得ない。各党にシステムの維持という共通了解があるならば、政権を崩壊させるような問責決議の利用は認められるべきではない。

今日の日本政治をみると、ウェストミンスター型を目指した改革は、権力を創出する上で十分に効果を発揮した。しかし、残念ながら、権力を制御する上での課題は、母国である英国以上に克服できていない。日本政治は、一九九〇年代以降の政治改革や行政改革によって大きく変貌を遂げた。これをなかったことにすることはできない。そうした改革を前提として、リベラル・デモクラシーを擁護し、日本政治の「機能向上」に努めようとすれば、二院制の活用は重要なテーマとなろう。本章の議論に従えば、両院の選挙制度を一体的に設計し直すことや、あるいは政党間で望ましい政治制度の運用に関する慣習を作り出すといった試みが考えられるかもしれない。

半議院内閣制は、特定の政党や政治指導者に全ての権力を委ねるという制度では必ずしもない。権力の共有が重要となる場面も出てくる。その際、日本の政党には、自らの存在理由と独自性を強調しつつ、他党との協力のうえに政治制度を運用するという、成熟した姿勢が求められるのである。

さらに詳しく知るための参考文献

岩崎美紀子『比較政治学』（岩波書店、二〇〇五）……比較政治学の主要テーマについて問題設定から体系的に論じたテキスト。特に第三章「立法権と行政権」は、本章で言及される各国の制度について丁寧に説明してくれる。

川人貞史『日本の国会制度と政党政治』（東京大学出版会、二〇〇五）……日本の国会制度が、日本国憲法に内包される権力分立制と議院内閣制の原理の間で、その後の国会改革などを経てどのように変容したのかを、理論的実証的に明らかにした研究書である。

清水真人『平成デモクラシー史』（ちくま新書、二〇一八）……日本の政治と経済に精通したジャーナリストの手による書。日本の政治制度と政治改革・行政改革そして政党間競争の絡み合いに焦点を当てつつ、平成の三〇年間を通史的に俯瞰できる。

高安健将『議院内閣制——変貌する英国モデル』（中公新書、二〇一八）……比較政治学と政治史の観点から、英国の議院内閣制がもつダイナミズムとその変容を体系的に論じた書。今日の日本政治を考える材料にもなる。

竹中治堅『首相支配――日本政治の変貌』(中公新書、二〇〇六)……一九九〇年代以降の日本政治を辿りながら、政治改革と行政改革が権力の中心を作るべくいかに日本政治を変えたのかを論じている。改革から首相支配につながる論旨明快な書である。

竹中治堅『参議院とは何か――1947-2010』(中公叢書、二〇一〇)……戦後に誕生した参議院が、政権、衆議院、政党との関係で、遂げてきた変貌を描いた書。本書はその展開を描き、今後の方向性についても興味深い示唆を提供してくれる。

第2章 ［行政学］公務員制度批判について考えよう

西村美香

1 年功序列の公務員制度は生ぬるい？

†公務員制度を知ってる？

「公務員」という言葉を聞いてどんな職業かわからない人はほとんどいないだろう。日本国憲法第一五条第二項では「すべて公務員は、全体の奉仕者であって、一部の奉仕者ではない。」と定められており、国民のために働く職業であることは広く知られている。だからこそ、国民は公務員に対して常に厳しい目を向けている。だが、私たちは本当に公務員制度のことをわかって文句を言っているだろうか。結構いい加減な都市伝説に振り回されていないだろうか。

本章では、世間に流布している公務員制度批判をいくつか取り上げ、行政学の立場から解説する。行政学は公的な官僚制組織の活動を研究する学問で、主な対象を一般職の非現業公務員としている。一般職非現業公務員は、公務員制度の基本法である国家公務員法や地方公務員法の適用対象として最も典型的な公務員である。一般職は、公開競争試験や選考によって専門能力に基づいて採用される（これを資格任用という）公務員のことで、非現業は現業（清掃・給食・運転など非権力的・経営的業務に携わる公務員）以外のことで、一般行政事務や警察・消防・教育・医療などに関わる公務員である。行政学の紹介をする本章も、一般職非現業公務員（特に一般行政職）を中心に話を進めよう。

†実は昔から成績主義の原則を採用している

少し意外かもしれないが、国家公務員法も地方公務員法も、昭和二〇年代の制定当初から明確に成績主義を謳い、「勤務成績その他の能力の実証に基づいて」人事を行なわなければならないこと、採用や昇進は試験を原則とすることが定められていた。

にもかかわらず、年功序列という言葉は公務員批判の定番だ。そうした批判が起きるのはなぜか。理由は、実際の人事が公務員法の原則通りに行なわれてこなかったからである。昇進のために競争試験を実施するケースは少数派で、多くの場合、競争試験によらない選考で昇進が行なわれてきた。しかも、選考の際に基準となるべき勤務評定制度も実質的には機能していなかった。

　とはいえ、まったく成績主義が無視されてきたわけではない。年功序列をベースにしつつ、時に民間企業に負けず劣らず厳しい出世競争が行なわれてきた。

†キャリア・ノンキャリアの人事慣行

　その典型が、国家公務員の「キャリア」と呼ばれる幹部および幹部候補生達の人事だ。国家公務員は合格した採用試験によって、幹部ポストまで出世できる「キャリア」とそれ以外の「ノンキャリア」に分ける入口選別を行なってきた。キャリアは国家公務員試験の中でも最難関と言われる試験（旧I種試験）の合格者で、全国家公務員の五％弱（総合職を入れると六％弱）だ。その昇進の速さは、キャリアは特急、ノンキャリアが各駅停車と言われてきた。

　キャリアは一～二年で人事異動を繰り返し、若い頃から海外留学や海外勤務、地方への出向で様々な経験を積み、優秀なジェネラリストになるよう育成される。採用された年次毎に横並びで本省課長レベルまで昇進するが、その上の審議官や局長、事務次官はポストの数が限られているため、出世競争を勝ち抜いた人しか昇進できない。だから、競争を勝ち抜くために長時間のサービス残業や転勤もいとわない。減点主義なので失敗は許されず、それが先例踏襲主義を助長する面もある。競争に敗れると早期退職していく人事慣行で、定年まで勤め続けることはできない。多くのキャリアは定年を待たずに公務員を辞める。だから再就職としての天下りが必要になる。

一方、ノンキャリアの公務員は、キャリアより狭い範囲を三年以上の周期で（省庁による違い大）人事異動し、スペシャリストとして育成されるのが一般的だ。ノンキャリアも係長レベルまでは横並びで昇進するが、本省の課長補佐や課長になれるのはごく一部の人だけで、多くの職員が定年まで勤めている。キャリアが大所高所から企画立案することを期待されているのと対照的に、ノンキャリアは実務や細かな法令に精通し、縁の下の力持ちとして行政を支えている。優秀なノンキャリアなくしてキャリアの仕事も成り立たないので、キャリアはノンキャリアをベテランと呼んで頼りにしている。

†年功序列的な人事が多い地方公務員

地方公務員の場合、キャリア・ノンキャリアの入口選別はなく、国家公務員より年功序列的な人事が行なわれる傾向がある。大きな自治体では激しい出世競争があるが、競争に敗れたら早期退職する人事慣行はない。定年制が導入される前は、高給取りの高齢公務員を増やさないよう早期勧奨退職が広く行なわれていたが、今は定年まで勤めるのが一般的である。

そのため、大量に採用した団塊の世代が退職するまでは、職員の高齢化が問題となった。年功序列的に昇進させようにも幹部ポストが足りず、若手の昇進も滞ったため、昇進試験を実施する自治体が増えた。しかし、そうした自治体は全国的に見ると多くない。

†能力実績主義の徹底を求める動き

こうした人事慣行はやがて公務員制度内外から批判を浴びるようになった。一九八〇年代以降、年功序列と終身雇用を特徴とする日本型雇用が変化し始めた。民間では能力や実績を評価して処遇に格差をつける動きが進み、公務員は遅れていると批判されるようになった。

公務員制度内では早くから勤務評定制度が作られていたが、評価基準や評価方法が不明瞭で信頼性も低かった。そのため、評価結果を給与や任用に直接活用できず、年功序列的な運用が行なわれてきたのである。しかし、意欲と実績のある公務員や比較的若い公務員から、悪平等の是正を求める声も出てくるようになった。

一連の流れを受けて、能力実績主義の徹底は公務員制度改革において重要課題となった。そして平成一九年には、勤務評定制度を廃止して新たに人事評価制度を導入する国家公務員法改正が行なわれ、平成二一年から実施された。地方公務員法は平成二六年の改正で人事評価制度が導入されることになり、平成二八年から実施された。

†人事評価制度による変化

新たに導入された人事評価制度は、国も地方も基本的に同じしくみである。職務遂行にあたって発揮した能力の評価と職務遂行であげた業績の評価の二本立てで、その結果は任用や給与、分限（職務遂行に支障がある場合などの降任・休職・免職）に反映されることになった。評価結果によって、勤勉手当（民間のボーナスのような手当）に格差がつけられるようになり、定期昇給にあたる普通昇給も廃止されて昇給格差がつけられるようになった。任用も人事評価によって大きく変わろうとしている。昇任する役職段階ごとに求められる評価基準が作られ、最下位の評価を受けたまま改善が見られない場合などは分限処分を行なうよう求められている。

人事評価を中心とした成績主義は、それまで曖昧だった人事の基準を明確化し、評価結果を職務遂行能力や業績の向上に活かすとともに、人材育成に繋げることも期待されている。

†キャリア制度の廃止へ

能力実績主義を徹底しようとすれば、キャリア・ノンキャリアの入口選別と軋轢を生む。なぜなら、出世競争があるとはいえキャリアとノンキャリアそれぞれ仕切られた中での競争だからである。そこで、両者の仕切りに風穴をあけるために、平成一一年には有能なノンキャリアを抜擢する仕組みが作られた。その結果、今では局長レベルに昇進するノンキャリアも徐々に増え、他方で本省課長まで昇進できないキャリアが出始めた。

平成二〇年に制定された国家公務員制度改革基本法には、入口選別自体をなくす改革が盛り込まれ、「キャリア制度の廃止」とマスコミに報道された。具体的には、入口選別基準となっていたⅠ種・Ⅱ種・Ⅲ種を廃止して新たに総合職・一般職・専門職に試験制度を再編し、採用試験の種別に関わらず勤続三〜一〇年の公務員の中から、人事評価と本人の希望によって幹部候補者を選定する幹部候補育成課程を設けることになった。同課程の詳細はまだ詰められていないが、人事評価による昇進と幹部候補育成課程が軌道にのれば、キャリア優位の人事慣行は大きく変化すると予想される。

†幹部職員人事の一元管理

キャリア制度の廃止において、もう一つ重要なのが幹部職員人事の一元管理である。安倍政権は平成二六年に内閣人事局をつくり、局次長以上約六〇〇人の幹部人事を一元管理し始めた。

これまで、任命権者の大臣といえども公務員の人事に介入しない不文律があったが、その不文律を内閣が破ったことになる。大臣が部下の人事に介入しないというのは、おかしな話に聞こえるかもしれない。しかし、これには公務員制度特有の理由がある。

日本では、係員から事務次官まで一般職に分類され、資格任用になっている。資格任用は、政治圧力によって公務員の人事が歪められ非能率に陥ることを防ぐために、成績主義と政治的中立性を原則としている。これによって公務員は、政治家の私的な利益に便宜を図るのではなく、自らの専門性と情報に基づいて、全ての国民に対して公正・公平な行政を実現できる。また、不安定な政治情勢に振り回されることなく、行政の継続性と安定性を保つこともできる。

しかし、政治の介入を受けない資格任用の自律的人事にもデメリットがある。交代の多い内閣や大臣よりも、自らが所属する行政機関（省庁）に対する忠誠心を強めさせ、セクショナリズムや官僚政治を助長していると、繰り返し批判されてきた。省益ではなく国益を重視し、大局的な見地から内閣に忠誠心を持つ公務員を増やすには、内閣が人事権を持ち一元管理するべきではないか。そうした考えが、内閣人事局誕生に繋がった。

内閣人事局は幹部職員人事一元管理だけでなく幹部候補育成課程も所管し、いわば官邸が公務員の中枢部の人事を掌握することになっている。これは、資格任用が政治の強い影響下に置かれることを意味し、安倍政権の長期化によって弊害も現れ始めている。官僚たちは人事権を持つ官邸に頭が上がらないからだ。昨今話題となった忖度は、まさにその事例ともいえる。

†政治主導の下での幹部公務員人事

政治任用は、内閣総理大臣や自治体首長などの政治家が、自分の政策に共鳴してくれる人、政策実現に必要と考える人を登用する方法である。専門性に基づいて政治に異を唱えることのある資格任用とは対照的に、政治任用は政治家に対して基本的にはイエスマンであるため、政策の転換や政治主導には適している。日本では政治任用は全て特別職となり数も限定的であるが、アメリカのように幹部公務員の多くが政治任用になっている国もある。

資格任用と政治任用をどう組み合わせるかは、それぞれの国の歴史的経緯や政治情勢によって異なる。正解は一つではない。しかし、日本の幹部職員人事一元管理のように、資格任用でありながら政治任用のように運用すれば、どちらの良さも生かせない。さらに言えば、政治家と官僚の間に信頼関係がなければ、どちらの任用であっても国民全体の奉仕者としての職業倫理より組織防衛や保身が優先され、建設的な改革は生まれない。

政治主導は、政治家が公務員の人事を握って一方的に従わせることではない。公務員の能力を最大限引き出すような政治・行政の協働関係を作り、良質な政策の実現に結びつけていくこと、そのために政治がリーダーシップをとることである。幹部公務員の人事を資格任用にするか政治任用にするか、そうした視点から慎重に考えるべきだろう。

2 公務員の給与は高すぎる？

†国家公務員の給与決定のしくみ

公務員の給与が高すぎるという批判は多い。しかし、決定のしくみを詳しく知っている人はどれだけいるだろうか。

日本の非現業公務員の給与は労使交渉で決められていない。戦後一時期は労使交渉によって決定されていたが、当時日本を占領統治していたGHQの政策転換によって禁止された。代わりにアメリカの「科学的人事行政」の考えを取り入れ、中立的第三者機関である人事院が生計費や民間給与など客観的データに基づいて給与を勧告するしくみが導入された。

給与勧告は職務給の原則と情勢適応の原則にのっとって作成される。具体的には、事業所および企業規模五〇人以上の民間企業で働く勤労者の給与を調べて、仕事の種類・役職段階・勤務地域・学歴・年齢が同じような国家公務員の給与と比較し、両者が同等の水準になるようプラスあるいはマイナスの給与改定案が勧告される。単なる平均値を比べないのは、職務内容・責任による給与の違いを考慮することができず、職務給の原則に反するからである。民間給与の変動に合わせる決定方法は民間準拠と呼ばれ、公務員の勤務条件は情勢に応じて変化するべきだという情勢適応の原則に基づいている。

人事院の給与勧告は毎年八月上旬に国会と内閣に対して出される。勧告を受けた政府は、給与勧告作成時に考慮されなかった財政その他の事情を勘案し、勧告の取り扱いを決定する。政府に勧告を実施しなければならない法的責任はないが、給与勧告は労働基本権制約の代償措置であるため、できるだけ尊重する道義的責任があると考えられている。給与勧告の取り扱い方針が一〇〜一一月に閣議決定されると給与改正法案が国会に提出され、法案が成立すると四月に遡って国家公務員の給与が改定される。勤務条件法定主義および財政民主主義の原則から、国家公務員の給与は国民の同意なくして改定も支給もされない。

†地方公務員の給与決定のしくみ

地方公務員の給与は、人事委員会勧告に基づいて（人事委員会のない自治体では人事院勧告や人事委員会勧告を参考にして）決定されている。地方公務員の給与決定でもっとも重要なのが、均衡の原則である。均衡の原則は、生計費に加えて国・民間・他の自治体給与とのバランスを考慮して給与を定めなければならないというもので、全ての自治体が国家公務員給与に準拠すれば民間とも他の自治体ともバランスがとれる、すなわち国公準拠によって達成できると考えられてきた。

　実際の勧告作成過程でも人事委員会と人事院は共同で民間給与実態調査を実施しており、人事院勧告に準拠することで、給与政策における技術的・専門的な面での地方の負担が軽くなり、不適切な制度や運用を防止することもできると考えられている。また、世間一般に国も地方も公務員なら同じような給与にするべきだという公平感があり、全国の公務員に一定水準の給与を保障する効果もある。

　人事院勧告に準拠した内容の人事委員会勧告は九月頃に出され、首長の検討を経て、一〇月以降に給与条例改正案が議会に提出される、というのが一般的である。国と同様、給与条例改正案が議会で成立してから、四月に遡って地方公務員の給与が改定されている。

†公務員の給与は民間より高い？

　国民や住民の代表者が集まる議会で最終決定されているにもかかわらず、なぜ公務員の給与はしばしば高いと批判されるのだろうか。

　一番多いのは、公務員給与の平均と厚生労働省が作成している賃金センサス（賃金構造基本統計調査）の平均とを比べて「民間より高い」という指摘だが、これは職務給の原則を無視した批判である。賃金センサスの平均賃金は様々な条件で計算されており、正規・非正規を区別せず、職種・役職段階・企業規模などを考慮しない数値もある。公務員は給与相場が高い大卒ホワイトカラー比率が民間より非常に大きく、諸条件を無視して賃金センサスの低い平均値と比べれば、高くなるのは当然である。

しかし、高いと批判されれば政府も無視できない。もっと小規模企業と比較しろ、地方勤務の公務員給与を下げろと求められると、比較対象となる企業規模を百人以上から五〇人以上に変更し、地方勤務の給与水準も下げた。それでも国民の不満はくすぶっている。比較対象となる民間給与がどうあるべきかについてコンセンサスがなければ、民間準拠への不満はなくならない。

地方公務員給与は、国家公務員以上に「民間より高い」と批判されがちだ。地方公務員の給与は小規模自治体ほど低くなる傾向があるが、民間賃金ほど都市部と地方との格差が大きくないため、地元の賃金相場より高い自治体がでてくるのである。そうした自治体では、地元企業が職務給の原則の下では比較対象にならないことも多いが、「公務員は給料をもらいすぎ」という住民感情をまったく無視するわけにはいかない。そこで平成一八年からは、国公準拠よりも地域民間給与の水準をもっと反映させるよう努力していく方針が打ち出された。

†地方公務員給与は国より高い？

地方公務員の場合には、国公準拠違反を問われることもある。その判定に使われているのが国家公務員給与を一〇〇とした場合の地方の給与水準を表したラスパイレス指数である。昭和五〇年頃はラスパイレス指数が一二〇を超える自治体もあり、地方全体平均でも一一〇を超えていた。厳しい世論を受けて、ラスパイレス指数の高い自治体に対して自治省が給与適正化指導を行なったが、自治の侵害だという反発も強かった。

その後、地方財政の悪化もあってラスパイレス指数は下がり続け、平成に入ってからは一〇〇を切っている。しかし、地方公務員給与への批判はなくならない。なぜなら、技能労務職(運転・清掃・給食など)の給与が民間より高く、特殊勤務手当(極めて困難で特別な勤務等に対して支払われる手当)が不正に支給されるケースもあるからだ。こうした不適正な給与は、全国的な見直しでかなり減っている。他にも「わたり」と呼ばれる年功序列的な昇給のしくみがたびたび問題視されてきた。現在も総務省の指導で是正が進められているが、国公準拠が難しい給与の調整に「わたり」的な運用を行なう自治体もあり、一概に批判できないケースもある。

地方公務員給与への批判の背景には、地方交付税をめぐる財務省と総務省の対立があることにも留意が必要である。地方交付税は自治体間の財政調整と財源保障を行なうために国から地方に支払われているが、国の一般会計予算の中で約六分の一を占めているため、財務省は「高い給与を払って無駄遣いしている」と自治体に文句をつけて交付税増額を牽制するのが常である。これに対して総務省は、地方財源が不足していることを財務省に強調する一方、不適正な給与を是正するよう自治体に指導している。地方公務員給与は、こうした対立をきっかけに注目を集めることも多い。

†財政難なら大幅削減するべきか

「政府は財政難なのに、好調な企業も含めた民間給与に準拠するのはおかしい」という意見も国民の間には根強い。倒産しそうな民間企業なら人件費をまず削減している、なぜ政府はそうしないのかと。だが、財政難だからといって公務員の給与を大幅削減するべきだろうか。

そもそも財政難は人件費のせいではない。国家公務員の人件費の一般会計に占める割合は五％程度、地方公務員でも平均二〇％強（全自治体、対歳出総額）である。現在もっとも財政を圧迫しているのは少子高齢化に伴う社会保障関係費で、この先も増加が予想されている。財政が好転するまで公務員給与を大幅削減するならば、見通しの立たない長期戦になりそうだ。

公務員給与を大幅に削減すれば、おそらく公務員志願者は減るだろう。昨今は公務員の不祥事によるバッシングも強まり、公務のやりがいや魅力は低下している。そのうえ給与が悪ければ、有為な人材は民間に流れるだろう。

実は、公務員給与の削減は民間にとって他人事ではない。公務員給与は民間に準拠しているが、逆に公務員給与を参考にしている民間もあるからだ。公務員給与の削減が一部の民間給与に波及し、購買力が落ちて物が売れなくなり、生産も落ち込むという負のスパイラルに陥る危険もある。

公務員給与の大幅引き下げは、民間給与の引き上げを財界に求めている安倍政権の労働政策とも矛盾する。確かに、多額の財政赤字を抱えているのに高額な給与を支給することは、国民に納得してもらえないだろう。だが、現在の公務員給与はそこまで高額とはいえない。いたずらに給与を削減するのではなく、職務給として適正な水準の給与を支給し、模範的雇用主となることも政府の責務である。

†日本の公務員の労働基本権

昨今の公務員制度改革では、人事院勧告制度を廃止して労使交渉制度にする案も検討されてきた。この案に賛成するのは、財政難でも給与を削減しにくい人事院勧告制度に不満を持っている保守系の政治家と、労働基本権の回復を願う労働組合や革新系の政治家である。

国家公務員制度改革基本法第一二条には「政府は、協約締結権を付与する職員の範囲の拡大に伴う便益および費用を含む全体像を国民に提示し、その理解のもとに、国民に開かれた自律的労使関係制度を措置するものとする。」と定められている。民主党政権はこの規定に基づいて労働基本権の制約を緩和し、非現業公務員に対して団体交渉による給与決定を認めようとしたが、実現しなかった。政権交代した安倍政権は自律的労使関係制度の導入には消極的で、この問題に対する関心は急速に低下している。

現在日本では、警察・消防・防衛省・海上保安庁や刑務所などに勤務する公務員が労働三権（団結権・団体交渉権・争議権）全てを禁止されている。非現業公務員も争議権が禁止され、団体交渉権も制約されて協約締結権が認められていない。現業公務員は団体交渉権が保障されているが、争議権が認められていない。

こうした制約は国際的に見れば厳しいと言われているが、公務員の労働基本権は多くの国で大なり小なり制約されている。とりわけ停止すれば国民生活に大きな被害を及ぼしかねない警察のような基幹的行政サービスに従事する公務員は、争議権を厳しく制約されている。団体交渉で給与などの勤務条件を決定している国も少なくないが、財政民主主義の原則により議会が最終決定権を持っていることが多く、民間のように何の制約もなく労働協約が法的効力を発することはほとんどない。

労働基本権を公務員にも保障することは大切だが、国民全体の奉仕者としての義務も重要だ。

公務員の労働基本権は、公務員の権利と義務とのせめぎあいの結果やむをえず制約されており、どこが妥協点になるのかは時代によって変わりうる。

†人事院勧告か労使交渉か

人事院勧告制度も労使交渉制度も、公務員給与の決定方式として一長一短ある。人事院勧告制度は、民間準拠を基準に給与を決定するため、財政事情や労使の力関係に直接左右されず、安定性がある。また、能力実績主義や職務給の原則に基づく制度設計を理論的に追求しやすく、勧告が公表されるため情報公開としても優れている。他方で、勧告は機動性・柔軟性に乏しく、集権的かつ画一的な給与政策となりがちである。財政事情は政府と国会で考慮されるものの、労働基本権制約の代償措置である勧告を、財政赤字だけを理由に凍結することは難しい。しかも、一度凍結しても翌年度に官民格差が繰り越されてしまうため、凍結効果は長続きしない。

労使交渉制度は、基本的人権たる労働基本権を尊重できるのが最大のメリットである。基本的人権は本来、国家公務員制度改革基本法に書かれているような「費用や便益」を理由に制約を正当化できるものではない。また、当事者である労使が責任をもって給与問題に向き合うことは、政策としては理想である。しかし、財政の悪化で政府に一方的に給与を削減されるリスクもあり、職場や個人の業績向上よりも組合の交渉力によって給与が左右される不公平も起きやすい。さらに、人手不足の職場で十分な労使交渉をする余裕があるか、公務員のストで政府機能が一部停止しても国民は不便に耐えられるかという懸念もある。労働基本権の回復には、国民の理解と寛容が不可欠である。

人事院勧告制度か労使交渉か、最終的に選ぶのは国民である。財政との関係だけでなく幅広い視点から比較し、国民と公務員の双方が納得できるような結論を出さなければならない。

3 公務員の天下りはなぜなくならない?

†天下りとは

国民が公務員に対してもっとも不満に思っていることの一つが天下りである。天下りという言葉は、公務員の退職後の再就職という意味で使われるのが一般的である。もともと業界が監督官庁を天になぞらえ、神が天から降りてくることをイメージして作られた言葉である。他にも現役の公務員が行政機関以外の法人に出向することや、国家公務員が地方公務員として出向することを指すこともあるが、ここでは国民がもっとも関心を持っている「公務員の再就職」という意味での天下りについて考えてみよう。

†なぜ批判されるのか

高齢化が進み、人生百年とも言われる時代。公務員といえども退職後の再就職を禁止されるのは酷である。憲法では職業選択の自由もある。それなのに天下りはなぜ批判され続けているのか。

最大の理由は、民間の再就職と比べて給与や退職金が高いこと。民間では現役時代の七割以下の給与になることが多いが、公務員は現役時代と同じ水準以上の給与が保障され、数年の勤務で高い退職金も支払われている。中には退職と再就職を繰り返す「渡り」によって、億に達する金額を稼ぐケースもある。民間でも顧問や役員になって沢山稼ぐ人はいるだろう。だが、公務員は個人ではなく、組織的に好待遇の再就職をしている。だから批判されるのだ。

どうして公務員だけそんなに良い条件で再就職できるのか。天下り先との間に官民癒着があるのではないか。そうした疑念を抱かれてもおかしくない事例が明らかになっている。例えば随意契約。随意契約は国や自治体が競争入札によらずに法人と結ぶ契約であり、性質上競争入札が適さない場合や少額案件が多い。だが、随意契約を結ぶ法人は天下りを受け入れていることが多く、天下りOBのお土産になっているのではないかと指摘されている。競争入札においても、天下りのいる法人を役所側が不正に優遇する官製談合が発覚している。天下りを受け入れると人件費はかかるが、随意契約や官製談合でそれを上回る利益を得られる。こうした癒着関係に味をしめて、積極的に天下りの受け皿となる法人も作られてきた。

当事者同士はそれでよくても、国民はたまったものではない。権限の濫用で行政の公正・公平性が損なわれるだけでなく、随意契約や官製談合によって税金が無駄遣いされているからだ。煎じ詰めれば、「天下りの高い給与や退職金も、税金で賄われているのではないか」と国民は怒っている。

†旧国家公務員法による再就職規制

これまで何も手を打たなかったわけではない。旧国家公務員法では、離職前五年間の職務に密接な関連があった営利企業には、人事院の承認がない限り離職後二年間再就職できないという規制が行なわれてきた（事前承認制）。しかし、規制対象が営利企業に限られていたため、最初の二年間は半官半民ともいえる特殊法人や認可法人に再就職し、その後、営利企業に再就職するルートが作られた。特殊法人や認可法人の数は限られている。だから二年間過ごせば後輩に譲って営利企業に出て行く。また二年間経ったら後輩も特殊法人などを出て営利企業に移る。すると先に営利企業に移っていた先輩はさらに別の企業に移る。これが、ところてん式に再就職を繰り返す「渡り」の一つのパターンである。特殊法人などへの天下りを減らすよう何度も閣議決定が行なわれてきたが、常に抜け道が探し出され効き目はなかった。

†天下りは必要悪か

そこまでして天下りを続けるのはなぜか。それは、公務員の人事慣行において必要悪だと考えられてきたからである。国家公務員のキャリアは事務次官を目指して熾烈な出世競争を繰り広げ、競争に敗れた者は早期退職する。そこで、定年まで働けない代わりに再就職先が組織的に斡旋されてきた。そもそもキャリアは高倍率の試験を突破して採用された人材であるにもかかわらず給与はさほど高くない。サービス残業が常態化しているうえに転勤も多い。天下りには、長年の未払い給与を後払いしてもらう意味がある。もちろん未払い給与は優秀な人材ほど高くなる。待遇の良い天下り先は、出世競争の成功順に振り当てられる。事務次官の再就職条件はもっとも良く、早々と競争に敗れた者は条件が劣る。それでも民間からすれば羨ましい条件で再就職している。

キャリアだけではない。ノンキャリアの一部にも天下りはある。どんなに頑張っても事務次官になれず、キャリアの後塵を拝してきた長年の奉公は、天下りというご褒美で報いられる。もちろん、ノンキャリアの場合も出世したものほど良い天下り先が用意されている。

多くが定年まで勤める地方公務員の場合も、都道府県や政令指定都市など大きな自治体では、幹部公務員の天下りがある。ただし、平成二六年に改正されるまで地方公務員法には再就職規制がなかったため、非難の的になることは少なかった。

†天下りは官民関係の潤滑油？

天下りは官民相互の理解を深め、円滑な関係を築くためにも役立ってきた。日本の行政は集権的であるうえに透明性が低く、大きな裁量権を与えられている。だから、公務員OBを受け入れ、その専門性や人脈によって監督官庁とのパイプ役になってもらえば、業界側のメリットは大きい。監督官庁側も、公務員OBを通して業界の表裏の情報を得られる利点がある。天下りには様々な旨味があるからこそ、当事者達はなかなかやめられないのである。

†安倍政権での天下り規制改正

平成一九年、国家公務員法が改正され、新たな天下り規制が導入された。その内容は、人事院による再就職の事前承認制を廃止して、新設する官民人材交流センターに公務員の再就職を援助させ、各府省が行なってきた予算や権限を背景とした押し付け的な再就職のあっせんを、営利企業のみならず特殊法人なども含めて禁止するものである。現役公務員と企業・法人側の双方が再就職の依頼や情報提供を禁止され、再就職後の公務員OBが元の職場や後輩に便宜を図るよう働きかけをすることも禁止された（原則的には離職前五年間に関わっていた職務について離職後二年間禁止。自ら決定した事案は期限なく禁止）。元管理職の公務員は離職後二年間、再就職情報を内閣人事局に届け出る義務があり、その情報は公表される。

†新しい規制の限界

新しい規制は必ずしもうまくいっているわけではない。野党時代に天下り根絶をマニフェストに掲げていた民主党政権は、天下りバンクと批判していた官民人材交流センターの再就職あっせんを停止し、独立行政法人の役員を原則公募制にするなど、天下りの総数を減らしたが、根絶できなかった。むしろ現役出向という形で天下りが増えたとの批判もある。

違反を監視するために新設された再就職等監視委員会が、法改正時の野党の反対でなかなか委員を承認されず、活動開始が遅れたことも規制の徹底を難しくした。同委員会は平成二四年にようやく活動し始め、調査権限などの限界に苦労しながらも、文部科学省や金融庁等の規制違反を次々摘発した。こうした摘発によって規制への理解が進めば、明らかな規制違反は減っていくかもしれない。だが、規制違反がなくなれば天下り問題は解決というほど単純なものではない。

そもそも現行の規制は、公務員の関連企業への再就職をゼロにするものではない。規制を改正した自民党政権は「押し付け」でなければ関連企業や団体への再就職を良しとし、民主党政権では「府省によるあっせん」でなければ良しとした。だが、その程度の規制では従来からの天下りはなくならない。長年にわたって監督官庁と関連業界との間に作られてきた天下りルートがあり、あっせんや押し付けをしなくとも機能するようになっているからだ。

さらに、現行の規制では、一旦退職してしまえば、人事院の事前承認制のような再就職先に関する制約はない。また、世話好きな公務員OBが退職したての後輩を慣例にしたがって再就職させれば問題はなく、しかも現役公務員に情報提供を依頼した場合でも、罰せられるのは依頼に応じた現役公務員だけで、OBを罰する規定はない。

もちろん、公務員として培った専門性やキャリアが社会に活かされることが一律に悪いわけではない。既得権益化した癒着がらみの再就職が悪いのだ。退職後の公務員の人材活用として許されるケースと癒着ケースとを区別する基準を見つけるのは難しいが、国民が納得できるような基準を見つけなければ、天下り問題は解決と言えないだろう。

4　日本の公務員は多すぎる？

†対人口比でかなり少ない日本の公務員

財政難が深刻だと言われるたびに、公務員を減らせという声があがる。しかし、日本の公務員数は諸外国に比べて少ないのが最大の特徴である。例えば、人口一〇〇〇人当たりの公務員数はフランス八九・五人、イギリス六九・二人、アメリカ六四・一人、ドイツ五九・七人、日本三六・七人である（人事院『平成三〇年度　人事院の進める人事行政について――国家公務員プロフィール』三頁「人口千人当たりの公的部門における職員数の国際比較」）。

†行政の委託を受ける法人やボランティア

少ない公務員でどうやって行政を維持しているのか。実は、行政の委託を受けて仕事をしてくれる法人やボランティアが、日本には昔から数多く存在している。

行政の委託を受けてくれる法人には、特殊法人・認可法人・独立行政法人のような半官半民の法人や公益法人がある。いずれも助成金や税制上の優遇措置をうけるなど政府との関係は深いが、ここで働く人の多くは公務員ではない。特殊法人・認可法人・公益法人は行政改革のたびに統廃合が進められ、大幅に減っている。多い時に二〇〇近くあった特殊法人や認可法人は今や五〇を切り、二万を超えた公益法人も抜本改革後に公益社団法人・公益財団法人として残ったのは半数以下である。代わりに増えたのが中央省庁再編で作られた独立行政法人だ。国の機関や特殊法人や公益法人等が、単独あるいは複数で独立行政法人化されることが多く、定員削減の手段ともなってきた。

法人だけでなく、行政の委託を受けて働く民生委員・児童委員・保護司・行政相談委員といったボランティアも、三〇万人近くいる。日本では昔からボランティアを駆使することで、公務員の増加を抑えてきた。

こうした方法は賢いやり方にも見える。しかし、半官半民の法人や公益法人は天下りの受け皿となり、不透明かつ不適切な運営がたびたび批判されてきた。公務員数を抑えて人件費を節約した一方で、こうした法人に流された税金が無駄遣いされ、あるいは税収入を失ってきた。日本の行政で問題なのは公務員が多いことではなく、半官半民のグレーゾーンをきちんと管理統制できていないことである。ボランティアについても、最近は高齢化が深刻で必要人数を確保することが難しくなっている。ボランティアの善意に過度に依存する行政は見直すべき時期にきている。

†国家公務員の定員削減

日本では、長年に渡って公務員数の削減努力が続けられてきた。人件費はざっくり言えば給与×公務員数となる。人事院勧告制度をとっている給与は政府が勝手に削減できないため、公務員数に削減圧力がかかりやすく、国家公務員は昭和四三年度から定員合理化を計画的に行なってきた。

大幅削減のきっかけとなったのは、平成一三年の中央省庁再編である。スリムな行政を目指して一〇年間で二五％の定員削減が目標とされ、定員外の独立行政法人に国の仕事を移管するしくみもできた。平成一五年の日本郵政公社の設立に伴い郵政事業が定員の枠外となり、平成一六年には国立大学が国立大学法人化され、一二万弱の教職員が公務員ではなくなった。平成一八年度からは五年間で定員の約五・七％以上を純減させる総人件費改革が行なわれ、平成一九年には郵政民営化によって約二七万人が公務員ではなくなった。

一連の取り組みによって、ピーク時の昭和四七年に約九〇万人いた国家公務員は、平成三〇年には約二八万五〇〇〇人、約三分の一となっている。

†地方公務員の定員削減

国家公務員が定員計画を開始した後も、教育・警察・福祉などの需要増大によって、地方公務員数は増加し続けていた。しかし、昭和五七年に類似団体別職員数、翌五八年に定員管理モデルが自治省によって公表され、これらの参考指標によって各自治体が定員管理を行なうことになった。地方公務員数は平成六年の約三二八万人をピークに減少に転じた。

平成一七年度から五年間は集中改革プランを作って定員削減に取り組むことになった。国の総人件費改革に合わせて約六・四%の純減目標を立て、最終的には五年間で約七・五%の純減を達成した。その後も各自治体で定員削減に取り組み続け、平成二九年には約二七四万人にまで減少している。

国より削減率が低いからといって、自治体の努力が足りないわけではない。地方公務員の定員の約三分の二は、国によって配置基準を定められている教育・警察・福祉などの公務員で、しかも教育以外は増員傾向にある。そうした状況に鑑みると、これまでの削減はかなり厳しい定員管理の結果といえる。

ちなみに、現在の地方公務員数は昭和四八年と同等レベルである。人口一万人当たりの地方公務員数は、統計のある昭和五〇年には二六五人、平成二九年には約二一四人となっている。

†定員削減の副作用

世間では更なる公務員数の削減を求める声も強いが、定員削減の副作用ともいえる問題がすでに顕在化している。国よりも地方、とりわけ小規模自治体で深刻である。

自治体は集中改革プランの目標を達成するために、国の配置基準がない職種に偏重した削減と新規採用抑制を行ない、職種構成や年齢構成を歪めることになった。また、定員にカウントされず人件費の安い臨時・非常勤で労働力不足を解消したため、民間の非正規と同様、「官製ワーキングプア」として問題になった。

労働環境もかなり悪化している。慢性的な人手不足状態でも、住民向けサービスの質や量を落とせない使命感から長時間労働が蔓延し、長期病休者数が増加した。最近は民間の採用が好調なことから、土木系公務員など技術系の職種では採用が困難になっている。福祉関係部門は増員してもマンパワー不足が解消されず、待機児童や児童虐待など深刻な社会問題に十分対応できていない。さらに、少子高齢化と過疎が進んだ自治体では、新旧様々な住民組織に業務を委託しなければ行政サービスを支えられなくなっている。

公務員制度は働き方改革でも先頭に立つべきであるが、そんな余裕はない。長期的にはＡＩのような技術革新で状況が好転するかもしれないが、今これ以上の公務員数の削減は、行政サービスの縮小や劣化に繋がりかねない。国民・住民は、それでもこれ以上の削減に賛成するのだろうか。

5 公務員制度改革へ向けて

改革がなかなか進まないと批判され続けてきた公務員制度であるが、いくつかの法改正と二度の政権交代を経て、大きく変わってきた。もちろん、課題もまだたくさん残っており、今後も改革の手を弛めるわけにはいかない。

とはいえ、本章でいくつか取り上げたように、公務員制度とその改革に対して、国民の理解と支持を得ることは容易ではない。現行法制度の複雑さに加えて、法制度と運用実態に乖離が生じているからである。こうした乖離があると、法制度を改正しても運用が変わらないか、改革目的と異なる運用になってしまいかねない。したがって、我々は法制度の改正だけで安心するのではなく、運用実態にも注目し続けなければならない。

公務員制度の良し悪しは、巡り巡って国民に多大な影響を与えることになる。だからこそ、無責任にいい加減な批判をするのではなく、自分たちの問題として注視していく姿勢が大切である。公務員制度を育てるのは、私たち国民である。

さらに詳しく知るための参考文献

新藤宗幸『政治主導——官僚制を問いなおす』（ちくま新書、二〇一二）……政治主導における政治家と官僚の関係について批判的に検討している。

西尾隆『公務員制』（東京大学出版会、二〇一八）……日本の公務員制度を歴史的に振り返り、内閣人事局創設までまとめている。

真渕勝『官僚』（東京大学出版会、二〇一〇）……官僚制についての理論と日本の事例についてわかりやすくまとめている。

村松岐夫編『最新公務員制度改革』（学陽書房、二〇一二）……村松の他に野中尚人・稲継裕昭・原田久が、日本の公務員制度改革の各論点について歴史的・理論的にまとめている。平成九年以降の重要な公務員制度改革関連資料も収録されている。

前田健太郎『市民を雇わない国家——日本が公務員の少ない国へと至った道』（東京大学出版会、二〇一四）……日本の公務員数が少ないことを歴史的・理論的に検証している。

第3章［地方自治］権限と財源から見た地方自治

浅羽隆史

1 地方自治の意義

†地方自治の必要性

地方自治とは、国のなかの一定の地域において、当該地域の住民が自分達の地域の様々な物事を自律的に決定することをいう。このうち、地方自治体が国から独立して、当該地域において自治権の行使が可能なことを団体自治と呼ぶ。日本国憲法施行前まで、不十分ながらも地方自治としてある程度保障されていたのは、事実上この団体自治のみであった。一方、当該地域の住民の意思や参加によって、地方自治体を運営することを住民自治と呼ぶ。日本においては、日本国憲法が施行されて、ようやく強調されるようになった考え方である。豊かで安定し個性ある地方自治体の創造には、団体自治と住民自治がともに保障されていなければならない。

そもそも、地方自治はなぜ必要なのだろうか。その理由として、民主主義、自由、効率性、役割分担、政策の実験などがあげられる。ジェームズ・ブライスの「地方自治は民主主義の最良の学校であり、その成功の最良の保証人となる」という言葉に代表されるように、我々の生活に近い行政サービスを提供する地方自治体における自治の存在は、民主主義の醸成に優れている。とくに基礎的自治体では、政策決定過程が身近で分かりやすく、また参加への障壁が低い。そして、選択の結果もたらされた成果も、原因を含め理解しやすいことが多い。

効率性や役割分担という点では、ヒト（優秀な人材）、モノ（様々な物資）、カネ（資本）のすべてが不足し、国全体としてまずは経済水準の向上が必要というように、多くの人の目指す方向性がある程度集約できる場合、中央集権も選択肢となるかもしれない。限られた資源を国に集め、そこから産業政策をはじめインフラ整備や行政サービスの提供を差配したり、国全体で統一的な制度を整備し国民にナショナル・ミニマムを保障したり、といったことである。しかしその場合であっても、例えば選挙事務を国が実施するよりも、基礎的自治体に任せた方が少ない費用でより効果的に実施できるだろう。もちろん、経済水準が向上し様々な価値観が存在している現在の日本にとって、中央集権では全体の効用を高めることはできない。

†自治体の独自施策が国の制度へ

政策の実験は、地方自治体が独自の発案によって先行的に行政サービスを実施し、良い制度で多くの住民に支持され国全体で導入すべきとなった暁に、それが国の制度となることを指す。

やや古い例では、老人医療費無料化がある。一九六〇年に沢内村（岩手県、現西和賀町）が六五歳以上の医療費無料化を全国の自治体に先駆けて実施し、一九六九年には東京都が七〇歳以上の医療を無料化した。そして一九七三年、国の制度として七〇歳以上の医療費無料化が実施された。その後、財政難から有料に戻ったものの、地方自治体の政策が国全体に広がった例である。情報公開でも、地方自治体が先鞭を付けている。一九八二年、金山町（山形県）が全国初の情報公開条例を施行し、翌年に埼玉県や神奈川県、その後も多くの自治体に広がり、ついには一九九九年の情報公開法制定につながった。

最近の例では、森林環境保全税の導入をあげることができる。二〇〇三年度に高知県が県民税（均等割）の超過課税（通称「森林環境税」）を行ない、それを森林の保全の財源とした。翌二〇〇四年度には岡山県がやはり県民税（均等割）の超過課税（通称「おかやま森づくり県民税」）によって続き、波及していった。そして二〇一九年度税制改正において、住民税（均等割）に上乗せする形での「森林環境税（仮称、国税）」創設が決まった。

†自治権の根拠と日本国憲法

地方自治の根拠には、大きく固有説、伝来説、制度的保障説がある。固有説とは、地方自治体が固有の権限として自治権を有するという考え方である。固有説は、我々が基本的人権を生まれながら有していると想定するのと同様に、自治権を地方自治体が本源的に持ち、国の主権と並立すると考える。なお、固有説は固有権説と呼ぶこともある。一方、伝来説では、自治権について国家の主権の一部を地方自治体に付与あるいは委託したものと考える。伝来説を承認説と呼ぶことがあるのは、自治権は国が法令などで承認したものに限られると考えるからである。

制度的保障説は、固有説と伝来説の中間的、または複合的な性格を持つ考えである。自治権は、地方自治体に対して伝統的・歴史的に認められ、それを憲法などによって確認していると考える。異論もあるが、日本国憲法は制度的保障説に則っているという解釈が一般的である。

日本国憲法は、第八章で地方自治を規定している。まず第九二条において、「地方公共団体の組織および運営に関する事項は、地方自治の本旨に基いて、法律でこれを定める。」として、地方自治の基本原則を示している。とくにここでは、「地方自治の本旨」が団体自治と住民自治の両方を含むと解される。ただし、地方自治の本旨の具体化は、地方自治法などに委ねられている。また、第九三条では、議会の設置や首長、議員などの選挙を住民が直接行なうことで、住民自治を保障している。さらに第九四条で、一定の範囲内で国から独立して運営できるように、団体自治を保障している。第九五条は、特別法制定の際の住民投票を保障している。

†グローバル・スタンダードはない

グローバル化が進むなか、企業統治、会計制度、各種金融市場など、少なくとも主要先進国においていわゆるグローバル・スタンダードができている。しかし、地方自治体の姿は、歴史的経緯が色濃く反映され、国によって千差万別であり、標準型はないと言って良いだろう。

まず、国家体制から地方自治体をみると、連邦制国家と単一制国家に分けられる。連邦制国家と単一制国家の相違点は、主権の数にある。連邦制国家には複数の主権が存在し、より広範な地域に対して主権を有する連邦、連邦より狭い地域に主権を有する州が同時に存在する。そして、連邦と州がそれぞれ憲法を持ち、立法権を有する。ただし、連邦制国家といってもその形態は様々で、アメリカのように連邦と州の関係が密接とは言えない国もあれば、ドイツのような連邦と州の関係が濃い協調的連邦主義の国もある。一方、単一制国家では、単一の主権のもと、国のみが憲法を持つ。G7諸国のなかで、連邦制国家はアメリカ、ドイツ、カナダ、単一制国家は日本、イギリス、フランス、イタリアである。なお、フランスのレジオンは、州と訳されることが多いものの、主権を持つ訳ではなく、連邦制国家の州とは権能が異なる。

連邦制国家における州は、国家に準じるものと解されるため、純粋に地方自治体と呼べるものは、州の下に設置されている。また、地方自治体の位置づけの根拠は、州の憲法などで定められることが多い。そのため、多くの連邦制国家における地方自治体は、州によって役割が異なる。一方、日本のような単一制国家における地方自治体は、国の憲法や法令などでその根拠や権限を規定することが多い。

†国により層も異なる

日本の居住者は、都道府県と同時に市区町村の住民になる。このような地方自治体の連なりを層と呼び、日本の場合、二層制である。単一制国家では、フランスが州、県、市町村の三層制となっている。この他、複数の市町村からなる小郡、複数の小郡からなる郡、そしてパリのような大都市では区があるものの、これらは行政区画を示し、法人格を持つ州・県・市町村とは異なる。フランスの特徴のひとつは、基礎的自治体である市町村が多数存在することで、日本の一部事務組合などに相当する、市町村間の協力機関が数多く組織されている。

イギリスは基本的に二層制だが、一層制が混在している。ロンドンは、大ロンドン市の基礎的自治体として区を持つ二層制だが、マンチェスターはじめ大都市圏は一層制である。それ以外でも、二層制と一層制が混在している。独立自治体は一層制で、県には市が存在する二層制となっている。また、市や独立自治体には、行政教区と呼ばれる法律上の自治組織が存在する。

連邦制国家のドイツは、州を除くと、基本的に広域自治体である郡と基礎的自治体である市町村の二層制となっている。そして、小規模な市町村は、複数で行政共同体を組織している。ただし、ベルリン・ブレーメン・ハンブルクの都市州は、州に準じ郡や市の機能を併せ持つ。また、ミュンヘンなど独立市は、広域自治体と基礎的自治体の機能を持っており、州を除くと一層となっている。同じ連邦制国家でも、アメリカの地方自治体の層は、州や地域によって大きく異なる多層制である。連邦政府が直轄するワシントンDCを除く五〇州において、様々な地方制度が構築されている。大別すると、郡、市町村、タウンまたはタウンシップ、学校区、特別区である。そしてこれらは、州や地域によって異なる。

2 地方自治体の権限

†日本における事務配分

地方自治が十分に機能するには、大きく二つのポイントがある。第一に、地方自治体の権限、

主体	主な役割
国	学校制度などに関する基本的な枠組みの設定 【例】学校教育法などによる学校教育制度・教科書検定制度・教職員免許制度の設定
	全国的な基準の設定 【例】小中学校などの学校の設置基準・学習指導要領などの教育課程の基準・学級編制と教職員定数の標準の設定
	地方自治体における教育条件整備に対する財政的支援
	教育内容や学校運営に関する指導、助言、援助
	一定の条件下における是正の要求や指示 【例】教育委員会に法令違反などがある場合
都道府県	広域的な処理を必要とする教育事業の実施 【例】市町村立小中学校など教職員の任免、分限、懲戒、異動の発令など（政令市は実施）、校長、教員など教育関係職員の研修（政令市・中核市は実施）、教職員の定数、給与、勤務条件、任免・分限・懲戒などの条例制定
	市町村における教育条件整備に対する財政的支援 【例】市町村立小中学校などの教職員給与費の負担
	教育内容や学校運営に関する指導・助言・援助 【例】学校の組織編制、教育課程、学習指導、教科書の採択など
市町村	学校などの設置管理　【例】市町村立小中学校の設置管理
	教育の服務監督 【例】県費負担教職員の服務監督、都道府県委員会の任免に係る内申
	教育の実施

表1　義務教育における国・都道府県・市町村の役割
（注）政令指定都市は都道府県の権限の一部を有している（教職員の任免など）
（資料）高見茂／開沼太郎／宮村裕子編『教育法規スタートアップ　教育行政・政策入門』昭和堂、により作成

すなわち条例制定権である。法律に反する条例の制定は不可能で、自由裁量権が自治体に担保されているかが重要である。

例えば義務教育における学校の設置管理は市町村の自治事務だが、様々な制約がある（表1）。もちろん、自治事務だからと言って何でも自治体が好きにできることが良いとは限らず、国全体としての統一性や一定の水準維持などの必要な行政サービスもあり、このこと自

体の議論はここでは避ける。第二が、財政自主権についてである。いくら地方自治体に権限が付与されても、それを実現する財源がなければ実施できない。

まず、地方自治体の権限から考えてみよう。

地方自治体が実施する行政サービスの権限の形は、大きく英米型と欧州大陸型に区分することができる。イギリスやアメリカでは、地方自治体の権限を、国や州から認められたもののみ限定して認めている。これを制限列挙方式と呼び、認められた権限を逸脱して行政サービスを提供した場合、そうした行為は無効となる。これを、権限踰越《ゆえつ》の法理という。

一方、フランスやドイツでは、地方自治体の権限を個別に列挙するのではなく、包括的に規定している。これを、包括授権方式と呼ぶ。日本も包括授権方式となっている。制限列挙方式に比べ、地方自治体の権限の範囲は大きくなる傾向にある。しかし、制限列挙方式では認められた権限の範囲内ならば、地方自治体が自律して行使することができる傾向にあるのに対して、包括授権方式の場合には地方自治体への国の関与が起こりやすいといわれる。

日本における地方自治体の事務は、法定受託事務と自治事務に区分される。そして、少なくとも形式的には、国がいわゆるグランド・デザインを描き、都道府県は比較的広域な事務を担当し、市町村が生活に密着した事務を行なうことになっている（表2）。

道路行政を例にとってみよう。道路法上、高速自動車国道、一般国道、都道府県道、市町村

	安全	社会資本	教育	福祉・衛生	産業・経済
国	外交、防衛 司法、刑罰	高速自動車国道 国道(指定区間) 一級河川	大学 私学助成 (大学)	社会保険 医師等免許 医薬品許可免許	貨幣 経済政策 関税・通商 通信・郵便 国有林
都道府県	警察	国道（指定区間以外） 港湾 都道府県道 公営住宅 都市計画決定 一級河川（指定区間） 二級河川	高等学校 特殊教育学校 小中学校教職員の給与・人事 私学助成(高校まで)	生活保護（町村区域） 児童福祉 保健所	地域経済振興 職業訓練 中小企業診断指導
市町村	消防、戸籍 住民基本台帳	都市計画事業 市町村道 港湾 準用河川 公営住宅 下水道	小中学校 幼稚園	介護保険 保健所、生活保護（市） 児童福祉 ごみ処理 国民健康保険 上水道	地域経済振興 農地利用調整

表2　国・都道府県・市町村の行政事務の分担例
（注）政令指定都市などは都道府県の権限の一部を有している
（資料）総務省編『地方交付税のあらまし』により作成

道がある。高速自動車国道の管理責任は国にあり、費用負担は新直轄方式によるものを除き高速道路会社であり、新直轄方式によるものは国が維持・修繕費の全額と新設・改築の七五％、都道府県および政令市が新設・改築の二五％となる。一般国道は、指定区間である直轄国道の管理責任は国にあり、管理費用は国が維持・修繕費の全額と新設・改築の三分の二、都道府県・政令市が新設・改築の三分の一を分担する。指定外区間の補助国道については、管理責任が都道府県と政令市にあり、国が新設・改築の五〇％、修繕の五〇％以内の補助、都道府県・政令市が新設・改築の五〇％と維持の全額、そして修繕のうち国の補助外分の費用を負担する。都道府県道は都道府県と政令市が、市町村道は市町村がそれぞれ管理責任・費用負担を担い、国が新設・改築および修繕の費用の五〇％以内分を補助する。

このように、道路事業に関して少なくとも形式的には、全国的な自動車交通網の枢要をなす高速自動車国道および全国的な幹線道路網のうち重要なものは国が主に責任を持ち、地方的な幹線道路網は都道府県、市町村の区域内は市町村が責任を持つ。無論、実態としてみれば事務配分に重複やあいまいさが残る。道路事業では、道路計画や都市計画との関係もあり、例えば市町村道の新設を市町村の意思だけで決定できるものではない。

†地方分権

国と地方の事務配分における重要な動きとして、二〇〇〇年四月に多くが施行されたいわゆる地方分権一括法があげられる。それまで、地方自治体の事務は、自らの責任で行政サービスを提供する固有事務、保健所設置など法令でその処理が委託されている団体委任事務、地方自治体を国の出先機関として運用する機関委任事務、検査や規制といった行政委任事務、に分けられていた。なかでも機関委任事務は多数存在し、国と地方自治体の事務配分のあいまいさを示す象徴として、地方自治体からとくに評判が良くなかった。

地方分権一括法では、国と地方の役割を明確化するため、機関委任事務の廃止をはじめ事務の内容を整理統合し、法定受託事務と自治事務に大別した。法定受託事務は、本来国が処理すべき事務で住民の利便性や効率性から地方自治体が実施する第一号法定受託事務と、本来は都道府県が実施すべきものを住民の利便性などの観点から市町村が処理する第二号法定受託事務からなる。例としては、国政選挙、戸籍事務、生活保護、国道の管理などがあげられる。自治事務は、法定受託事務以外のすべてが該当する。ただし自治事務には、各地方自治体が任意で行なうもののほか、介護保険サービスや国民健康保険の給付など、国で定めた法令によって事務処理が義務付けられるものも含まれる。

法定受託事務では、国が地方自治体に対して、是正の指示や代執行など、強い関与が認められている。一方、自治事務は、原則として国の関与は助言や勧告、そして是正の要求までとされているが、同意、許可、認可、承認、指示など一部残っている。こうした国による関与は、地方自治体が納得できるものばかりとは限らない。そこで地方分権一括法では、係争処理手続きを制定した。それが国地方係争処理委員会で、国の関与に不服のある地方自治体の長などからの申し出に基づき審査を行ない、国の関与が違法と認めた場合、国に対し勧告などを行なう。また、都道府県による市町村に対する関与については、自治紛争処理委員制度がある。ただし、国地方係争処理委員会で審査された事案は二〇一八年一二月までで二件（他に審査とならなかった申出が二件、申出中が二件）、自治紛争処理委員制度が市町村に利用された事案も二件のみで、活発に利用されているとは言い難い。

地方分権に関して、例えば義務教育分野でさえ、自治体の権限は拡大している。かつては、公立義務教育諸学校の学級編制および教職員定数の標準に関する法律の下、各市町村は独自の裁量で義務教育教員を追加的に配置できず、都道府県費負担教職員制度のみが存在していた。それが、まず二〇〇三年度から構造改革特区として認められた場合、市町村費負担教職員制度として市町村が給与を負担することにより、独自に任用できることとなった。また、二〇〇四年度から義務教育教職員の総額裁量制がスタートした。そして二〇〇六年度から、特区による試みを終え市町村費負担教職員制度が全国化した。

3 地方自治体の多様性と財源格差

†多様な自治体

二〇二二年四月一日現在、日本の地方自治体は、普通地方自治体である都道府県が四七、市町村一七一八、そして権限と財源の制約を受ける特別地方自治体のうち特別区が二三ある。ただし、その実態はきわめて多様である。例えば二〇二〇年一〇月一日の人口をみると、都道府県最大の東京都が一三八四万人に対して、最少の鳥取県は五六万人と二〇倍以上の差がある。東京都は首都機能を有し特別区を抱えることもあり、他の道府県と同じ行政サービスを提供している訳ではないが、両者ともに都道府県として類似の事務を遂行している。市区町村は、より差が激しい。人口が最大の横浜市（神奈川県）の三七八万人に対して、最少の青ヶ島村（東京都）は一六九人と、二万倍強の差がある。政令市であり大学、総合病院、地下鉄などを設置する横浜市と離島の村では、提供する行政サービスに大きな差はあるものの、同じ市町村に区分される。

全人口に占める六五歳以上の割合を示す老年人口比率の全国平均は二八・六％（二〇二〇年一〇月一日）で、少子高齢化を背景として上昇傾向にある。都道府県別で見ると、沖縄県が二二・六％にとどまる一方、秋田県は三七・五％となっている。市町村別に見ればその差はより顕著で、もっとも老年人口比率の高い南牧村（群馬県）では六四・六％に達する。

人口ほどではないが、面積にも大きな差がある。都道府県最大の北海道は七万八四六〇キロ平米あり、最小の香川県一八七七キロ平米の四一・八倍になる。市町村では、高山市（岐阜県）の二一七八キロ平米が最大で、最小は三・五キロ平米の舟橋村（富山県）である。

この他、経済規模、産業構造など、同じ都道府県あるいは市町村といっても千差万別である。

財源	使途	自主性	継続性	歳入額（億円）	構成比（%）
地方税[注1]	一般	自主	経常	408,256	31.4
地方交付税	一般	移転	経常[注2]	169,890	13.1
地方譲与税	一般[注3]	移転	経常	22,323	1.7
国庫支出金	特定	移転	経常・臨時	374,024	28.8
地方債	特定[注4]	依存	臨時	122,607	9.4
使用料・手数料	一般・特定	自主	経常・臨時	19,847	1.5
その他[注5]	—	—	—	183,525	14.1
合計	—	—	—	1,300,472	100.0

表3　主な地方財源の性格と内訳（2020年度決算）

（注）1. 地方税のなかで、目的税は特定財源。都市計画税、法定外税は臨時財源
2. 地方交付税のうち特別交付税は臨時財源
3. 地方譲与税のうち地方揮発油税の一部・航空機燃料譲与税は特定財源
4. 地方債のうち赤字地方債は一般財源
5. その他には、地方特例交付金、分担金・負担金、繰入金、寄附金、財産収入などを含む

（資料）総務省編『地方財政白書』日経印刷、により作成

これを、同じような制度の下で運営しなければならない点に、地方制度の難しさの一端がある。とくに、財源面において自治体に大きな格差が生まれている。

†地方税は財源の三分の一にすぎない

財源をみる場合、その性質で分類すると特徴が掴みやすい（表3）。まず、財源の使途が限定されているかで、使途の定めがない財源を一般財源という。一般財源には、地方税（目的税を除く）、地方交付税、地方譲与税（一部を除く）などを含む。一方、使途の特定された財源は特定財源と呼び、国庫支出金、都道府県支出金、建設地方債などがある。一般財源の割合が多いと政策選択の幅が広くなる一方、特定財源が多いと自由度が狭まるうえ突発的な支出への対応が

困難になる。

地方自治体が、自主的に収入をあげることが可能かどうかも、重要である。自主的に調達できる自主財源には、地方税、使用料・手数料などがある。自主財源以外のものを依存財源と呼び、そのうち国から交付されるものを移転財源という。移転財源には、地方交付税、地方譲与税、国庫支出金などが含まれる。その他の依存財源は、主に地方債である。依存財源は、国の財政状況などに左右される恐れがある。

財源が毎年度継続的に得られるかどうかも、大切である。毎年度継続的に得られる財源を経常財源、一時的、臨時的に歳入となるものを臨時財源という。経常財源は、一部の税を除く地方税、普通交付税、地方譲与税、国庫支出金のうち制度に基づき継続的に収入されるものなどで構成されている。一方、臨時財源には、特別交付税、地方債などがある。

こうしてみると、地方自治体にとっては、一般財源・自主財源・経常財源である地方税が望ましい。しかし、地方財政全体でみて地方税の占める比率は三分の一にすぎず、しかも地域間格差が大きい。現実には、多くの自治体が依存財源に頼らざるを得ない。国の税収が豊かな状況であれば、ナショナル・スタンダードを高く設定したうえ、各地で独自の行政サービスを実施するための一般財源を国が保障することも可能だろう。しかし、国の財源が限定されているなか、多様化した価値観のすべてを叶えるだけの移転財源を確保することは困難である。

†三位一体の改革で格差が拡大

財源面での地方分権には、一般財源の拡大と自主財源を増やす二つの方向性がある。前者では、一九八〇年代後半に高率補助金の原則廃止が実施された。これにより国庫支出金が減少する一方、地方財政計画の歳出規模を変えなかったので、地方交付税の総額拡大につながった。

昨今の自治体の財源をめぐる大きな動きとしては、三位一体の改革をあげることができる。三位一体の改革は、二〇〇二年の「骨太方針第二弾」において事実上始まり、実際の制度などの改革は二〇〇四年度から三年間で実施された。三位一体の改革とは、地方税、国庫支出金(国庫補助負担金)、地方交付税を一体で改革するものである。改革の背景には、財源面での地方分権を進めるべきとの声と国の財政難があった。三位一体の改革では、自主財源の増加が強調された。つまり地方税の増加であり、国庫支出金や地方交付税の削減である。あわせて、大都市圏自治体の財源難による不満の解消や、国の財政負担軽減も改革の狙いにあった。

三位一体の改革の全体像をまとめておこう。もっとも注力された国庫支出金は、全体で約四・七兆円の削減となった。このうち、地方自治体への税源移譲分が約三兆円、交付金化が約〇・八兆円、事務事業そのものを廃止するスリム化分が約一兆円となった。地方交付税は、臨時財政対策債と合わせて約五・一兆円の減額となった。とくに小規模市町村の算定について、大きな縮減があった。国税から地方税への税源移譲は、所得税から道府県民税（所得割）へ約二・二兆円、市町村民税（所得割）に〇・八兆円となった。

　三位一体の改革により、地方自治体間の財源の格差は、大幅に拡大した。ごく一部の大都市圏の自治体では、地方税が増収になる一方、地方交付税は元々ほとんどなかったため、国庫支出金は減っても財源がかなり豊かになった。一方、地方圏の多くの自治体は、地方税の増額を地方交付税の削減が大幅に上回り、自治体間の格差拡大につながった。

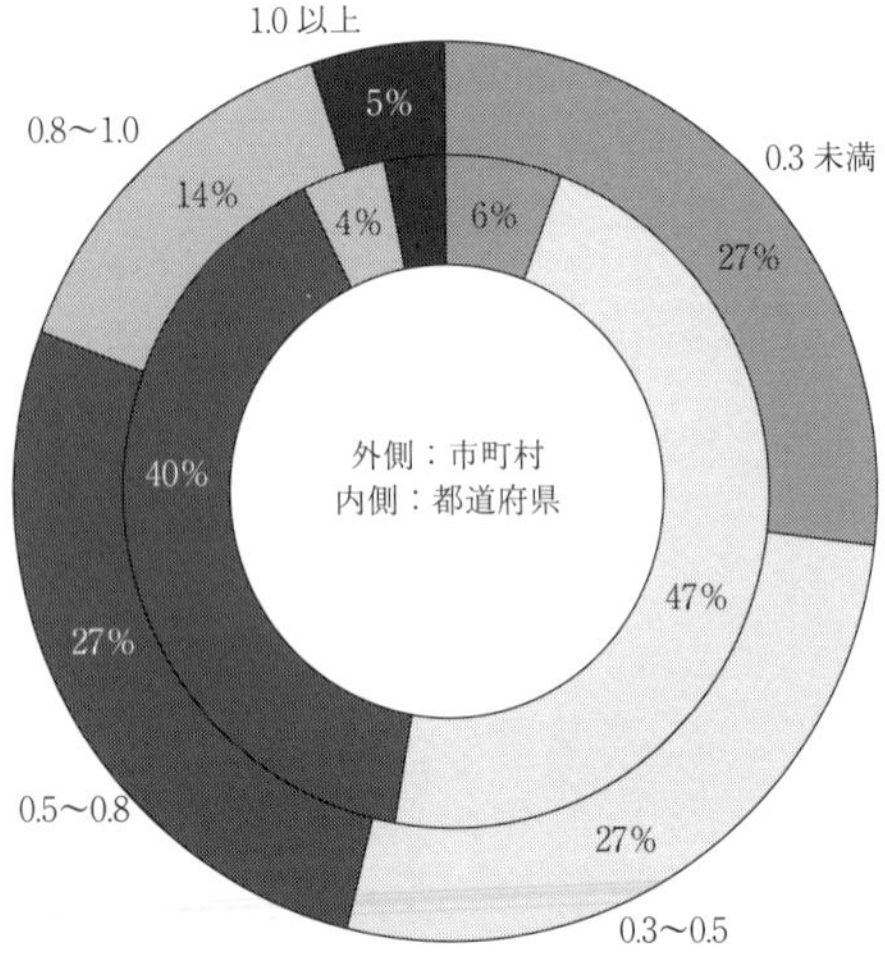

図１　財政力指数別地方自治体数割合（2020 年度決算）
（資料）総務省編「地方自治体の主要財政指標一覧」により作成

財源の格差

人口や面積のような多様性とは別に、財源面でも日本の地方自治体は多様である。地方自治体の自主財源の豊かさを示す指標に、財政力指数がある。これは、地方交付税の算定にあたり算出される基準財政収入額を基準財政需要額で除して得た数値の過去三年間の平均値で表す。大まかに言えば、基準財政収入額とは当該自治体が標準的な地方税などを課していた場合に得られる収入を示し、基準財政需要額は、合理的で標準的な行政を実施した場合にかかる経費を示す（厳密には異なる部分も多々ある）。財政力指数が高いほど自主財源が豊かで、一般的に一を超えると普通交付税が不交付となる。図1の通り、都道府県、市町村ともに財政力指数が〇・三に満たず地方交付税が最大の財源と想定される自治体がある一方、一を上回り地方交付税に依存しないであろう財源の豊かな自治体がある。

財政力指数の上位と下位の自治体をみると、もっとも高い飛島村（愛知県）では、標準的な財政需要の二倍以上の地方税などがあるのに対し、山梨県丹波山村などでは七％にすぎない（表4）。このように、大きな税源の格差が存在している。

下位の自治体には、離島や山間の村が目立つ。一方、

上位 10 市町村		下位 10 市町村	
愛知県飛島村	2.21	山梨県丹波山村	0.07
青森県六ヶ所村	1.79	鹿児島県三島村	0.07
長野県軽井沢町	1.65	鹿児島県十島村	0.07
北海道泊村	1.58	沖縄県渡名喜村	0.08
福島県大熊町	1.56	島根県知夫村	0.08
千葉県浦安市	1.52	北海道島牧村	0.09
東京都武蔵野市	1.52	鹿児島県大和村	0.09
大阪府田尻町	1.51	鹿児島県宇検村	0.09
神奈川県箱根町	1.44	北海道西興部村	0.10
茨城県神栖市	1.41	島根県海士町	0.10

表4　財政力指数上位下位 10 市町村（2020 年度決算）
（資料）総務省編「地方自治体の主要財政指標一覧」により作成

上位の自治体をみると、有名な別荘地でかつ観光地といった自治体もあれば、原子力発電所や原子燃料サイクル施設を有する地方圏自治体が多く含まれるのがわかる。

武蔵野市の独自性と財源の豊かさ

武蔵野市（東京都）では、政策の実験とも言える先駆的な取り組みが色々と実施されてきた（表5）。古くは一九六七年に独自の児童扶養手当を始め、一九九五年に運行を開始したムーバスは、コミュニティバスの先駆けとなった。市民参加が活発な地域で、住民の自治意識が高く独自の取り組みがなされてきた面はあるだろう。また、違法駐車防止条例のように、とくに大きな財源を必要としない取り組みも含まれる。さらに、リバースモーゲージのように、地価が高いうえ敷地面積の広い一戸建ての住宅が多い地域だからこそできたものもある。しかし、リバースモーゲージなどは多くの財源を必要としながら、少なくとも当初は国や都からの補助金がなく、独自の財源で充当しなければならないものである。

1967年	独自の児童扶養手当
1981年	福祉資金貸付制度（リバースモーゲージ、2015年3月廃止）
1990年	違法駐車防止条例制定
1993年	障害の種類・程度を問わない多機能施設（武蔵野障害者総合センター）開設
1995年	店舗一体型公設自転車駐車場完成
1995年	コミュニティバス（ムーバス）運行開始
1995年	環境緑地制度創設
1995年	セカンドスクール事業全小学校導入
1999年	寄附講座開講
2001年	全市立小中学校でISO14001認証取得

表5　武蔵野市の先駆的な取り組みの例
（資料）武蔵野市編『武蔵野市百年史』『武蔵野市百年史　続編』により作成

そうすると、武蔵野市が先駆的な取り組みを実施できた大きな要因として、財源の豊かさが浮かび上がってくる。武蔵野市は、財政力指数がきわめて高い自治体のひとつであり、しかもそれが継続している点に特徴がある。原子力発電所の立地する自治体では、新設時に財政力がきわめて高くなるものの、それを維持するには増設が必要となる。二〇二〇年度に財政力指数が全国トップの飛島村（愛知県）についても、伊勢湾に埋立地ができ飛島村に編入され、大規模工業地域として発展するまでは低い財政力であった。一方、武蔵野市は高い地価と民間による積極的な土地利用などに伴う多大な固定資産税と、高い所得と納税者の多さなどによる市民税（所得割）の多さなどを背景として、長期にわたり不交付団体を継続している。

†充実した地方自治の実現をめざして

充実した自治の実現には、さらなる地方分権が必要である。とくに、必置規制の見直しと都道府県から市町村への権限移譲が求められる。しかし、権限ばかり拡充しても財源が伴わなければ、一部の財源の豊かな自治体のみが実際に権限を活用し、多くの自治体にとって独自の行政サービス提供はかえって遠くなる恐れがある。充実した地方自治の実現には、権限の拡大と財源の充実の両面が大切である。とくに現在では、財源の安定と充実がより求められる。

地方税の自治体間格差は、人口と経済活動の違いによっておおむね説明することが可能である。しかし、人口や県内総生産における格差よりも、地方税の方が差は大きい。つまり、ただでさえ大きい人口や経済活動の差が、地方税制によって助長されている。日本の地方税の特徴として、法人所得課税の比率が高いことをあげられる。同じ単一制国家であるイギリスやフランスの地方税に法人所得課税はなく、イタリアでもごくわずかしかない。連邦制国家のアメリカやカナダ、ドイツの州・地方と比較しても日本の方が法人所得課税の比率が高い。法人所得課税は、税収に普遍性がなく税収に格差が生じやすい、当該自治体以外で獲得した所得にも課税される、税収が不安定である、行政サービスを受益しても課税上赤字であれば税負担がない、といった地方税としての問題が存在する。法人所得課税の国税化と安定した財源の地方税化が、税収の格差是正に効果を発揮する。

また、地方税で最大の税収をもつ固定資産税も税収の格差が大きい。固定資産税の課税対象は、土地、家屋、償却資産であり、それらの資産価値に着目して課税される。土地や家屋への課税は、基礎的自治体の税目として本来適切なものである。しかし、地価に大きな差のある日本においては、税収に差が出やすい。また、償却資産のほとんどは法人が対象であり、必ずしも地方税、とくに基礎的自治体の税目として適当とはいえない部分がある。

こうした税収の格差を助長する要因を取り除いても、なお人口や経済活動による税収の格差は大きい。自主財源が望ましいものの、現実には多くの自治体にとって次善のものとして一般財源、とくに地方交付税が不可欠である。しかし、地方交付税は、財源となる国税の不足や不安定さ、累計三〇兆円（二〇二一年度末見通し）にのぼる地方負担分の交付税特別会計借入金、臨時としながらも地方交付税の総額圧縮のため二〇〇一年度から発行を継続している臨時財政対策債（赤字地方債、二〇二一年度二兆円発行予定）と、問題山積である。将来にわたり、安定した財源としなければいけない。そのためには、国の財政再建も不可欠である。

さらに詳しく知るための参考文献

J・ブライス『近代民主政治　第一巻〜第四巻』松山武訳（岩波書店、一九八四）……地方自治をはじめ政治学の古典かつ名著。第一巻で述べられた、「地方自治は民主主義の最良の学校である」という言葉はとくに有名。

A・トクヴィル『アメリカのデモクラシー　第一巻（上・下）、第二巻（上・下）』松本礼二訳（岩波書店、二〇〇五）……フランスの政治学者が独立後のアメリカを旅し、民主政治の本質を喝破した古典的名著。地方自治だけでなく政治学全般に言及し、含蓄ある言葉も魅力のひとつ。

佐藤竺監『市民のための地方自治入門　新訂版』（実務教育出版、二〇〇九）……自治の担い手である市民を意識した構成が秀逸。平易な文章の入門書だが、制度や実態の解説にとどまらず、課題の提示や評価まで内容は盛り沢山。充実したコラムも魅力。

橋本行史編著『新版　現代地方自治論』（ミネルヴァ書房、二〇一七）……地方自治論のテキストだが、発展的な内容を含む。地方自治の歴史を丹念に記述している点に特徴がある。公務員試験などにも、十分対応可能。

山下茂『体系比較地方自治』（ぎょうせい、二〇一〇）……地方自治制度の国際比較に適している。欧米主要国（一〇カ国）に加え、韓国やインド、オーストラリアなど、アジア・環太平洋諸国（九カ国）も含まれている点に特徴がある。

稲継裕昭編著『シビックテック』（勁草書房、二〇一八）……最先端の情報通信技術によって、行政と住民の新たな関係が構築されることを説く。地域の様々な課題について、住民自らによって解決を模索しやすくなる。

浅羽隆史『入門　地方財政論』（同友館、二〇一五）……自治体の動きを、貨幣の流れからつかむ入門書。日本の地方自治体を中心に、制度や実態が詳述されている。

石原信雄『新地方財政調整制度論　改訂版』（ぎょうせい、二〇一六）……地方財政のなかで、もっとも難解といわれる地方交付税を中心にまとめた専門書。制度の詳しい内容から問題の所存、海外の制度との比較など地方交付税を考えるのに不可欠の書。

第4章［国際政治］現代世界における戦争と暴力

遠藤誠治

戦争と平和の問題は、国際政治において中心的なテーマである。遡れば、I・カントをはじめとする多くの思想家たちも持続的な平和を作るにはどうすればよいのかという課題に取り組んできた。また、E・H・カー『危機の二十年』によれば、そもそも国際政治の研究は悲惨な戦争が再び起こらないようにすることを目的として、第一次世界大戦後に独自の研究領域として成立した（カー二〇一一）。さらに、第二次世界大戦後は、核軍拡競争とともに冷戦が激化する中で、第三次世界大戦の回避が人類最大の課題となった。国際政治学はその課題に取り組む学問として急速に発展を遂げた。その後、国際経済関係や非国家主体の活動、グローバリゼーションなどが新しい課題として加わるようになったが、依然として、戦争と平和の問題は、国際政治学の最も重要なテーマである。その理由の一端は、国際政治学が、戦争を回避し持続的な平和を築くという課題への十全な解答をいまだ提供できていないことにある。

この際、国際政治学の関心の中心は国家間の戦争にあった。しかし、意外なことに、近年、国家間の戦争は頻度も被害も大きく減少している。もちろん、国家相互間の政治・軍事的な緊張が継続している国際関係は少なくないし、それらの諸国の間に将来も戦争が起こらないという保証はない。しかし、国家間の相互依存が深まった現代世界では、戦争を合理的政策として選択することは非常に困難になっているように思われる。そのため、研究者の中には、国家間の戦争は克服可能だと考える人たちも出てきている（遠藤誠治「平和を求めるなら戦争の準備をすべきか」日本平和学会編『平和をめぐる14の論点――平和研究が問い続けること』法律文化社、二〇一八、三〜一九頁）。

他方で、近年、深刻な被害を生んでいるのはむしろ国内紛争や国家以外の主体が関与する紛争である。そうした紛争では、一方の当事者が国家であることも多いが、武装していない民間人たちに対する一方的な暴力行使の場合もある。テロの問題もそれと同様に考えることもできるかもしれない。また、内戦は周辺国の関与する「国際化された内戦」となることが多い。こうした紛争では、旧来の国家間戦争の考え方やルールが通用しない。それらをM・カルドーは「新しい戦争」と呼び、新しい対応方法が必要だと唱えている（カルドー二〇〇三）。

本章では、こうした戦争や暴力の形の変化に着目して、国際政治学の課題とその変容について検討する。1節では、紛争の形の変化を紹介する。2節では、国家間戦争の問題を理論的に解説する。3節では、「新しい戦争」のメカニズムを検討する。4節では、グローバリゼーションが進む中で国際関係が大きく変化し、世界の秩序が不安定化している状況において、国際政治学の課題とは何かという問題を検討して小論を閉じることにしたい。

1 減少する国家間戦争

†国内紛争の増加

まずは実際に起こっている戦争や紛争がどのようなものなのかを確認しよう。ストックホルム国際平和研究所（通称SIPRI）は、毎年、その前年に起こった紛争・戦争・平和維持活動・平和構築活動の記録や、各国の軍事予算、武器の生産や国際的な売買などに関するデータを年鑑にまとめて刊行している（Stockholm International Peace Research Institute, *SIPRI Yearbook*, Oxford University Press）。この年鑑は、世界の紛争や戦争、武器と暴力手段の蓄積を考えるための基礎データを提供するものとして重要だ。また、同じくスウェーデンのウプサラ大学では、世界の紛争に関するデータを集積するウプサラ紛争データプログラム（UCDP）を展開している。これらのデータでは少なくとも一方の当事者として政府が関わっており、一年間に二五人以上の戦闘に関わる死者をともなう紛争を軍事紛争と位置づけ、その中で一年間に一〇〇〇人以上の戦闘に由来する死者をともなう紛争を戦争と呼んでいる。

これらのデータに基づくと、二〇一六年時点で世界では四九の軍事紛争が進行中であった。そのうち国家間紛争はエチオピアとエリトリア、インドとパキスタンの間に起こっている二件だけで、残りの四七件は国内紛争ないしは国内紛争に他国が関与するようになったものであった。さらに過去に遡ってみてみると、一九九七年から二〇一六年までの二〇年間に戦闘由来の死者が一〇〇〇人を超えた国家間戦争はエリトリアとエチオピア、インドとパキスタン、イラクとアメリカを中心とする同盟国の間で起こった合計三件の戦争のみである。それ未満の死者数の軍事紛争も、国家間ではカンボジアとタイ、ジブチとエリトリア、スーダンと南スーダンの間で起こったのみであった。つまり、過去二〇年間の紛争や戦争の大半は内戦ないしは国際化された内戦であり、国家間紛争の数は六件に過ぎない。

さらに、UCDPによると一九四六〜二〇一六年の間に、二八〇の軍事紛争が発生しているが、二〇一四〜二〇一六年の間には年間平均で四七件の紛争が起こっており、その前の二〇〇七〜二〇一三年の年間平均三五件という発生件数と比べて大幅な増加傾向が見られる。そして、その大多数が国内紛争である。ついでながら、紛争における都市部での死者数が大幅に増えている。二〇一七年の最初の一一カ月間に一万五〇〇〇人以上の民間人が殺されており、記録がとられるようになって初めて空爆による死者数が過半数となったという。

†国内紛争の国際化と越境テロ

なお、ここでいう内戦の中には、他国が関与する国際化された内戦も含まれており、内戦の国際化傾向はより顕著になってきている。特に大きな被害を出しているシリアの内戦の場合、シリア政府、反政府勢力、イスラーム国（ＩＳ）という三つ巴の内戦に、ロシアとイラン、アメリカをはじめとするＮＡＴＯ諸国、隣国トルコが複雑に絡まった形で関与してきた。イエメン内戦にはサウジアラビアが主導するアラブの同盟諸国とイランが関与している。ウクライナ内戦では反政府勢力に対してロシアが支援を続けている。またコンゴ民主共和国の内戦にも数多くのアフリカの国々が関与した。

このように地域の諸国による勢力争いが関わるような紛争、特に大国が関与する軍事紛争は、事実上国家間戦争と大差がないと思われるかもしれない。しかし、ＩＳが関与する戦争を除くと、多くの国が関与する内戦の戦場が他国に拡大していくという傾向は見られない。大国間戦争に発展していく見通しも今のところは小さい。したがって、内戦や国際化された内戦を国家間戦争と区別することには意味があると考えられる。

また、戦闘由来の死者数で被害の大きさや紛争の規模を測ることへの疑問もあるだろう。とりわけ軍事紛争の直接の被害者たちにとっては、死者の多寡は主観的には二義的な問題に過ぎない。しかし、多数の死者をともなう紛争では、それ以上の多数の人びとが被害を免れるために住居を捨てて国内避難民や難民となるなど大きな影響を与えることが多い。さしあたり、死者数で戦争被害の大きさを測ることにも意味があると考えることにしよう。

そこで実際の紛争を見てみると、アフガニスタン、ソマリア、コンゴ民主共和国、イラク、リビア、シリア、南スーダンなどなど、実に多く内戦が長期化し非常に大きな被害が出ている。その他に、冷戦後には、ユーゴスラヴィア解体に関わる数々の内戦・国際化された内戦、ルワンダ内戦など莫大な被害をともなう紛争が数多くあった。またテロは、統計上は国家が関わる戦争・紛争とは別カテゴリーとされているが、二〇〇一年九月のアメリカ同時多発テロ事件以後に着目すると、アルカイダやISおよびそれらに触発された集団などが、各地で大規模な被害をもたらすテロ事件を引き起こし、なかには内戦の当事者となっている事例もある。

このように実際に起こっている紛争と被害の実態という観点から見るとき、国内紛争や国内紛争の国際化、さらには越境的なテロリズムなどの方が、国際関係における暴力の問題としては深刻であり、国家間の戦争は相対的には小さい問題だということになる。それにもかかわらず、われわれの関心は国家間の対抗関係に集中し、他国の中で起こっている被害に関しては相対的に無関心である。そうした無関心は、国家間の戦争の原因の分析を通じて、戦争の防止や回避に貢献しようとしてきた国際政治学の課題設定にも由来しているのかもしれない。

2　国家間戦争とはどのような問題か

†国際政治の分権的構造

　では国家間戦争の問題は解決したのだろうか。あるいは国家間戦争のことを忘れて、内戦の解明と解決に集中すれば良いのであろうか。残念ながらそうとはいえない。国際政治学は国家間戦争について理解を深めてきたが、その問題を解決したわけではない。

　われわれの住む東アジアを見渡せば、中国の政治経済的影響力が拡大し、特に軍事的能力の強化は顕著である。現在、アメリカのトランプ政権は主に貿易面で中国に厳しい姿勢をとっているが、軍事面でも南シナ海における公海の自由や領海の設定をめぐる対立などもあり、緊張が高まっている。北朝鮮は核軍事能力を獲得しつつあり、アメリカ・韓国・日本が軍事的な対応を強化したため、二〇一七年秋頃には戦争の懸念が深まった。ロシアは軍事力でウクライナからクリミア半島を奪い、ウクライナに対する不安定化工作を続けている。このように国家戦争は起こっていないが、戦争に至るかもしれないような緊張は継続している。われわれは、依然として、戦争を回避するために叡智と政治的技能を必要としている。

その際、国際政治で武力が行使される背景について理解を深めておくことが重要であろう。国際政治には、安定した国家に存在するような平和的な紛争解決のメカニズムがない。安定した国家の場合、通常は国家が国内の武装勢力を圧倒するだけの軍事能力をもっており、それ以外の政治主体が自らの目的を達成するために暴力に訴えることは犯罪であり、正当な政治的行為と見なされていない。その代わり、両立しがたい主張を抱える紛争当事者たちは裁判によって、紛争の平和的な解決を図ることになっている。つまり、軍事力とその行使に関わる正当性を国家が独占しているために、国内では紛争の平和的解決のメカニズムが維持されている。

国際関係には、こうした紛争の平和的解決の安定的メカニズムが存在しない。国際連合や国際司法裁判所があり、これらが紛争の平和的解決に貢献することがある。しかし、国連は自前の軍隊をもっているわけではない。軍事力を使うことが正当なのかそうではないかの判断は国連安全保障理事会に委ねられているが、その機能は十全には果たされていない。こうした事情が、各国が独自に武力行使の判断をすることを許容する背景となっている。つまり、国内政治では権力が国家に集中する集権的な体制が存在するのに対して、国際政治では各国家が権力を保持している分権的な構造をとっていることが、問題の大きな背景となっている。

もう一歩深めて考えてみると、現在のような国家が成立した背景には、中世末期のヨーロッパで、農民反乱、宗教紛争、領邦君主間の争いなどが連動した暴力が蔓延し、秩序が根本から崩れた状態に陥った中で、秩序形成主体として国家（国王）への期待が高まったという事情があった。その際、国内で暴力手段とそれを行使する正当性を国家に集中させた結果として、対外的な暴力の正当な行使としての戦争を行ないうる唯一の主体としても国家が存立するということになった。つまり、国内の集権化と国際関係の分権性は表裏一体の関係にあったのである。

†国際政治も集権的にすればよいのか

そうだとしたら国際政治も国内政治と同じように集権的な形に変更すればよいではないか、と多くの人びとが考えてきた。そうかもしれないが、実際には、それは難しい。そして、実際に難しいだけではなく、望ましいかどうかも考える必要がある。例えば、現在、多くの国家に関しては、民衆が民主主義の原則に基づいて統制を行なうことで、国家の横暴や政治指導者の独裁化を阻止していることになっているが、現実を見れば、国の政治は随分遠くで行なわれており、普通の人びとが十分コントロールできているかどうか不安だ。そうした不安が、欧州連合（EU）の統合の深化への懸念となっている。ましてや世界政府に対して民主的なコントロールは可能だろうか。

また、世界を一つの国にした場合、世界政府が武力のコントロールに失敗したら、武力行使は世界規模の内戦という形をとるかもしれない。国境という境界線を欠いた内戦は、国家間の戦争よりも解決が困難な問題をもたらすかもしれない。このように考えると国際関係も集権化すれば問題が解決するという考えは単純すぎる。

†安全保障のディレンマ

さて、国際政治が分権的構造を備えており、それが戦争の背景となっていることは分かったが、それだけでは戦争が起こる原因までは説明できない。その理由を解明できれば、戦争を防ぐことができるかもしれない。残念ながら、国際政治学の現状はそれにはほど遠い。ここでは、現状を読み解く際に重要な視点を提供する二つの問題だけを考えておこう。

第一は「安全保障のディレンマ」と呼ばれる問題である。お互いに他国に攻めていくつもりがない防衛的な国Aと国Bがあるとしよう。これまで述べた国際政治の分権的構造のゆえに、各国は他国から攻められる危険に対処する必要がある。A国は、自国から攻撃するつもりはないが、念のために戦争の準備を怠らないよう軍事力を強化しようとする。ところがA国の軍事力強化は、周辺国Bからみると、A国の攻撃能力の向上に他ならない。この脅威に対応するため、B国は念のために武力を強化しようとするだろう。このB国の行動は、A国にとっては脅威の増加に他ならないので、防衛力強化の行動をとるであろうが、それがさらにB国のA国への警戒感を高めることになる。こうしてA国もB国も軍拡行動をとる中で相手に対する不信感を強めていくことになる。もともと防衛的な意図しかなかった国同士の間ですら、念のためにとられる安全確保のための行動が相互不信の深刻化や危機をもたらし、結果的には、戦争の可能性を高めてしまうことになる。これが安全保障のディレンマである。

安全保障のディレンマは、相手の行動の意図が不明であるために起こるが、防衛的な意図しかないということを相手に伝達しても、それだけではディレンマは解消しない。伝達されている意図が虚偽かもしれないという疑いをぬぐいきれないからである。つまり、根本的には、相手国に対する不信感こそが問題なのである。国家間に信頼関係を作ることは容易ではないだけに、この問題の解決は困難だ。しかし、逆にいうと、もともと防衛的な国同士の場合、相互信頼を確立できれば、戦争の心配がない国際関係を作ることができるということだ。そうした戦争の心配のない国際関係は、EU諸国間、アメリカ・カナダ間などにみることができる。つまり、安全保障のディレンマを克服し、戦争が想定されないような国際関係は、現実として構築可能なのである。

†平和的な秩序変更

第二の問題は平和的な秩序変更という問題である。安定的な政治を展開している国では、ルールを定めたり変更したりする手続、政治的な権力と責任を担う者を決める手続、その権限をもつ者を変更する選挙などの手続からなる多くの制度を確立している。つまり、暴力を用いなくても変化をもたらすことができる（安定的ではない国家の場合は国内でもクーデタ、反乱、革命、内戦などの暴力行使が起こりうる）。しかし、国際関係においては、そうした平和的な変更の制度が確立していない。国際関係では、各国がもつ政治・経済・軍事などの力は常に変動している。ある時期に有力な大国も、産業化や軍事的能力を向上させた他国に追い上げられることがある。追い上げ国と追いつかれ国との間で、国際関係におけるルール、権限、影響力圏の配分を平和的に変更することはしばしば非常に難しい。むしろ、追い上げの過程では、互いに対する不信感や敵愾心が高まり、結果的には政治・軍事的な緊張が高まるのが通例だ。

例えば、圧倒的な産業力と海軍力を背景として大英帝国を築いていたイギリスに対して、一九世紀末には、ドイツが急速な産業化によって追いついてきた。両者の間には、政治・軍事的な緊張が高まり、第一次世界大戦が起こった。第一次世界大戦後も、ドイツが勢力を回復し、ヨーロッパ内部での秩序の変更を迫った。イギリスは平和的に対処しようとしたが（宥和政策）、結局は、ドイツ自身が戦端を開いた。同じ頃アジアでは、英米中心の秩序に対して、日本が自国中心の秩序を打ち立てようと挑戦し、アジア太平洋戦争が起こった。このような既得権をもつ国と、新たに力をつけてきた国の対抗関係は、持てる国と持たざる国の争いとも呼ばれたが、勢力の変化にともなう対抗関係を平和的に調整することができず、大規模な戦争が起こった。

このような事例を参照しつつ、台頭してきた中国が米中関係を緊張させることは不可避であり、やがて自国中心の秩序を作るべくアメリカを中心とする既存の自由主義的な国際秩序に挑戦するであろうとして、大規模戦争を予言ないし警告する研究者もいる。しかし、中国とアメリカとの対抗関係が戦争に至るか否かは過去の紛争パターンでのみ決定されるわけではない。また、こうした予言は、現実の多様性や複雑さを無視し予言に適合する事実にだけ着目する態度や予言に沿った対応を呼び起こすことで、自己実現してしまう場合があるので注意が必要だ。

いずれにしても、平和的な秩序変更は、現代の国際関係においてもリアルな問題だ。そして、実はこの平和的変更こそが、Ｅ・Ｈ・カーが『危機の二十年』で取り組んだ中核的な問題であった。そして、戦争を回避することを最大の課題としてきた国際政治学においても、平和的な秩序変更は解決されるべき重要な問題として残されている。

本節では、国家間の戦争について、その背景をなす国際政治の分権的構造を解説した上で、安全保障のディレンマと平和的な秩序変更の問題を考察した。国家間戦争の件数は大幅に減少しているが、依然として解決を見ていない問題として残されている。他方で、国家間戦争はなぜ減少してきたのか、という問いも残されている。この問いについては、最終節で仮説的な検討を試みることにしたい。

3 「新しい戦争」の論理

†グローバリゼーションという構造的要因

現代世界で数多く起こり甚大な被害をもたらしている内戦や国際化された内戦はどのような特徴を持っているのか。実際の紛争を調べると、紛争ごとに異なる理由や展開があり、全ての紛争に共通する要素やメカニズムを抽出することは難しい。しかし、いくつかの点から見て、前節で検討したような国家間戦争を基準としていたような時代とは異なる紛争のメカニズムがあるように思われる。ここではそれらを取りあげて検討してみよう。

まず、紛争のメカニズムを大きく変えた要因としてグローバリゼーションをあげることができる。グローバリゼーションとは、一般的には、人・財・資本・サービス・アイデアなどの移動の量と速度が高まるなど、国境を越えた相互作用が大量、急速かつ多様に展開する結果、各国社会の結びつきが複雑かつ緊密になることを意味している。こうしたプロセスが具体的に各国社会に与える影響は多様だが、抽象的にいえば、富の生産と分配の仕組みが大幅に変容する。例えば、従来ならば一国内部で完結していたような富の生産過程が複数国家にまたがって展開するようになる。その結果として、社会を構成する人びとが自分の利害得失を計算する際の認識の地平も国境を越えて広がることになる。それが、国内紛争の発生や持続性と連動する場合が多いので、まずはこの点を銘記しておきたい。

さらに、内戦や国際化された内戦の多くが先進国以外の地域で起こっていることに注目すべきだろう。つまり、近代に入ってからヨーロッパが徐々に形成してきた国家と国際政治のように、国家が暴力手段とその行使に関わる正当性を確保し、自国内の紛争を平和的に解決するという仕組みが十分に確立していない地域で起こっている。

その理由は一つには、植民地化によって地域ごとに存在していた紛争の平和的解決のメカニズムが破壊され、それに代わる制度が十分発達していないということがある。もうひとつの要素として、貧困や富の不平等な配分をあげることができる。国内で配分される富の総量が不足している場合、富の配分をめぐる争いは激しいものになるし、旧宗主国や海外からの連携や投資の窓口をめぐる利権争いも起こりやすくなる。また、天然資源を大量に産出する地域のように、富の総量が多くても一部の人びとに集中的に配分され大多数の人びとが貧困のままである場合、不利な立場にある人びとが富の配分方法を変えるために武力に訴えようとする誘因は強くなる。

このように国家が平和的に問題を解決する能力が十分強くないという構造的条件があるとこ

ろに、グローバリゼーションがさまざまな圧力を加える。それが、内戦や国内紛争の発生や継続に多様な形で影響を与える。グローバルな力と各地の事情が相互作用するため、その現れ方は一様ではないが、一般的傾向としては、もともと強くはなかった国家機構の力をさらに弱体化させる方向で作用することが多い。その場合、警察や軍隊、官僚機構などの公的機関が十分な機能を果たさなくなり、私的な利益追求が公然と行なわれるようになる。その際、私的な暴力も行使されるようになることが多い。もちろん、そうした状況でナショナルなシンボルが使われたり、多くの人びとに訴えかける魅力的なイデオロギーが掲げられたりすることもあるが、だからといってそれらが多数の人びとの利益のための行動であるとは限らない。

†紛争発生における自己利益追求、紛争継続の自己目的化

この点に注目して、紛争発生のメカニズムと紛争継続のメカニズムを検討してみよう。第一に、グローバル経済の圧力がもともと弱体な財政基盤や国際競争力を奪う形で作用することがあげられる。その結果、例えば、対外債務の支払いのために採用される緊縮財政政策が、公共事業の縮小、公務員給与の削減、雇用機会全般の縮小、景気後退など、市民生活への強い圧力となる。当然、社会には不満が蓄積し、国に対する暴力的な抗議も起こりやすくなる。

そうした状況では、生活に必要な物資が大幅に不足し、市場メカニズムも十分に機能しなく

なる場合もある。富を平和的に配分するメカニズムとしての市場が機能しなくなると、マフィアなどの組織的暴力集団が活躍する余地が広がる。そして、そのような集団が、実際には自己利益を追求するために行動しているにもかかわらず、ナショナリズムを掲げて、社会的な不満を集約して、紛争を軍事化させるといったことも起こっている。

例えば、旧ユーゴスラヴィアの解体はしばしば「民族紛争」だと誤解されてきたが、紛争終結後に明らかになってきたように、私的利益を追求するマフィア組織が行なっていた略奪行為を正当化するために民族主義のイデオロギーが利用され、多くの人びとが「民族紛争」に巻き込まれていった。ルワンダで起こったジェノサイドの場合もそうであったが、最初に標的にされるのは、異なる民族が共存することは可能であるとの考え方に基づいて、紛争への関与を拒否した人びとであった。つまり、こうした紛争は、自然発生するのではなく、一部の集団が自己利益追求のために引き起こしていると考えるべきである。

こうした自己利益追求の際に大きな影響を与えるのが、ダイヤモンド、金、プラチナ、石油、木材、麻薬などのグローバル市場の存在だ。こうした資源をグローバルな市場に提供できれば大きな収入が得られるので、紛争当事者にとっては、それらが産出される地域を支配下に置くことがきわめて重要な課題となる。紛争当事者からそうした物資を購入することは違法とされることもあるが、密輸出入が不可能なわけではない。そして、こうした資源の収奪による富の獲得の対価として、戦闘に使う武器が購入されるというサイクルができあがると、紛争当事者は統一政府の樹立といった目的など関係なく、紛争を継続すること自体を利益とするようになる。つまり、国内紛争は自己目的化する。グローバル市場で売買される戦略物資の産地を確保することで私的利益の追求を継続するためには、統一政府など成立せず、内戦が続いている方が望ましいからである。

また、全国を統一しようとすると、多くの富を産出するわけではない地域も含めた統治が必要になり、そうした統治には多くの人びとや制度、インフラの整備などのために資金が必要となる。そうした余計なコストを支払うよりは、資源の産地のみを支配しておいた方が利益は大きい。このように戦争を継続することを組み込んだ「内戦経済」のメカニズムは、私的利益の追求がグローバルな市場と接続することによって可能となっている。

†グローバルな政治経済システムによる内戦の国際化

他方、戦闘に参加する人びとも、もはや「国内部からのみリクルートされているわけではない。内戦や国際化された内戦において「大義」を掲げて戦う勢力に共感を覚える人びとが、国境を越えて資金援助を行なったり、「義勇兵」として他国の戦争に参加したりするようになる。アルカイダの行動様式やISのイデオロギーなどは、紛争が戦われている地域の範囲を越えて共感者や模倣者をうみだしている。また、爆発物の製造・管理・使用法などのテクノロジーも技術移転されて他の国々に伝播する。こうした形で越境的なネットワークが作られるが、それには実際に人的・金銭的連携がある場合もあるものの、単に名前やイデオロギーを借用するだけの場合もある。すでにヨーロッパの各地で現実のものとなっているように、紛争地域を放置することが、先進国でのテロという形で跳ね返ってくる可能性も大きくなっている。

周辺国や大国が内戦への関与を深めることで起こる内戦の国際化には多様なパターンがある。内戦当事者と国境を越えて展開しているグローバルな戦略物資の販路をめぐる利権上のつながりがあること、内戦当事者に宗教上・イデオロギー上の親近感や類縁性があること、他国の内戦が自国内部の不安定の原因だと認識されていることなどが、周辺国や大国が内戦に介入しようとする理由となることが多い。こうした介入は、もともとの国内紛争の解決に貢献することはきわめて稀であり、むしろ、紛争を複雑にし長期化させる場合が多い。

ISに関していえば、NATOを中心とする先進諸国はイラク政府やシリア内戦を戦う反政府勢力に軍事援助を与えて、軍事的に掃討することには成功したが、ISが力を持ち、越境的なネットワークを形成することができた原因には取り組んではいない。むしろIS勢力や共感者が越境して拡散し、それが今後の紛争の原因となるかもしれない。

以上、本節では、内戦や内戦の国際化の背景をなす構造的要因を指摘し、それらの発生と長期化のメカニズムを検討した。その際、グローバルな政治経済システムが、国内政治における紛争の平和的解決メカニズムの弱体化をもたらす場合があることや、紛争の長期化をもたらす「内戦経済」を維持させる場合があることを指摘した。そうだとすると、「内戦」は特定の地域で戦われているのだとしても、実際には、グローバルな政治経済システムの問題として理解される必要があるということになる。

4 戦争のメカニズムの変化と国際政治学

†グローバリゼーションによる相互依存関係強化

本章では、国際政治学が戦争の回避を最人のテーマとしてきたことを指摘した上で、近年は国家間戦争が減少し、内戦や国際化された内戦の比重が高まっていることをどのように考えるのか、という点をめぐる考察を進めてきた。その際、国家間戦争の数は減少しているが、その発生原因が解明されたわけではないことを確認した。また、内戦や国際化された内戦では、戦闘が起こっているのは各国の内部であるが、それが発生し長期間継続することには、グローバルな政治経済システムが影響を与えていることを示した。こうした紛争の変容は国際政治の仕組みの根本部分に起こっている変化と関連づけて理解する必要があるように思われる。本節では、この点について筆者なりの仮説を示して検討してみたい。

これまでの国際政治では、国家を基本単位とし、政治も経済も基本的にはその単位のなかで展開すると想定されてきた。つまり、富の産出、蓄積、分配は国の内部で展開すると想定されていた。また、人権を確保する、最低限の生活を保障する、極端な不平等を緩和するなど、資本主義や市場経済の問題点を是正し、平等で公正な社会の仕組みを維持することも、国単位の政治のメカニズムを用いて、領域国家の内側という地理的範囲の中で行なわれてきた。

しかし、グローバリゼーションはそうした前提を根本から揺るがせつつある。富の産出、蓄積、分配は、いずれも国境を越えたトランスナショナル（国境横断的）な関係のなかで展開するようになった。労働力以外に関しては、市場はグローバルな連結性を高めている。多くの製品に関して、生産は国境を越えた連携関係を通じて行なわれ、流通や販売も海外市場の存在を前提として行なわれるようになった。当然、それらに付随するマーケティングや法的諸問題に関するサービス業も、国境を越えて提供されるようになっている。

こうしたグローバリゼーションの影響は、非常に複雑な形で現れており、それ自体を深く検討する必要がある（サッセン二〇一二）。ここでは、本稿の内容と関連の深い二つの観点から検討してみよう。まず、グローバリゼーションは一方では、国家・社会間の結びつきを強め、相互依存関係を強化してきた。その結果、各国内部で起こる出来事が他国社会にも影響を与えるという関係が強化されてきた。世界経済の成長などはその端的な例だが、多様な結びつきが無数にある世界では、良い影響も悪い影響も想定している範囲内で起こるとは限らず、自らの政策の影響や波及効果について予想することも困難になっている。当然、他国にマイナスを及ぼすことを企図した政策が、思わぬ形で自国に悪影響をもたらす場合がある。

また、戦争を行なうには膨大な量の資源や物資を投入しなければならないが、そうした物資の調達を自国内部で完結させることも非常に困難になった。こうした変化があるため、他国と戦争をするという選択をした場合のコストも予測しがたくなっている。また現在、世界が直面している深刻な諸問題の中には、例えば地球温暖化などのように、そもそも軍事力の行使によって解決しない問題が増えている。さらに先進資本主義諸国間のように、国境を越えた交流の深化によって社会間に深い信頼の絆が築かれ、戦争を想定しない国際関係が実現する場合もある。

こうした変化のために国家間の戦争は困難になっている。ただ、こうした理解は自由主義的な国際政治観に根ざしている。そして、それはかねてから国家がもつ権力や権力政治の動態を重視する現実主義的国際政治論によって批判されてきた。もちろん、各国には依然として、究極的には、緊密な相互依存関係を顧みず戦争に訴えるという政策選択が残されている。しかし、一般論として、戦争の合理性は小さくなっているといえるのではないだろうか。そうだとすると各国の政治指導者たちが、合理的な判断を下すことができるような政治環境を作り出し維持すること、あるいは各国の政治システムが極端な意見に迎合しない合理的な政治指導者を産み出し続けることが、国家間の戦争を回避するためにきわめて重要であるということになる。先進国の民主主義においてすらそのような条件を維持することが難しくなっていることを考えると、国家間戦争の回避は、私たちが自分の問題として直面すべき大きな問題だといえる。

†格差是正と社会変革の必要性

他方、グローバリゼーションを通じて、こうした相互依存関係の緊密化と同時に起こっているのが、各国内部、国家間、グローバルな階層間、都市と農村の間の所得格差の拡大である。先進国の場合、国内の不平等は、第二次世界大戦以後、一九七〇年代半ばくらいまでは、さまざまな政策を通じて是正されてきた。それが福祉国家であった。しかし、一九八〇年代以後は、先進国内部でも福祉国家の仕組みは弱体化しており、国による富の再分配も十分機能していない。先進国以外では、韓国・台湾・中国のように経済の急成長により経済規模が拡大し、生活水準が全般的に向上した国や地域もある。しかし、多くの国々では依然として多数の貧困層がいる。また経済成長の成否に関わりなく、ほとんどの国で貧富の格差はますます深刻化している。すでに述べたように、脆弱な統治機構しかもたない国々では、富の公正な分配が行なわれにくく、それが紛争発生の背景となっている。

また、一九五〇年代末から南北問題と呼ばれてきた先進国と途上国の間の富と力の不公正な配分の問題は依然として解決していない。むしろ、一九八〇年代の累積債務問題を経て、深刻・複雑化している。先進国は開発援助を行なっているが、市場を介する投資や貿易に比べれば微々たる金額に過ぎない。そしてグローバルに見てみると、一九八〇年代以来、所得順位で世界の一%に満たないようなごく少数の人びとに巨大な富が集中し、中間層以下の人びととの取り分の比率は低下する傾向が続いている。

既述のように、国際社会には中央政府は存在せず、国家間の富の再分配を行ない、公正さを実現するような政治の仕組みはほぼ存在しない。こうした状況で、紛争地域の人びとが難民として、貧困地域の人びとが移民として先進国に入ることを求めている。そうした人びとにも人権があり安全な生活を求める権利がある。移民や難民は公正な権利と富の配分を求める動きと解釈することもできる。しかし、先進国では彼らを排除しようとする動きが強くなっている。貧富格差が拡大する先進国でも、多くの人びとが「他者」と富を分け合う余裕を失っている。

これまで先進国の人びとは、国境で隔てられた貧しい地域で起こっている内戦を他人事として放置していても、自らに危険が及ぶとは考えてこなかった。しかし、グローバリゼーションはそうした無関心を許容しなくなっている。

ヘドリー・ブルという国際政治学者は、世界政府を作ったり、国家よりも小さな単位の集団がより大きな役割を担うようなグローバルな社会を作っていくよりも、現在の国際政治の仕組みを維持した上で、さまざまな問題を解決していくしかないし、そうすべきであると主張した。その際、国際政治は中央政府がない無政府状態（アナーキー）であるが、国家相互間で価値観を共有し、ルールを作り、紛争を極端に暴力的なものにしないで解決を図るような「国際社会」を形成することができると考えた。しかし、それと同時に、国際社会の中で現代世界が抱えている貧困や低開発などのグローバルな諸問題に対処していくべきであるし、そのような努力を強化すべきであるとも考えていた。そうした改革が行なわれてグローバルな公正さを確保できてこそ、「国際社会」が存在すべき理由や正当性を確保できるからである（ブル二〇〇〇）。逆にいうと、そうした改革が行なわれない場合、国家からなる「国際社会」を継続していく正当な理由はない、ということである。

これはカーが取り組み、国際政治における難問として残されてきた平和的な秩序変更の問題に他ならない。カーは、『危機の二十年』において権力政治の実態に目を向けるべきだと説いたが、それだけではなく、危機の根本的な原因は、国内政治においても国際関係においても、既得権をもつ勢力が、持たざる勢力からの富や力の再配分を要求する力の高まりに直面しているにもかかわらず、その事実を認識せず、自らの力を持続させようとしている点にあると考えていた。つまり、利益対立が激化しつつあり、それに正しく対応しない場合には、国内では革命という暴力が、国際関係においては戦争という暴力が制御できなくなる危険性が高まっていると考えていた。だからこそ、カーは、革命と戦争という二つの暴力が連動する危機を回避するためには、大規模な社会改革が必要だと唱えたのである。

現代世界では、革命という暴力の危険性はそれほど大きくないかもしれない。しかし、既得権をもつ少数の人びとや豊かな国々が、貧しい人びとや国々からの富や力の再配分の要求を無視することが危機を深め、世界の不安定化を招いているとはいえないだろうか。つまり、貧しい国々の内部で起こる紛争に対処し平和的に解決する方法を模索することや国家間戦争を防ぐことは、一続きの平和的な秩序変更の問題なのである。平和的な秩序変更の問題としては、台頭しつつある中国にどのように対処するのかという重要な問題があるが、より重要なのはそれよりも規模の大きい世界全体の安定をいかにして再建するのかという問題だ。

そうだとすれば、国際政治学は、国家間戦争の問題にばかり取り組むのではなく、内戦と国家間戦争を現代の国際政治システムの本質的な問題と位置づけ、世界秩序の平和的変更という問題を含むよう課題を定め直す必要がある。そして、こうした課題設定の変更は、単に国家間戦争がないだけではなく、内戦も国家間戦争もない世界をどのように作っていくのかという規範的な問いかけの変更と不可分の関係にある。

より具体的にいえば、富と力の極端に不平等な配分こそが、世界の政治経済システムの大きな不均衡や暴力の中心にある以上、そうした仕組みを転換していくことなしに、内戦も国家間戦争もない世界を作ることはできない。しかし、そうした転換は巨大で夢のような話だ。

国際政治学は、現実を分析する学問だが、世界の現実を深く分析してみると、そうした夢のようなことを考えることこそが、現実的だと思われるような状況にわれわれは生きている。実際に戦うにはコストが巨大すぎて耐えられないような戦争の準備のために膨大な金額を費やし続けることが現実的なのではなく、格差の是正や貧困の削減に取り組むことの方が現実的なのではないだろうか。つまり、「現実的」という言葉の意味内容を転換していく必要がある。その意味で、国際政治学は、現実に埋没せず、夢のようなことも考える学問でなければならない。

さらに詳しく知るための参考文献

E・H・カー『危機の二十年――理想と現実』原彬久訳（岩波文庫、二〇一一）……国際政治学の始まりを画する古典的著作の一つ。単に現実主義の立場を基礎づけたのではなく、戦争と革命という巨大な暴力を回避する平和的変更の具体策を提示した。

ハンス・J・モーゲンソー『国際政治　権力と平和』上・下、原彬久訳（岩波文庫、二〇一三）……権力政治の観点から国際政治の動態を読み解く現実主義国際政治論の古典。冷戦下で世界戦争を回避するためには、権力行使には叡智と慎慮が必要とする規範論を背景にもつ。

ヘドリー・ブル『国際社会論――アナーキカル・ソサイエティ』臼杵英一訳（岩波書店、二〇〇〇）……国際政治学におけるイギリス学派の古典。世界秩序の安定のためには国家が作る「国際社会」が必要とする一方、格差と不平等を是正する必要性を鋭敏に認識していた。

坂本義和『権力政治を超えて』（岩波現代文庫、二〇一五）……日本における国際政治研究の泰斗による知的刺激に満ちた論文集。安全保障のディレンマを超える方法を提示するタイトル論文など、日本の国際政治学の到達点を示す。

メアリー・カルドー『新戦争論――グローバル時代の組織的暴力』山本武彦・渡辺正樹訳（岩波書店、二〇〇三）……「新しい戦争」の動態を明らかにし、紛争解決への新しいアプローチの必要性を論じる。著者は市民活動家として紛争の平和的解決のために実践的に関与してきた。

サスキア・サッセン『領土・権威・諸権利――グローバリゼーション・スタディーズの現在』伊藤茂訳／伊豫谷登士翁監修（明石書店、二〇一一）……グローバリゼーションはきわめて複雑な変容過程だ。本書は初学者には難解だが、グローバルな政治経済システムの変容を理論的に捉える視座を提供している。

日本平和学会編『平和をめぐる14の論点――平和研究が問い続けること』（法律文化社、二〇一八）……平和研究の最先端を示す論文集。多様な論点に関して今後の研究を進めるための礎となる論考を収めている。卒論や修士論文のテーマ探しの参考書としても最適。

Ⅱ 歴史と思想

第5章［政治理論］官僚制の思想史——デモクラシーの友か敵か？

野口雅弘

1 アプローチと語源

†思想史的なアプローチ

今日の日本における一般的な用法では、「官僚」は公務員、とりわけ霞が関にある中央官庁で働いている「キャリア官僚」（「国家公務員採用総合職試験」に合格し、採用された人たち）のことで、「官僚制」はそうした公務員の組織、あるいは官庁組織を指すことが多い。しかし、官僚制という用語の歴史をたどってみればよくわかるように、この語は財務省、国土交通省、あるいは厚生労働省など、中央の省庁だけに限定されて使われているわけではない。官僚制は、地方政府の公務員組織一般にも、さらにはメガバンクやメーカーなど、大規模な民間企業に対しても用いられてきた。

　政治学といっても、そのなかにはいくつかの専門分野が含まれている。主として公務員および公務員組織を研究する分野は「行政学」と呼ばれる。しかし本章では、行政学的なアプローチではなく、官僚制という概念がいつごろ成立し、どのように用いられ、何と対抗し、またどのように評価されてきたのかをたどる「思想史」的なアプローチでこのテーマについて考察してみたい。

　現在、私たちが「官僚制」という言葉で理解しているものは、もちろん五〇年前のそれと連続している。しかし、この語の意味内容やそれにともなうイメージは、当時と今ではずいぶん異なってもいる。そしてこれからも変化していくことだろう。五〇年後には、「官僚制」という言葉の意味やイメージはさらに別の様相を呈しているはずである。「日本」を理解するには、「日本」以外の国や地域からそれを相対化して眺めてみる必要がある。同じように、「現在」を把握するためには今とは別の地点から「現在」を眺めてみる必要がある。今の問題にあまり関心がないから昔々の話を持ち出すわけではない。思想史的なアプローチを採用する研究者は、今のことをちゃんと理解したいからこそ、以前の時代を引き合いに出し、当時の文脈と今のそれを比べ、こうした作業を通じて現在のあり方を問い直す。異なる複数の時代を往き来し、隠れた地層を表に出したり、変わり目の意味を考えたりする。この章では、官僚制という概念をめぐって、こうしたアプローチでの考察を試みてみたい。

†語源

まず、官僚制という語の語源的な意味を確認しておこう。官僚制に対応する英語はビューロクラシー bureaucracy である。ドイツ語 Bürokratie やフランス語 bureaucratie など、ヨーロッパ言語では基本的に大きな違いはない。ここでは英語で考えると、この語は二つの部分からできている。前の部分「ビューロ」bureau はもともと事務机に掛けられた布を指すフランス語で、そこから転じて「執務室」を意味する。後ろの部分「クラシー」cracy は「支配」ないし「権力」を意味する。要するに、「現場」ではなく、「執務室」が力を持っているというのが、この語のもともとの意味である。この語がヨーロッパで生まれたのは実はかなり遅く、一八世紀中頃のフランスで、しかも基本的に否定的な意味で用いられ始めた。「官僚」には今日でも、杓子定規で、融通がきかず、血の通わない嫌な奴らという負のニュアンスが付いてくるが、こうしたイメージはこの言葉の生成と同時にできあがっていた。

フランスで、官僚制なる言葉が新造語として出てくるのは、絶対王政の確立と密接に関係していた。権力が国王に集中するなかで、これにともなって国王のスタッフが増大し、権力を持つようになる。『法の精神』の著者として知られるモンテスキュー(一六八九〜一七五五)は『ペルシャ人の手紙』（一七二一）という書簡体の小説で、ペルシャからパリに来た登場人物のユスベクの目から、ルイ一四世時代のフランスの政治体制の変容を風刺しているが、官僚制はまさにこの時代の役人の組織と権力を名指すために出てきたのである。

フランス革命後も官僚制に対する負のイメージは継続していく。文豪オノレ・ド・バルザック（一七九九〜一八五〇）は一八四一年に『役人の生理学』を書く。「生きるために俸給を必要とし、自分の職場を離れる自由を持たず、書類作り以外になんの能力もない人間」、彼は役人をこのように定義している（バルザック二〇一三、一五〜一六頁）。あまりにひどい定義ではあるが、役人や役人の組織へのネガティヴな眼差しが、ここにはハッキリと示されている。

2 日本の「官僚」のイメージ

†小説『官僚たちの夏』

官僚制の語源を手掛かりにして、この語の初期の用法をみてきた。「執務室」にいる役人が権力を握り、書類などを通じて人々を支配するというのが、その語源的な意味だった。しかし、以上のような説明には、違和感を持つ人も多いかもしれない。日本では昭和三〇年代の通産省

（いまの経済産業省）を題材にした城山三郎（一九二七〜二〇〇七）の小説『官僚たちの夏』が広く読まれており、そこに出てくる官僚像がこうした語源的な説明とあまりに乖離しているというのが、この違和感の一因だろう。『官僚たちの夏』では、一九六四年の東京オリンピックの前年に提出された特定産業振興臨時措置法案をめぐるやりとりに、フォーカスが当てられている。ここでは、支持基盤の個別利益に配慮せざるをえない代議士に対して、上から目線で「国益」を語る高潔なエリートとして官僚が描かれている。「おれたちは、国家に雇われている。大臣に雇われているわけじゃないんだ」という主人公の風越課長のセリフには、エリート官僚の強い自負心がよく出ている（城山一九八〇、八頁）。そしてこうした官僚イメージは、高度経済成長を過ぎても長らく維持されてきた。

とりわけ一九九〇年代以降、官をめぐる不祥事が定期的にメディアで取り上げられ、その度に「いまどきの官僚はダメになった」というぼやきが出てくることになる。こうした論評が参照しているのは、『官僚たちの夏』で描かれているような役人のステレオタイプである。かつては優秀で、かつ高潔だったが、最近は堕落した、という議論はたしかにわかりやすい。しかし、注意が必要でもある。そこには個人的な倫理以上に、時代の変化がある。

専門官僚が政治家に対して優位し、活躍できたのにも、一定の時代的な背景があった。冷戦構造のもと日米安保体制が確立し、右肩上がりの経済成長が続いていた時代には、政治選択の余地は広くはなかった。少なくとも政権の中枢に近いところの認識ではそうであった。こうした状況では理念と理念をめぐる政治的な争いよりも、具体的・現実的な政策形成が重視され、専門官僚が「素人」の政治家よりも優位に立ちやすかった。もちろんセクショナリズム（縦割り行政、ないし割拠性）の問題は当時も存在した。またのちに政官財の「鉄の三角形」と呼ばれるようになる利権の構造も、当時においてもなかったわけではない。しかし、経済成長の中でこうした問題が深刻なまでに顕在化することは少なくてすんだ。セクショナリズムは一定の活力を生んでいたし、利権の構造の恩恵を受ける層が広範囲に及べば、そのシステムへの忠誠の度合いは一定以上に保たれる。

ところがバブル崩壊後、経済の停滞と財政赤字の増大、そして同時に進行する急激な少子高齢化のなかで、こうしたわけには行かなくなる。配分すべきパイがないので負担は増えても恩恵を受けることは少なく、「どこの予算を切るか」が切実に問われる。そうなると公務員や官僚組織の周辺の人たちの「既得権」がどうしても目立ってみえるようになる。

†テクノクラシーと「官僚内閣制」

『官僚たちの夏』は、高度経済成長期の日本社会を描いた作品であり、したがって時代制約性が強い。とりわけ「働き方改革」が唱えられている今からすると、登場人物たちの「無定量・

無際限」な働き方はあまりに「不適切」と言わなければならない。

しかし、この時代の官僚の優位については、日本だけのことではないということも指摘しておくべきであろう。アメリカの社会学者ダニエル・ベル（一九一九〜二〇一一）の有名な著作に『イデオロギーの終焉――一九五〇年代における政治思想の涸渇について』（一九六〇）がある。先進諸国の政治から体制選択の問題が消え、しだいに現実的な社会政策が論じられる傾向を、この本は描いている。実際、西ドイツの社会民主党SPDは一九五九年にバート・ゴーデスベルク綱領を採択し、階級政党から国民政党への脱皮を宣言した。この結果、相互に理念的な意味で対決することが少ない、穏健な複数の政党が競合することになる。ナチ時代にドイツからアメリカに亡命した政治学者オットー・キルヒハイマー（一九〇五〜一九六五）は、脱イデオロギー化し、得票の最大化を追求するこうした政党をキャッチ・オール・パーティ（包括政党）と呼んだ。こうした状況で、「テクノクラート」という語が盛んに用いられた。「テクノクラート」とは特定領域で専門的な知識を有し、それを資源にして政治的な発言力を持つ高級官僚を指す。イデオロギー的な対立が影をひそめるのに比例して、こうしたテクノクラートが活躍するようになる。『官僚たちの夏』の官僚は、当時の日本社会をよく反映しているが、同時に脱イデオロギーの時代状況とテクノクラシーの進展という同時代の世界的な動向とも無関係ではなかった。

こうした時代にノスタルジックな思いを寄せつつ、専門知識を持つエリートによる支配に期待する人もいるかもしれない。国会の法案審議で、見当違いな発言をする大臣を目にして、腹が立つことがある。また選挙で勝って議員になっている人のあまりに見識を欠いた、残念な発言にがっかりすることもよくある。それなら、一定の専門知識を持った人にお任せしたくもなる。

しかし、官僚が大事な政策を決めるというのはそもそも「民主的」ではない。官僚は選挙で選ばれたわけではないので、彼らが推し進める政策の方向性が私たちの「民意」からいくら乖離しても、それを是正する手段は少ない。『官僚たちの夏』の時代にも、例えば政治学者の松下圭一（一九二九～二〇一五）はこうした官僚主導の状況を厳しく批判していた。私たちが選んだ議員によって構成される議会の信任によって内閣が形成される「議院内閣制」ではなく、現実には、専門官僚が非民主的に内閣を形成する「官僚内閣制」になっている、と彼は主張した。「官治」ではなく「自治」が必要だという視点は、官僚制とデモクラシーを語るうえで、今日でも欠かせない。

日本では、一九九〇年代から「政治主導」への改革が進み、官僚優位体制は大きく修正されることになる。こうした流れは、とりわけ橋本龍太郎内閣から始まり、小泉純一郎内閣、そして民主党政権を経て、現在まで続いている。

3 マックス・ウェーバーの官僚制論

†組織の時代

今日の議論でも基礎になっている官僚制の理論を展開したのが、マックス・ウェーバー(一八六四〜一九二〇)だった。『プロテスタンティズムの倫理と資本主義の精神』などの著作で知られる彼は、『支配の社会学』や『仕事としての政治』などで、官僚制について論じている。

彼がこの分野の第一人者になるのには、それなりの時代的な理由があった。二〇世紀初頭はまさに「組織」の時代だった。宰相ビスマルク(一八一五〜一八九八)は社会主義者を鎮圧する一方で、社会保障制度を充実させていった。これにともなって多くの公務員が多くの行政サービスを提供する、「大きな政府」が形成されつつあった。こうした組織の拡大は政府機構だけのことではなかった。自動車を大量生産して成功したフォード自動車の創業者ヘンリー・フォード(一八六三〜一九四七)は、ウェーバーの一つ年上で、同時代人であった。この会社がベルトコンベアーを導入したのは一九一三年、第一次世界大戦勃発の一年前のことであった。また、似たようなことは、政党組織についても確認できる。個別の有力な政治家ではなく、集票マシーンとしての組織政党が台頭してきた。社会主義鎮圧法の撤廃後、ドイツ社会民主党SPDが躍進し、一九一二年には帝国議会で第一党になる。こうした政党組織の変容をその内部において経験したロベルト・ミヘルス（一八七六〜一九三六）は『政党の社会学』（一九一一）を執筆し、「寡頭制の鉄則」というテーゼを出した。デモクラシーの拡大を主張する政党の組織が寡頭制、つまり少数者の支配になっていく。ミヘルスはこうした傾向を指摘し、そして糾弾した。

†官僚制の「即物的非人格性」

以上のような時代の中で、大規模組織の現象を観察しながら、ウェーバーは官僚制について論じる。彼によると、官僚制的な組織は、行政の量的増大・質的複雑化に対応するために形成される。このため、規則による支配、権限の明確化、パーソナルな要素の排除（即物的非人格性）、「言った」「言わない」という不毛な摩擦を避けるための文書主義などが、官僚制の「合理性」の特徴となり、そうであるからこうした組織は技術的に優秀であるという。

書類まみれの役人を風刺したバルザックについては、すでに紹介した。また、今日、お役所仕事といえば、過度の形式主義、杓子定規、非効率や無駄などが連想されることが多い。いずれにしても、官僚制については、悪い印象がついてまわる。ところが、これとは真逆のことを、ウェーバーは述べている。官僚制を「合理的」とする彼の理論には、違和感を持つ人も多いだろう。しかし、大規模な組織には「規則による規律」が不可欠であり、「即物的非人格性」が求められる、という視点は、今日においても、それどころか「政治主導」や「官邸主導」が強く打ち出されている時代だからこそ重要である。なんらかの不祥事があったときに、私たちは政治的な「横槍」によって「公正であるべき行政が歪められた」という表現を使う。このとき「歪み」を批判するときの判定基準となるものを、ウェーバーは官僚制の「合理性」として論じている。

マックス・ウェーバー

官僚制がこうした特徴を有する組織を指すとすれば、これは公の行政組織に限定されるものではない。現代の日本の用語法で官僚制は、すでに述べたように、多くの場合、政府組織のことであるが、ウェーバーの社会学的な定義からすると、それに限定されることはない。そしてこのことは、バルザックの『役人の生理学』でもそうである。規則に縛られ、書類によって管理されるような大規模組織の容態は、民間でも、官庁でも、実はそれほど変わらない。

冷戦期に、資本主義陣営から社会主義体制に対する批判の中心的な論点は、硬直化した官僚組織の「独裁」だった。「市場」経済を否定したシステムでは、生産や分配を管理する官僚たちが絶大な権力を持ちやすい。「ノーメンクラツーラ」と呼ばれる「赤い特権官僚層」は、ソ連国内からもしばしば非難された。こうした見方からすれば、民間企業の従業員と官公庁の役人は明確に区別される。しかし、大規模組織のマネジメントに着目するならば、この区別はそれほど決定的ではなく、むしろ両者の共通点の方が重要ということになる。

†政治家と官僚の違い

社会が大規模化し、複雑になれば、それだけ組織は官僚制化していく。ウェーバーはこの傾向に一定の「合理性」をみいだしたが、しかし同時にそれに警戒感も示している。官僚制化が進むと、人々の自由や自発性が脅かされるのではないか。ウェーバーは官僚制に対して「鉄のように硬い殻」(stahlhartes Gehäuse)というメタファーを用いている。この表現は、英語でIron Cage (鉄の檻)と訳されて普及していった。「殻」と「檻」ではニュアンスがずいぶん異なる。場合によったら、誤訳といってもよい。しかしそれでも「檻」としての官僚制のイメージは、テクノクラート支配や管理社会が問題にされるなかで、説得力を獲得していった。

官僚が社会で主導的な役割を果たし、官僚制が拡大していくとすれば、政治ないし政治家にはいかなる役割が期待されるのだろうか。晩年の講演「仕事としての政治」で、ウェーバーは政治家と官僚の役割を対比している。政治家は価値の対立を引き受けて、自らある特定の立場に立って闘争し、政治決断をするアクターであり、そうであるから政治家の名誉は「自分がやることに対してもっぱら自分で責任をとること」にある。これに対して官僚は「怒りも興奮もなく」仕事をし、その名誉は「命令する人〔政治家〕の責任において、良心的かつ正確に、あたかもその命令が自分自身の信念と一致するかのようにやり通すことができること」にあるという（ウェーバー二〇一八、一三三〜一三四頁）。

政治家と官僚の業務の区別をウェーバーが強調したのには、当時のドイツの政治状況があった。官僚を重用し、議会を骨抜きにした「ビスマルクの遺産」のために、本来政治家が行なうべき仕事まで官僚が担い、このため議員は無責任になり、市民も政治的に未成熟なまま放置されていた。ここで政治的「成熟」というのは、いくつかの選択肢から自ら思考し選択する判断力を有していることを指す。役人がなんでも決めてくれて、市民がそうしたサービスのお客さん（「クライアント」）になっているかぎり、政治的「成熟」はありえず、その意味でデモクラシーも成り立たない。ウェーバーが危惧したのはこの点であった。しかも「組織の時代」にあって社会全体の官僚制化がますます進行しつつあった。こうした状況で、彼は政治家のリーダーシップと責任を強く要求した。

もっとも、すでに述べたように、ウェーバーが一方的に官僚制批判をしていると理解するのは早計である。政治家が決定し、責任を負うという「政治主導」を、彼は強く主張したが、同時に合理的な行政の理念型を描いて、政治に箍《たが》をはめてもいる。「政治主導」が有力な政治家による個人的なゴリ押しとは異なることは明らかであろう。「官僚主導」で「政治」が萎縮し、多様な議論が封じられるとすれば、それはデモクラシーの危機である。しかし「政治主導」が官僚制の合理性を侵害し、有力者のパーソナルな事情でそうした合理性がないがしろにされるとすれば、これはこれでデモクラシーの基盤を掘り崩すことになる。

4　全体主義と官僚制

バルザックは、書類書きをはじめとする官僚の仕事の仕方を風刺の対象にした。これに対してウェーバーは官僚制の「合理性」を論じ、その必要と技術的優越性を理論化した。大規模な組織が成り立つためには、個人的な事情や好き嫌いを排して、規則と命令に従って仕事がなされなければならない。こうした意味で、一定の規律化が不可欠である、と彼は強調した。

しかしながら、役人が淡々と規則と命令に従って仕事をすれば、それでよいかといえば、そんなことはない。とりわけファシズム・全体主義を経験した政治思想家たちは官僚的な振る舞いに孕まれる問題に注目してきた。ここでは丸山眞男（一九一四～一九九六）とハンナ・アーレント（一九〇六～一九七五）を取り上げたい。

†丸山眞男と「無責任の体系」

戦後日本を代表する政治学者である丸山眞男は、日本政治思想史の専門知識をベースとしながら、日本があのような「非合理」な戦争にズルズルとのめり込んでいった事情について批判的な考察をのこしている。ここではとくに「軍国支配者の精神形態」（一九四九、丸山二〇一五所収）を取り上げたい。

この論文で丸山はナチの幹部と比較しながら、日本の政治エリートを分析する。ナチスの指導者で、ゲシュタポ（秘密警察）を創設したヘルマン・ゲーリング（一八九三～一九四六）はニュルンベルク裁判でふてぶてしい態度をとり、「『悪』に敢えて居坐ろうとする無法者の啖呵」を吐いた（丸山、一六四頁）。これとは反対に、日本の軍国支配者には「今度の戦争において主体的責任意識に希薄だ」と丸山は指摘する（丸山、一六七頁）。

こうした「無責任」を、丸山はウェーバーの議論を参照しながら説明しようとする。「自己にとって不利な状況のときには何時でも法規で規定された厳密な職務権限に従って行動する専門官吏（Fachbeamte）になりすます」「M・ウェーバーのいう「官僚精神」（Beamtengeist）」に、この「無責任」は由来すると彼はいう（丸山一九〇頁）。政治家と官僚の役割の違いについてのウェーバーによる区別を用いながら、政治家が自分の仕事と責任を放棄し、官僚的に振る舞うことに、彼は問題をみた。

丸山が論じたリーダーの「矮小性」と「無責任の体系」は、その後も日本政治の記述で、くりかえし用いられることになる。三・一一の福島での原発事故とその後の対応に関しても、丸山の日本ファシズム論が引用された。そして、誰も責任を取ろうとしないという点で、私たちの社会は少しも変わっていないのではないか、という論評が激しい憤激とともに書かれた。そして「強いリーダーシップ」と責任の所在の明確化は、一九九〇年代の「政治改革」においても一つの基調になっていた。『官僚たちの夏』に描かれているような官僚優位の状況は大きく変容することになる。

†アーレントのアイヒマン・レポート

ハンナ・アーレントは哲学者のマルティン・ハイデガーのもとで学び、アメリカに亡命した女性の政治学者で、『全体主義の起原』や『人間の条件』などの著作で知られている。彼女も、全体主義支配を論じるにあたり、官僚的なメンタリティの問題と直面することになった。戦後、アルゼンチンに逃亡していたナチの高官アドルフ・アイヒマンがイスラエルの特殊警察によって捕らえられ、エルサレムで裁判を受けることになる。アーレントは『ニューヨーカー』誌のレポーターとしてこの裁判を傍聴した。

六〇〇万人にも及ぶ大量虐殺に関与しておきながら、なんら悪魔的なところも極悪なところもなく、規則と命令に従っただけだと述べるアイヒマンに、彼女は「悪の陳腐さ」をみる。「最終解決」を決定した、いわゆるヴァンゼー会議にも参加し、ユダヤ人を強制収容所に移送するのに重要な役割を担ったアイヒマンは、与えられた仕事をやり遂げる点で有能であった。このため彼は「愚か」ではなく、ただ「無思想」(thoughtlessness)なのだ、とアーレントはいう。そして「思考」とはどういうことかについて、彼女は考察を続ける。

政治的リーダーの「役人」的な責任回避のメンタリティを問題にする点で、丸山とアーレントは共通している。しかし、丸山が日本の「軍国支配者」の「弱い精神」を指摘し、責任を担う強い主体を要請したのに対して、アーレントはこうした解決には与《くみ》しなかった。なぜなら、彼女が対峙していたのは、丸山が日本の「軍国支配者」を裁く際に、ある意味で肯定的に参照していたナチの指導者だったからである。ヒトラーは『わが闘争』で「指導者原理」を唱え、彼に対する服従を求めた。責任を負う覚悟がある、強いリーダーシップによっては、アイヒマン的な「悪」と対決することはできない。このことは彼女には明らかであった。

ハンナ・アーレント

マックス・ウェーバーは政治決断とその責任を、共同体を導く政治家に負わせながら、官僚制をそうしたリーダーに従う「マシーン」として描く。たとえ自分の見解がリーダーと異なるとしても、あたかも自分もそれに賛成であるかのように淡々と誠実に職務をこなすことを、彼は役人の「名誉」とすら呼んだ。これに対してアーレントが問題にしようとするのは、まさにこうした官僚的な行動であった。「怒りも興奮もなく」淡々と仕事をすることが、「行政的大量虐殺」を生み出したのではないか、とアーレントは問う。大悪人による巨悪が問題なのではない。「アウシュヴィッツ」という、人類史上最大の犯罪行為を可能にしたのは、役人的に振舞う、「陳腐」ですらある悪だった、と彼女はいう。

†アーレントを引き継ぐ『海辺のカフカ』

「アウシュヴィッツの後で、詩を書くことは野蛮である」と亡命知識人のテオドール・アドルノ（一九〇三〜一九六九）は書いている（「文化批判と社会」『プリズメン』所収）。同じように、全体主義の時代経験の後で、ウェーバーの官僚制論を無批判にくり返すことは野蛮である。私たち誰もがアイヒマンになる可能性がある。しかし、それに対するわかりやすい処方箋があるわけではない。「思考」するとはどういうことかをアーレントは晩年まで問い続ける。

作家の村上春樹（一九四九〜）は『海辺のカフカ』（二〇〇二）のなかで『エルサレムのアイヒ

マン』と思われる本について記述し、「想像力の欠如」という語を用いている。集団生活を拒みながら、単独で「学ぶ」ことを模索するカフカ少年の物語で、アーレントによるアイヒマン・レポートが引き合いに出されるのは偶然ではない。少年は「手すり」のないところで、それでもちゃんと「思考」しようとする。ここでも悪と思考が主題になっている。村上による「悪」についての考察は、ノモンハン事件に触れた『ねじまき鳥クロニクル』（一九九四〜九五）や地下鉄サリン事件を扱ったノンフィクション『アンダーグラウンド』（一九九七）でも試みられ、その後『1Q84』（二〇〇九〜一〇）に引き継がれていく。

5 新自由主義

†官僚制バッシング

近年の官僚制をめぐる議論を整理するうえで、新自由主義に触れないわけにはいかない。新自由主義とは、「大きな政府」の非効率とコストの増大を批判しながら、市場原理によってこれを克服しようとする立場を指す。公務員を削減し、民営化を進め、自己責任を強調する。イギリスのマーガレット・サッチャー（一九二五〜二〇一三）が英国の首相に就任した一九七九年以来、福祉国家の財政負担に苦しむ多くの国でこうした方向の「改革」が進められてきた。日本でも、「官から民へ」を唱え、郵政民営化に踏み切った小泉純一郎内閣などに、こうした政策傾向をみることができる。また彼だけではなく、地方政治でこうした意味での「改革」を唱える首長は少なくない。ただ、市場競争を強調することで、格差、さらには貧困が社会問題になっている。肥大化した行政の無駄をなくし、「ダイエット」するといえば、それらしく聞こえるが、こうした「改革」が公正な社会的条件を整えるための社会保障のセーフティネットに穴を開けることに繋がっている場合も少なくない。

ただここではイデオロギーとしての新自由主義の是非についてではなく、むしろこうした新自由主義的な政策が支持を受けてきた背景に目を向けてみたい。

これまで紹介してきた官僚制をめぐる言説のいくつかをみるだけでも、それらは多面的で、かつ概して批判的なのがわかる。「役人嫌い」の理由は、「お役所仕事」を嫌う庶民感情でもあり、官に対抗して「市民自治」を求める参加デモクラシーの政治理論であり、全体主義の経験に対する批判的考察によるものでもある。またこのほかにも肥大化した政府の恣意性を問題にするリバタリアンなどを付け加えることもできる。近年の新自由主義的な政策傾向は、こうした多面的な官僚制批判から滋養を得ている。政治については多様な立場の人たちがおり、彼らは当然、対立し、論争を展開することになる。しかしそれにもかかわらず、官僚制を批判するという一点では、共闘が可能になることが多い。

さらに重要なことに、「強いリーダーシップ」ともっとも親和性が高いのが、今日、新自由主義的なイデオロギーであるという点である。「強さ」と「わかりやすさ」を示すためには、官庁組織と戦い、コストカットするというのは、きわめて有効な「素ぶり」である。かつて右肩上がりの経済の成長期には、政治家は地元や関連業界に利益誘導をすることで支持を集め、当選してきた。こうした「バラマキ」が難しくなるなかで、今度は「組織」と戦うリーダーが有権者の関心をひいている。

新自由主義的な「政策」そのものへの支持はそれほど高いわけではないのに、「戦っているリーダー」への期待から新自由主義的な傾向の政治リーダーが人気を得る傾向にある。学生と話していると、小泉元首相の人気がいまだに根強いことを実感する。しかし、彼の人気は郵政民営化や派遣法の改正といった政策への支持ではなく、むしろ「強い政治姿勢」にあることがほとんどである。

もし、そうであるとすれば、そうしたリーダーシップの問題とは一度、切り離して、新自由主義的な政策そのものを検討し直す必要がある。また、「強いリーダーシップ」を称揚する傾向がポピュリズムとも接続している状況を考えると、その志向自体にも批判的検討が加えられるべきであろう。

†「小さな政府」において強化される官僚の統治

新自由主義と官僚制の関連については、もう一つ重要な論点がある。すでに述べたように、新自由主義的な「改革」は、官僚制の非効率と肥大化を問題にし、市場原理を積極的に導入しながら、それを「スリム化」しようとする。しかし、「市場vs.官僚制」というこの新自由主義的な構図には大きな見落としがあるのではないか。文化人類学者デヴィッド・グレーバー（一九六一～二〇二〇）が『官僚制のユートピア』で問題にするのはまさにこのことである。

公務員を減らし、民営化を進めれば、官僚制は弱体化するかと思いきや、むしろ違った形で官僚制の支配は強化されている、と彼は指摘する。大学の研究者の研究資金なども含めて、市場競争の原理が様々な領域に持ち込まれている。競争的資金獲得のための申請、研究計画書、審査（レフリー）、自己点検・自己評価、成果報告書、そしてさらにその審査という形で、関係者は書類書き（ペイパーワーク）に忙殺されている。グレーバーはこうした仕事は不毛で、不必要で、かつ有害だとして「ブルシット・ジョブ」（クソどうでもいい仕事）と呼んでいる。しかしこうした仕事のプロセスを通じて、人々はますます「規律化」されていく。「小さな政府」になれば、官僚の数は減り、官僚制の権力は弱くなるかと思いきや、むしろ透明な競争を管理・指導する彼らの権力は強化されているのではないか。アナーキストのグレーバーはこのみえにくい権力に警鐘を鳴らす。

この点についても結論らしきものを出すことはできない。ただ、官僚制をめぐる諸問題は政治家の強いリーダーシップによってなんとかなるとか、競争原理を導入して「小さな政府」にすればなんとかなる、というような議論には、今日、最大限の警戒が必要だということは強調しておきたい。

6 官僚制とデモクラシー

†友でもあり、敵でもある

最後に、官僚制とデモクラシーの関係について簡単にまとめて本章を閉じたい。

すでに指摘したように、官僚制にはデモクラシーと敵対的な傾向がある。森友学園の国有地売却文書改ざん問題に関して、財務省の報告書は「国会審議が紛糾するのではないかと懸念し、それを回避する目的で改ざんを進めた」としている。行政の一貫性を保つために、多様な「声」とそれらの間の論争を縮減しようとする傾向性が、官僚制的な組織にはつきまとう。

ウェーバーもつぎのように指摘している。「いかなる官僚制も、その知識や意図の秘密保持という手段によって、職業的な知識をもつ者の優位性をさらに高めようとする。官僚制的行政は、その傾向からしてつねに、公開性を排除する行政である。……「職務上の秘密」という概念は官僚制独自の発明であり、……官僚制が熱狂的に擁護するものはほかにない」(ウェーバー一九八七、六一頁、ただし訳はかなり修正している)。

多様な「声」の表出とそれらのあいだでの論争が、デモクラシーの構成的な要素であるとすれば、デモクラシーはつねに官僚制に対抗し、それと戦うことなくしては生命を保てない。テクノクラートによる統治がいかに「合理的」であろうと、その統治が「民意」から乖離し、それを植民地化する形で進んでいくとすれば、その統治の合理性は民主的な観点から問い直されなければならない。執行が立法を凌駕する「行政国家」の傾向は、二〇世紀はじめに、まさにウェーバーが危惧したものだった。こうした傾向が当時とは比べものにならないくらいに大きくなっている現在において、官僚制の民主的統制という課題はますます重要になっている。

しかし同時に、官僚制がデモクラシーの友である、という局面があることも見落としてはならない。多様な言説とその間の論争が成り立つためには、そのための共通の「土俵」として、「政治」によって歪められるべきでない官僚制の「合理性」が確保されることが必要である。選挙に勝った政治家は選挙に勝ったという理由で何をしてもよいわけではない。すべての人を平等に扱うべき行政が私物化されるならば、対等でフェアな「土俵」が損なわれてしまう。ウェーバーはパーソナルな要素の排除を近代官僚制の特徴であるとし、文書主義をその一つのメルクマールにした。権力にとって都合が悪い文書が破棄されたり、改ざんされたりするならば、そうした文書を検討し、それをめぐって議論する前提が失われてしまう。ウェーバーが確認したような近代官僚制のメルクマールは、デモクラシーの条件でもある。杓子定規や形式主義への嫌悪があるからといって、官僚制の本質的な特徴が蔑《ないがし》ろにされてよいわけではない。

ドイツの法学者・政治学者のカール・シュミット(一八八八〜一九八五)は、『政治的なものの概念』において、「政治的なもの」のメルクマールは「友と敵の区別」にあると書いている。この表現を借りれば、官僚制はデモクラシーの敵でもあり、友でもある。官僚制に一方的にもたれかかると、デモスの支配としてのデモクラシーは損なわれてしまう。また官僚制を一方的にバッシングすることは、デモクラシーの基礎を脅かすことにもなる。

†政治的リテラシー

官僚制はデモクラシーの友なのか、敵なのか。ここまで読んでくれた読者のなかには「結論がよくわからない」と不満を持つ方がいるかもしれない。著者として大変申し訳なく思う。しかし、すでに確認したように、官僚制とデモクラシーの関係は一義的ではない。一つの模範解答を覚えれば、それでなんとかなる、という性質の問題ではない。政治的に「思考」するということは、ジレンマに直面して、安直に結論を出さず、そのせめぎ合いのなかで考え、判断するということである。
ある一定の規則や命令に従って、真面目に粛々と業務を遂行しました、という態度に、アーレントは「悪の陳腐さ」をみいだした。これを避けようとするなら、今ある規則を盲信することなく、強い主張になびくこともなく、自分で「思考」する「力」をつけなければならない。
政治学はそのためにある。

さらに詳しく知るための参考文献

マーティン・オルブロウ『官僚制――管理社会と国家の核心』君村昌訳（福村書店、一九七四）……いくぶん古い本ではあるが、官僚制の概念について勉強するなら、この本がおすすめ。著者はグローバル化の研究でも著名。訳書では「アルブロウ」となっているが、正しくは「オルブロウ」。

バルザック『役人の生理学』鹿島茂訳（講談社学術文庫、二〇一三）……フランスの文豪による官僚論。同じくバルザックによる『ゴリオ爺さん』（一八三五）は当時の「格差社会」を描いており、トマ・ピケティのベストセラー『21世紀の資本』でも引用されている。

城山三郎『官僚たちの夏』（新潮文庫、一九八〇）……通産省を舞台とした小説ではあるが、戦後日本の官僚イメージやその「働き方」を論じるときに、今でもしばしば参照される。主人公のモデルは佐橋滋という実在の人物。

マックス・ウェーバー『官僚制』阿閉吉男・脇圭平訳（恒星社厚生閣、一九八七）……官僚制についての古典的な文献。近年、公文書の改ざんが問題になっているが、本書には官僚制の文書（主義）についての考察も含まれている。

マックス・ウェーバー『仕事としての学問　仕事としての政治』野口雅弘訳（講談社学術文庫、二〇一八）……晩年の二つの講演の翻訳。「仕事しての政治」では、政治の定義、近代国家の成り立ち、政治家と官僚の関係、ポピュリズム的リーダー、政治家に求められる資質などが論じられている。

丸山眞男『超国家主義の論理と心理他八篇』古矢旬編（岩波文庫、二〇一五）……「超国家主義の論理と心理」「軍国支配者の精神形態」など、戦後の早い時期に書かれた丸山の代表作が収録されている。彼が論じる「ファシズム」や「反動」は、案外近くにあるのではないか。

ハンナ・アーレント『エルサレムのアイヒマン——悪の陳腐さについての報告（新版）』大久保和郎訳（みすず書房、二〇一七）……ナチ時代にアメリカに亡命した政治思想家のアーレントが、戦後アルゼンチンに潜伏していたナチの戦犯アイヒマンの「官僚答弁」を分析するレポート。ちなみに、この二人はともに一九〇六年に生まれている。

デヴィッド・グレーバー『官僚制のユートピア——テクノロジー、構造的愚かさ、リベラリズムの鉄則』酒井隆史訳（以文社、二〇一七）……文化人類学者であり、『負債論』の著者でもあるグレーバーによる、現代の官僚制、そして新自由主義の「統治」についての批判的考察。同著者の『ブルシット・ジョブ　クソどうでもいい仕事の理論』酒井隆史ほか訳（岩波書店、二〇二〇）も、「仕事」の変容という視点から描かれた官僚制論である。

野口雅弘『忖度と官僚制の政治学』（青土社、二〇一八）……最後に本章の筆者の本。ウェーバー、シュミット、アーレント、ハーバーマスなどの政治理論を参照しながら、現代日本の官僚制をめぐる問題について考察している。本章は、この本と前著『官僚制批判の論理と心理——デモクラシーの友と敵』

（中公新書、二〇一一）での考察をもとに書かれている。

第6章［西洋政治思想史］敗戦の経験とデモクラシー――戦後日本の一つの思想的伝統

平石 耕

1 西洋政治思想史研究と敗戦との関わり

本章では、一九四五年八月一五日における敗戦とそれに関連する政治的死との意味づけを手がかりに、戦後日本におけるデモクラシー理解の一つの思想的水脈を辿ってみたい。政治的死という言葉は一般的ではないかもしれないが、ここでは戦争や革命といった政治的事件によって強制的にもたらされた死という意味で用いる（加藤節「政治と死」『政治学を問いなおす』所収、ちくま新書、二〇〇四）。

西洋政治思想史を専門とする筆者がなぜ戦後日本について語るのか。読者の中にはいぶかるむきもあるかもしれない。しかしここには密接な関連があると言ってよい。というのも、戦後日本における西洋政治思想史研究は、少なくともその一部は、第二次世界大戦における自国の敗戦という強烈な体験を起点にすえ、そこから戦後の日本社会のあるべき姿を構想しようとする切実な問題関心に支えられていたからである。

その一例は福田歓一である。トマス・ホッブズ、ジョン・ロック、ジャン・ジャック・ルソーという三人の思想家の社会契約説を中心に近代政治原理を考察した福田の研究は、長いあいだ戦後日本における西洋政治思想史研究の一つの方向性を規定し、高校の社会科の教科書の記述にもその影響が認められる。福田の名前は知らずとも、上記の三人の思想家の名前を覚えさせられた読者は多いのではないだろうか。その福田の主著である『近代政治原理成立史序説』（岩波書店、一九七一）の「序」には、この作品が「大日本帝国の国家破産に自ら立会った体験に由来して」おり、「すぐる大戦のあいだに非命に斃《たお》れた学友たちに手向ける志を以て」著わされたことがはっきりと述べられている。

しかし、本章では、この福田の考察を念頭に置きながら社会契約説の特徴を検討することで西洋政治思想史の世界への誘いとするよりは、むしろもう一段階前の予備的作業を行ないたい。具体的には、福田が社会契約説を論じる際、その出発点が個々人の自己保存の権利に定められていることに着目し、戦後日本において敗戦および政治的死の体験とデモクラシーとの関係がどのように考えられてきたのかを検討する。それは、今後、読者諸氏が西洋政治思想史を学び理解する上での一つの補助線にもなるだろうし、また、現代日本社会の状況を考える上での一つの鏡にもなるだろう。

2 「大日本帝国の国家破産」の経験

✝天皇制国家における〈個人と国家〉――「草莽の文」

福田が「大日本帝国の国家破産」と表現した敗戦は、当時の日本社会においてどのような意味をもったのか。ここでは、敗戦後数年のあいだに何人かの知識人によって発表された言説を辿りながら、それが〈個人と国家〉あるいは〈私状況と公状況〉とでもいうべきものの関係の理解について、根底から再考を迫るような経験だったことを紹介しておきたい。一言で言えば、〈私が善く生きようとするとき、国家ないし公状況はそれとどのように関わるのか〉が問い直されたのである。

こうした経験の前提にあったのは、いわゆる天皇制国家のもとでのこの点に関する典型的理解である。その一例は、戦時中大本営報道部員（最終階級は陸軍大佐）として活動し『主婦之友』などのメディアにプロパガンダ的文章を寄稿していた親泊朝省《おやどまりちょうせい》がポツダム宣言受諾直後に著わした「草莽《そうもう》の文」にみいだされる。ここに確認できるのは、いわゆる「承詔必謹《しょうしょうひっきん》」の精神であり、「大君の命」という〈国家〉あるいは〈公状況〉を象徴するものが〈個人〉あるいは〈私状況〉に圧倒的に優越し、前者のために後者を犠牲とすることをよしとする視点である。

親泊は「大東亜戦争は敗北したが国体の護持は出来た」とする当時の政権の見方を批判して「残念乍《なが》ら国体の護持は困難となった」と嘆く。「皇統皇位の存続のみが国体護持ではな」く、「天皇の大権の上にマックアーサーの力が加わることは国体の本姿にもとる」からである。しかし彼は「大東亜戦争は道義的には勝利は占めた」とも断言する。というのも、「大君の命のままに玉砕し、大君の命のままに武装解除にもあまんずる」という「皇軍の世界に示した道義心こそ人類史上未だ嘗《かつ》てなきものとして敵に勝利を占めている」からである。親泊はまさにこの点に、「皇国の天壌無窮を絶対に信」じ「皇国の絶対再建を希望しまたそれが出来得ることを信ずる」自らの信念の根拠をみいだしていた。(なお、親泊については、澤地久枝『自決』(日本放送出版協会、二〇〇一)がある。)

†「トカトントン」に示される虚脱

この親泊は、しかし、日本が降伏文書に調印した翌日、妻子を殺めて自らも拳銃自殺を果たす。だが生き残った者はどうするのか。太宰治が「トカトントン」(一九四七年一月)で描いたのは、敗戦の衝撃によってある種の虚脱状態に陥った二六歳の青年の姿であった。

この青年は、「火急の用事です」、「しかもこれは、私ひとりの問題でなく、他にもこれと似たような思いで悩んでいる人があるような気がしますから、私たちのために教えて下さい」と懇願して、彼が敬慕する「某作家」に、八月一五日後の自分の状況を切々と訴える。

それによれば、この青年は玉音放送を聞いたあと「厳粛」な気分になり、「死のう」、「死ぬのが本当だ」と思ったのだが、ちょうどそのとき、背後の兵舎の方で誰かが金槌で釘を打つ「トカトントン」という音が聞こえ、「それを聞いたとたんに、眼から鱗が落ち」、「悲壮も厳粛も一瞬のうちに消え」たのだという。

しかしそれはいいことばかりではなかった。たしかに「あの、遠くから聞こえて来た幽《かす》かな、金槌の音が、不思議なくらい綺麗に私からミリタリズムの幻影を剝ぎ取ってくれて、もう再び、あの悲壮らしい厳粛らしい悪夢に酔わされるなんて事は絶対に無くなった」のだが、同時に、「その小さい音は、私の脳髄の金的を射貫いてしまったものか、それ以後げんざいまで続いて、私は実に異様な、いまわしい癇癪《かんしやく》持ちみたいな男にな」ってしまったからである。青年は勉学、仕事、恋愛、政治運動、スポーツ、いずれであっても「何か物事に感激し、奮い立とう」とするたびに、どこからともなく「トカトントン」と聞こえてきて「映写がふっと中絶してあとにはただ純白のスクリンだけが残り、それをまじまじと眺めているような、何ともはかない、ばからしい気持になる」とその苦しさを訴える。

青年のこの悩みを受けた当の作家は、「気取った苦悩ですね」、「僕は、あまり同情してはいないんですよ」とにべもない返信を送るのだが、この返信のみが太宰の立場を表すのか、それとも青年の悩みもそれに含まれるのかについては、解釈が分かれよう。だが太宰が当時の日本社会に、敗戦によって天皇制を中軸とする戦前の価値体系が崩壊するなかで「虚無《ニヒル》をさえ打ちこわしてしまう」ような虚無を経験し、「人生というのは、一口に言ったら、なんですか」と煩悶する青年をみいだしていたことは確かである。

太宰が描き出したこのような青年に対して、「生きよ、堕ちよ」と訴えたのが一九四六年四月および一二月に発表された坂口安吾の「堕落論」と「続堕落論」とであったと言える。

†「堕落論」「続堕落論」に示される解放

安吾は「堕落」の必要を論じたが、それは天皇制という〈国家〉ないし〈公状況〉と結びついた既存の価値観・道徳体系からの自己の解放の必要を意味していた。

「半年のうちに世相は変った」。「花と散った」若者たちも生き残れば「闇屋」となり、「けなげな心情で男を送った女達」も日々その貞節さを失っている。しかし安吾はそれでよい、いや、そうでなければならぬと言う。「敗戦後国民の道徳頽廃《たいはい》せりというのだが、然《しか》らば戦前の『健全』なる道義に復することが望ましきことなりや、賀すべきことなりや、私は最も然らずと思う」。
安吾によれば、人間は「堕ちぬくためには弱すぎる」存在であるため、一定の社会規範・行動規範・規約を求める。その最たるものが「日本歴史のあみだした独創的作品」としての天皇制であった。安吾は、空襲のような巨大な破壊を前にしてもそうした社会規範を守って粛々と「運命」を受け入れる人間の姿を「美しい」とも表現する。

だが、と安吾は続ける。「そこには美しいものがあるばかりで、人間がなかった」。「泥棒すらもいなかった」戦時中の日本は「嘘のような理想郷」であったが、「それは人間の真実の美しさではない」。安吾から見れば、「堕落ということの驚くべき平凡さや平凡な当然さに比べると、あのすさまじい偉大な破壊の愛情や運命に従順な人間達の美しさも、泡沫のような虚しい幻影にすぎない」のである。「特攻隊の勇士」も「未亡人が使徒たること」も「幻影」でしかない。八月一五日を「軍部日本人合作の大詰めの一幕」と形容しながら安吾は次のように続ける。

坂口安吾

たえがたきを忍び、忍びがたきを忍んで、朕の命令に服してくれという。すると国民は泣いて、外ならぬ陛下の命令だから、忍びがたいけれども忍んで負けよう、と言う。嘘をつけ！　嘘をつけ！　嘘をつけ！　（原文改行）我等国民は、戦争をやめたくて仕方がなかったのではないか。……そのくせ、それが言えないのだ。そして、大義名分と云い、又、天皇の命令という。忍びがたきを忍ぶという。何というカラクリだろう。惨めとも又なさけない歴史的大欺瞞《ぎまん》ではないか。しかも、我等はその欺瞞を知らぬ。天皇の停戦命令がなければ……厭々《いやいや》ながら勇壮に土人形となってバタバタ死んだのだ。（「続堕落論」）

「人間の、又人性の正しい姿とは何ぞや」と安吾は問う。「欲するところを素直に欲し、厭な物を厭だという、要はただそれだけのことだ」。「この赤裸々な姿を突きとめ見つめることが先ず人間の復活の第一の条件」なのであり、「そこから自分と、そして人性の、真実の誕生と、その発足が始められる」。

†「焼跡」の闇市における「イエス」と「審問官」

「天皇制が存続し、かかる歴史的カラクリが日本の観念にからみ残って作用する限り、日本に人間の、人性の正しい開花をのぞむことができない」以上、「日本及び日本人は堕落しなければならぬ」という安吾のメッセージには、闇市で解放される生の欲望を肯定する側面があった。

その生の欲望のもっとも突きつめた形を、「モラル上の瘋癲《ふうてん》、生活上の兇徒」である闇市の関係者でさえも「および腰で控える」ような、汚物と悪臭とにまとわれた浮浪少年にみいだし、そこに「イエス」および「クリスト」を見たのが、石川淳の「焼跡のイエス」（一九四六年一〇月）であった。主人公の「わたし」は、少年の「行為は一つ一つ、たとへばイワシをよこせとか、ムスビを食はせろとか、女の股に抱きつかせろとかいふように、命令のかたちをとつて」おり、そこには「俗物がまださとりえない」「なにか神学的意味がふくまれて」いるはずだと指摘する。

竹山道雄

しかし本当に個々の人間の生の欲望が肯定されるだけでいいのか。人間にはそれを良心と結びつける能力はなく、それは混乱しか生まないのではないか。竹山道雄がその「焼跡の審問官」（一九四八年三月）において、石川の「焼跡のイエス」を一つの着想の起点とし、いま一つのそれをドストエフスキー『カラマーゾフの兄弟』の「大審問官」の章に求めて、「人間が幸福でありうるためには個人の良心によるべきか、または権威によるべきか」と問うたのは、まさにこの疑問と絡んでいた。

†「焼跡の審問官」に示される「自由」への懸念

周知のように、『カラマーゾフの兄弟』における「大審問官」の章は、登場人物の一人イヴァン・カラマーゾフが弟のアリョーシャに自作の劇詩を話して聞かせる場面であり、一六世紀のセヴィリアで異教徒焚殺を機に再臨したイエスを異端審問に携わる老審問官が捕えさせ、沈黙しつづけるそのイエスを相手にひたすら糾問するという内容である。

竹山によれば、これら二人のうち、大審問官は「大部分の人間の中にいかなる神性の痕跡をもみとめない」ため、「自由という大きな試練を、人間に課することを無意味な残酷だと考える」。すなわち、大部分の人間は「神をもたぬ」「必然性の奴隷」であって自ら善悪や正不正を判断する能力をもたない以上、そうした判断は権威ある者に委ねさせ、あとは「ただ家畜的な地上の幸福の満足」をみたしておけばよいという立場である。

それに対してイエスとして再臨している「キリストは人間の神性をどこまでも自由において立証しようとする」。この立場においては「大審問官の愛は、真の愛ではない」のであり、キリストが奇蹟の権威によって信仰を強制することを欲しないで「良心の自立」を待ったことに示されるように、「人間の尊厳には自由ということが欠くべからざる条件」だと考えられる。

竹山は、「大審問官」に示されるこのような二つの立場のせめぎ合いは、まさに「今のわれわれをとり繞《ま》いて渦まいている権威と自由の関係」を表していると指摘する。というのも、「今われわれは『人間として偉大なれ』『自主する良心をもて』と教えられて、目もくらむように明るい自由の世界におずおずと足をふみ入れかけている」が、「事はまことに複雑」であって、「このわれらの自由は実は〔占領軍という〕権威がもたらしたもの」だからである。

ここから竹山は一方で、石川の「焼跡のイエス」に言及して、この「戦後の名作」ではイエスが「この国の巷《ちまた》の民衆の間にも姿をあらわした」ことが証言されていると言う。実際、われわれは「パンによらざる服従と神秘によらざる決定に堪えるほどの人間たるべく、決意して」おり、そのことは「この二年あまり」「言葉をつくしてかまびすしく主張されている」。

だが他方で、竹山は、この石川の作品において闇市の人々でさえ「焼跡のイエス」を遠ざけ、それに罵声を浴びせたことに注目して、戦後の日本社会における「自由」への依拠がしょせん占領軍の「権威」に依存したはなはだ心許ないものであることも指摘する。そして、その罵声を代弁して、「もしおまえがここの人間が傲《おご》り高ぶって互いに説教している言葉をきいて、『とうとうこの人民も人間の尊厳や良心の自由に声がさめて、これに感激して、ここに生きていることの目標を見いだしている』と思って安心してよろこんだら、それは大きな間違いだぞ」、「かれらはまだそれが本当に自分の情熱であることを立証してはいない」と言うのである。

3 政治的死の位置づけをめぐって

†「自由」は「配給」されたのか――「冬に入る」

けっきょくこの罵声を代弁する竹山によれば、「むかしからずっと権威がこの国を統べていた」のであり、「仏教」や「天皇制」が「人間の『何のために生きるか』という疑問に答え、『なるべく大勢と一緒に崇拝できるものをほしい』という願いを充たしてやっていた」。それが、占領軍が去った後、「何の権威もなしに、ただおまえ〔イエス〕の要求する良心の自由だけで、はたしてこの焼跡におまえのためのバベルの塔が築かれるものかどうか」という疑念につながる。

敗戦後日本社会が享受している「自由」はしょせん占領軍という「権威」によってもたらされたにすぎないのではないかという疑問は、じつは竹山に始まったものではない。すでに敗戦の年の一〇月に、「自由も配給品の一つとして結構珍重されている」と言い放ったのは、「配給された自由」における河上徹太郎であった。「しかも今の場合、此の自由が亦《また》舶来と来ている」。もっとも、戦時中文学報国会の審査部長を務めてもいた河上がこの小論で恐らくとくに訴えたかったことは、「今やあらゆる文化による政治工作、文化団体、文化事業」は「解消すべき」であり、「文化は一と先ず文化自体に返って己が身についた身上を総決算して見るべきだ」ということ、その意味で、「アンデパンダン」の立場をとり、「真の自由」を得るために「真剣に孤独のうちに悩まねば」ならないという反省であった。だが、自由の政治的利用を懸念するあまり、「私は今更不ざまな戦時中の政治の死屍に鞭《むち》つ興味を持たぬ」、「国民の良識」では「此の敗戦を戦争責任者の失敗と怨むより、いわば天災の一種と観」じているのだから「かかる時、専ら戦争責任者へのヒステリックな憤懣《ふんまん》を喚き立てることが、『言論の自由』だとすれば、民意は必ずしも言論の自由の中にはないかも知れぬ」とまで言い及んだとき、中野重治に「私は嫌な気がした」（「冬に入る」一九四六年一月）と批判されることになる。

注意しなければならないのは、中野は必ずしも当時の日本社会における自由の謳歌を手放しで礼讃したわけではないことである。そのことは、同じ短編の冒頭における石川達三への批判に看取できる。石川は、『朝日新聞』への投書「生活擁護組合」（一九四五年一一月九日）において、「日本に『政府』は無いのだ」、「少くとも吾々《われわれ》の生活を保証《ほしょう》するところの政府は存在しない」と論じ、「吾々の命をまもるものは吾々の力だけ」なのだから、「吾々自身の手で」生産・集荷・分配・消費の組織をもった「生活擁護組合」を創らねばならないと主張していた。それは「最も初歩的な、そして最も根本的な自治の道であり、民主政治の最下部にして且つ最も純粋な民主体制」をなすはずであった。

だがその石川が眼前の「無政府状態」を強調するあまり、「これ以上政府を頼って巷に餓死する者は愚者」であり、「闇をやらずに餓死した大学教授は愚者の典型だ」と断じたとき、中野はやはり「私はそのままに呑み込むことが出来なかった」と批判する。

†敗戦をめぐる悲惨の体験とデモクラシー

中野は何にこだわっていたのか。恐らくそれは、敗戦をめぐる悲惨の体験をデモクラシーとどのように結びつけるかという問題であった。そのことは、河上への批判に続けて、「今の場合『戦争責任者へのヒステリックな憤懣の喚き立て』さえも取り上げて、これを戦争責任者への本質的批判へと導いて行くことが『言論の自由』を本質的に尊重する」ことにつながると主張し、また、石川への批判に続けて、「闇をやらずに餓死したこと」への「同情」こそが「石川氏の提唱のような提唱の根拠を薄弱にするものではなくて却《かえ》って強固にするもの」だと論じていることに示されている。中野によれば、「軍国主義への国民の批判と『命のままに身命を抛《なげう》って』戦った兵士に対する国民の同情とは別ものではない」はずであった。

だが国民の実感はどうだったのか。中野はそのことにも目を向け、御茶の水駅のホームで痩せさらばえたパラオ島帰りの復員兵が子どもに乾パンを手渡す優しさを描いた新聞投書を紹介する。そして「これを泣かずに読める日本人はあるまい」としつつも、そこに「軍閥・軍国主義への批判における、自由と民主主義との理解・把握における、国民の側の弱さ、足りなさ、不十分」を見る。なぜか。それは、「皆さんデモクラシー運動も大いにやって下さい」、「婦選運動も結構でしょう」と言いつつ、「戦災死、戦災者の方達の上に心を止めないことには敗戦日本に与えられた只一つの有難い国体護持も道義滅亡によって無価値なものとなるでしょう」と述べるその新聞投書の口ぶりには、「デモクラシー運動」や「婦選運動」は戦災者への同情と「多少とも離れたもの」だという理解がみられ、かつ、それは「すべての日本人に素直にのみ込める」ものだったからである。

　であるとすれば、国民にとって敗戦は「天災の一種」にすぎず、「今更『自由』の旗印の下に共同戦線を張って復讐をすること」は「志の低劣なこと」だという河上の議論はやはり正しいのか。ちがう、と中野は言う。そうした議論は「日本軍閥と日本軍国主義者とを救うために日本国民を的に掩護《えんご》射撃をしたことになった」のであり、「その反対の行動に出ることが、河上氏に取っても国民に取っても望ましいと私は思う」。

　敗戦をめぐる悲惨の体験をいかにデモクラシーにつなげるか。中野のこの問いは、六〇年安保やベトナム戦争を経て、「難死」をめぐる小田実《まこと》の議論に受け継がれることになる。

†解放戦争としての「大東亜戦争」――『大東亜戦争肯定論』

小田の「『難死』の思想」(一九六五)と「平和の倫理と論理」(一九六六)とは、政治的死の位置づけにおいて「散華」に「難死」を対置させた論考だが、その「散華」の立場に立つ主たる論敵の一人として小田が挙げているのが、『大東亜戦争肯定論』(一九六四〜六五)を発表した林房雄である。そこでまず、この作品の第五章「武装せる天皇制」を中心に(この章以外からの引用については括弧内で示す)、林の議論の要点を確認しておきたい。

林の議論は、一言で言えば、「太平洋戦争」ないし「大東亜戦争」とよばれるあの戦争は、西欧列強の帝国主義から日本およびアジアの諸民族を解放するための戦争だったというものである。この議論を支えるのが林の「東亜百年戦争説」であり「天皇土俗説」であった。

すなわち林によれば、一九四五年八月一五日の敗戦をもって終焉する「太平洋戦争」ないし「大東亜戦争」の淵源は、明治維新をも超えて一九世紀半ばの弘化嘉永年間に求められる。というのも、この時期にいわゆる西洋の衝撃が東アジアにまでおよび、日本は隣国の清の状況をにらみつつ、西欧列強による植民地化を避けるために急速な近代化と武装化とを進めなければならなかったからである。「平田学派の国学者と水戸学派の漢学者たちが戦争イデオロギーの形成に活躍しはじめ」、「政治的には、攘夷↓尊皇↓天皇親征↓祭政一致↓討幕↓王政復古というふうにイデオロギーは発展して行った」。「日本は急速に天皇制を武装し、そのもとに近代的戦闘単位としての統一国家を急造しなければならなかった。それができなければ、侵略され、占領されて、植民地化されてしまう」。

このように外圧に対する抵抗として歴史を理解するとき、その前提にあったのは日本という国家を実体としての民族共同体ととらえる視点であった。林の「天皇土俗説」はまさにこの点に関わる。それは、天皇制は「強く深く日本人の心の中に根をおろしている」「日本国民の『民俗』と『存在様式』」であるという議論であり、「天皇制が日本人の土俗の深層から発生している以上、「その本質を常に平和的なものだと規定することはでき」ず、むしろ「祭司や神官〔としての天皇〕も、民族の危機においては武装する」という議論であった。林は、「天皇制がもし解消され消滅する時があるとすれば、それは日本国民が天皇とともに地球国家の中に完全に解消する時であろう」とまで言い切る。

†「散華」としての政治的死

こうした林の議論は二つの主張に行き着く。一つは、天皇の戦争責任を認めた上での東京裁判の不当性の告発である。林の理解では天皇制は武装する以上、「日本国民は天皇とともに戦い、天皇は国民とともに戦った」ことになる。その意味で「われわれは有罪」であり「天皇とともに有罪である」。だが、「東亜百年戦争」が解放戦争と位置づけられる以上、東京裁判は「戦勝者の戦敗者に対する復讐」にすぎず、「戦争そのものの継続であって、『正義』にも『人道』にも『文明』にも関係ない」。

もう一つの主張は「散華」である。「西洋列強の植民主義と侵略主義の重囲」の中にあって「日本の百年にわたる孤軍奮闘」は無意味でも無謀でもなかったと言い（第二〇章）、一九六四年の東京オリンピックで翻った数多くの新興国の国旗は「帝国主義と植民主義への弔旗《ちょうき》であり、このことのために日本百年の苦闘が何物をも貢献しなかったとは、いやしくも歴史を読む者には言えない」（第一七章）と述べる林は、次のように主張する。

「百年戦争」をみごとに遂行した日本の犠牲者たちを、誰が「犬死」と笑うことができるか！　日本の戦死者たちは歴史の定めた運命に黙々と従い、最も悲劇的で英雄的な死を遂げた。散華である。アジア大陸と南と北の海に散った花々のために靖国の宮は速やかに復興されねばならぬ。（第二〇章）

林のこのような議論がある種のナショナリズムに立脚していることは言を俟たない。だが、そのナショナリズムとアジア諸国の解放とはどのような関係にあると理解されていたのか。

結論を言えば、林は「単純な民族的膨張政策」と「アジアの諸民族と提携して西洋の植民地主義を排除し、共に繁栄すべきだという主張」との「二つの民族主義」があるという立場をとらない。むしろどのような「民族国家」であっても「それぞれ独立の道を歩きつづけて『ナショナル・インタレスト』を追求するかぎり、ナショナリズムは存在し、その国の力が充実し上昇するにつれて、牙をはやし、爪の鋭さを増す」と主張する。つまり、「他民族尊重主義」や「民族協和主義」はけっきょくナショナリズムとは両立せず、ナショナリズムが優先されざるをえない。そして、戦争は「愚行」であるとしつつも、「日本のナショナリズムの復興を考える場合、自らはやす牙と爪のことを考えなければならら」ず、「いずれは原子爆弾の牙をはやすことも今から覚悟しておかなければならぬ」と言うのである（第一八章、第二〇章）。

†「難死」としての政治的死――「『難死』の思想」「平和の倫理と論理」

〈国家〉や〈公状況〉の大義名分のもとに〈個人〉や〈私状況〉を意義づけようとするいわば〈公状況〉優先の論理で構成される林のような議論に対して、林と同じように東京裁判の不当性を告発しナショナリズムに注目しながら、それらを「難死」というまったく異なった観点から再構成したのが、小田実の「『難死』の思想」と「平和の倫理と論理」であった。

親泊以下、これまで本章で言及してきた軍人・知識人がいずれも明治三〇年代半ばから四〇

小田実

年代の生まれであり、敗戦時に三〇代後半から四〇代半ばであったのに対して、昭和生まれ（一九三二年）であり、敗戦時に一〇代前半であった小田は、「私は幼かったから」「知識人的な理念やロマンティシズムの介在なしに、戦争とじかに結びついていた」と言う。小田は続けて、こうした個人と戦争との結びつきのあり方は「知識人のそれよりも大衆のそれに似ていなくもな」かったと指摘するのだが、彼はこの個人的体験から二つの知見を引き出す。

一つは「散華」と対置される「難死」の観念である。敗戦直前に大阪空襲で被災した小田は、彼にとって「本当に自分の眼でおびただしく見た死」は、「決して、特攻隊員の死のように、たとえば『散華』という名で呼ばれるような美しいものでも立派なものでもなかった」し、「彼らの死のように『公状況』にとって有意義な死でもなかった」と主張する。「私が見たのは無意味な死だった」、「ただもう死にたくない死にたくないと逃げまわっているうちに黒焦げになってしまった、いわば、虫ケラどもの死であった」。

しかし、小田は、こうした「被害者体験」としての「難死」は、「私たちの思想」に「功績」をもたらしたと論じる。というのも、そうした体験こそ、「これまで絶対的強者であり絶対的正義、善であった国家原理に対して正面からむきあう姿勢をあたえた」からである。小田は、戦後の民主化が「予想以上に進んだ」背景には、日本人の事大主義や占領軍の強制だけでなく、やはり、「長いあいだの『公状況』の強制の下で、その下では『難死』の可能性しかもたなかった人々が、『私状況』優先の原理を通してそれを求めた」事情があるのだと主張する。そして、そうした「『私状況』優先の原理」は「土着化」し、「戦後社会の基礎をつくった」。

†「難死」と「戦敗国ナショナリズム」

しかも、小田によれば、こうした「難死」の体験は「日本人だけが国民的規模において」もったものだったために、特異な型のナショナリズムに発展する可能性を秘めていた。小田は、そのナショナリズムを「戦勝国ナショナリズム」や「新興国ナショナリズム」と対比させて「戦敗国ナショナリズム」と名づける。

第二次世界大戦の連合国諸国に見られる「戦勝国ナショナリズム」や第二次世界大戦後のアジア・アフリカ諸国の独立に際して見られたような「新興国ナショナリズム」は、『『公状況』の大義名分の正当性の上にきずき上げられ」る。そこでは、「『公状況』の大義名分」がデモクラシーや自由といった普遍的価値と結びつけられており、かつ、その価値が勝ちとられたため、「公状況」と「私状況」とのあいだのねじれはない。

しかし、敗戦を通じて「公状況」である天皇制国家の正当性を根本から見直さざるをえなくなった日本で生まれた「戦敗国ナショナリズム」は、そうしたナショナリズムとは逆に、『『公状況』の大義名分の正当性」が崩壊した地点において、つまり「公状況」と「私状況」とがねじれるところに、成立する。そのために、このナショナリズムにおいては『『私状況』優先の原理」と『『難死』から導き出されて来た平和思想」とが二つの柱として据えられることになる。

小田が東京裁判を批判したのは、まさにこの「戦敗国ナショナリズム」の観点からであった。原爆が大量の「難死」をもたらした以上、「私たちには、連合国側が戦争犯罪人裁判の根拠としたのと同じ論理を用いて、原爆投下の当事者たちを告発する権利がある」。だが、連合国側は、日本の「戦争犯罪」を裁く際に用いたはずの「難死」の責任を問うという「国家の原理よりも一段と高次な人類の普遍原理」を、裁く連合国側には適用しなかった。だからそれは、「マヤカシの裁判以外の何ものでもなかった」ことになるのである。小田は、「その連合国の戦争責任、戦争犯罪のなかには、過去二、三百年にわたり西洋が侵略者、支配者としてアジア、アフリカに対して犯しつづけて来た犯罪の責任も入るだろう」と指摘する。

しかし、ここで注意しなければならないのは、このように小田が東京裁判を批判する際、連合国側も「戦争犯罪」を犯している以上日本が犯した「戦争犯罪」は免責されるべきだと論じているわけでもなく、また、東京裁判は単なる復讐裁判にすぎないと論じているわけでもないことである。そうではなく、彼は、「被害者体験と普遍原理を強く結びつけることによって、連合国の戦争責任、戦争犯罪をいわば自分の問題として裁」かなければならないと論じていた。

†「加害者意識」の問題

だが、この「連合国の戦争責任、戦争犯罪」を「自分の問題」として裁くためには、当然、裁く側の日本人も「連合国」と同じように「戦争責任」を持ち「戦争犯罪」を犯したという「加害者意識」を持たなければならない。「加害者体験をぬきにして被害者体験を話すことはできないし、ひいては平和そのものを語ることはできない」のである。しかし、「私たちの被害者体験」は「自分がかつて加害者たり得たかも知れないという意識」を「特徴的に欠いていた」。

なぜそのようなことになったのか。この点こそ、小田が敗戦をめぐる個人的体験から引き出した第二の知見であった。それは、「私は敗戦に慣れていなかった」という言葉に集約される。

この言葉を通して小田が表そうとしたのは、日本で一般に経験されたのは「なしくずし」の「戦争から戦後への移りかわり」だったのではないかという観察であった。それは、「私状況」と「公状況」の関係性、「個人体験」と「国家原理」の関係性が原理的に十分に反省されず、ずるずると戦争に巻き込まれ、敗戦を迎え、民主化を受け入れたことを意味する。

だからこそ、小田の見るところ、「異常な死」であるはずの「難死」の体験も「人々の意識のなか」では「難死」としてはっきり認識されるよりは、「日常的なあきらめ、惰性のなかで」「あたかも平和のときの死であるかのように」受け止められたにすぎなかった。また、だからこそ、「状況がよいときは、国家原理と個人体験はぴったりと重なり」、「人々は容易に戦争遂行者としての自分を自覚することができた」が、「状態が悪化して、国家原理と個人体験のあいだに亀裂が生じて行くとともに、そうした自覚は次第に曖昧なものになって行」き、「敗戦という決定的な破局が来たとき、人は『だまされていた』と言い切ることができた」のであった。

その帰結は、「誰もが無差別、無限定に被害者であり、誰もが『だまされていた』という奇怪な結論」である。そこでは、「すべてわるいのは国家であり、その国家からは被害者体験をテコとして自分を切り離すことは容易にできたから、『だましていた』責任の主体は、それを構成する人間を欠いた国家という得体の知れない抽象体でしかあり得ない」ことになった。このような状況においては、国民の一人一人が「国家の敗北を自分自身の屈辱として」受けとることもない代わりに、「自分が真に戦争遂行者であると自覚」することもない。

†「難死」・デモクラシー・「開かれたナショナリズム」

こうした「被害者意識」への安易なもたれかかりは「自分の戦争遂行への荷担の程度をきびしく計量し、それと自分の被害者体験とを峻別する」作業を怠ることを意味するが、それは、一人一人が「難死」の体験者として「社会、歴史に対して責任ある地位」を占めようとする態度を十分にもたないことを意味した。「難死」は、「戦争のイデオロギーの『公状況』が打ち倒されたあとで、新しい『公状況』を打ちたて、それと『私状況』との結びつきを考えなければならなかった」が「それを十分にやったとは言えなかった」と小田が指摘する所以である。「『私状況』優先の原理は、もろ刃のやいば」であり、それは「『公状況』への強い反対の力」ともなるが、「政治なんかおれの知ったことか」という「一切の『公状況』に無関心の風潮」をも形作る。

敗戦の体験から以上の二つの知見を得た小田は、「難死」が「無意味な死」であり「虫ケラどもの死」であるからこそ、未来においてそれを繰り返さないために、各自の被害者体験と加害者体験（およびそれらの可能性）とが絡み合う「難死」を基点にすえて『私状況』優先の原理」を「人類の普遍原理」としての「個人原理」にまで高めること、そして、その観点から「私状況」と「公状況」とを再接続し、デモクラシーの原理を徹底することの重要性を唱える。

それは「国家と個人の対決の不足」と「国家原理に対して、普遍原理を徹底的に追究して行く努力の不足」とを自覚して、『公状況』的なものを『私状況』にたえずくり返してくぐらせること」を意味した。

小田によれば、このような形で「難死」を「普遍原理」としての「個人原理」にまで高めデモクラシーの原理を徹底させることは、「インターナショナリズムに通じる開かれたナショナリズム」と結びつく。というのは、「難死」をめぐる「被害者体験、加害者体験は国家原理との関係において成立し」、「より根本的には、その民族の歴史的、社会的によってたつ条件のからみあいのなかにあるゆえに、ナショナルなもの」であるが、その「ナショナルな」性格をもつ「難死」体験が「個人原理」に昇華されることによって、それが「国家原理」に絡めとられないで国境を越えた「連帯」につながる可能性が生じるからである。

小田は、「民衆のあいだで国際的連帯がもしあるとすれば」、「おたがいの国家原理にまで反対して他国の民衆と手を組もうとするのなら、おたがいが自己の内にきずき上げた個人原理を通じる以外に方法はないだろう」と論じる。彼にとって、「急務」なのは、「私の側において」「相手の側において」そして「世界のすべての地」において「個人原理」を確立することであった。そして、「その芽を、すくなくとも、私たち日本人はもっている」。小田はそうも指摘する。

4　敗戦の経験からデモクラシーの原理へ

†何が見えてきたのか

以上、戦後の日本において敗戦およびそれがもたらした政治的死がどのように意味づけられ、それらが戦後日本のデモクラシーのあるべき姿とどのように結びつけられてきたのかを、敗戦後数年の議論と一九六〇年代の議論とをもとに、検討してきた。

どこまで論者本人が意識しているかは別として、ここで紹介した一九六〇年代の議論が敗戦直後のそれと共鳴していることは見やすいであろう。例えば林の議論は親泊のそれを受け継ぐ側面があるし、小田の議論は「私状況」優先という側面では安吾や石川淳を受け継ぐ一方で、「国民の側の弱さ、たりなさ、不十分」を指摘した中野の問題関心をも受け継いでいた。

〈個人と国家〉あるいは〈私状況と公状況〉をめぐる以上のような議論の諸相を踏まえると、なぜ例えば冒頭で触れた福田歓一によって社会契約説が重視されたのかが見えてこよう。国家状態に入る前の自然状態において個々人が自己保存の権利を自然権としてもつかどうか、また、その自然状態において感性と理性とを備えている人間がどのような秩序形成能力をもつのか、さらに、そうした自然状態における人間の条件を出発点として国家権力にはどのような目的と範囲とが正当性をもって認められるのか。こういった問題は、たんに日本国憲法が近代西洋で生まれた社会契約説の論理を引き継いでいるから大切なのではなく、敗戦によって大日本帝国というそれまでの国家が「破産」し、もう一度国家を立ち上げる上で問われざるを得ない最重要課題だったのである（なお、福田の社会契約説理解については、『近代の政治思想』〈岩波新書、一九七〇〉がよい入り口となろう）。

同時に、林と小田の議論は、われわれがどの程度小田が言う「個人原理」を当たり前のものにしてきたかを自問させるだろう。逆側から言えば、例えばわれわれが何げなくナショナル・インタレストについて語るとき、その内実をどれだけ問うているか。そのナショナル・インタレスト擁護が、林の結論と質的に異なるとすれば、それはどこにおいてなのか。こうした問いが浮かんでくる。小田の議論はまた、近年再び耳にする一部の閣僚による「教育勅語」の擁護や「道義国家」日本の提唱に関してその「道義」の内実を問い直させるし、「現在の平和は戦時中の尊い犠牲の上に成り立っている」というありふれた議論についてもその「尊さ」が何に由来するのかを問い直させるだろう。

†何を、どう受け継ぐのか

とはいえ、本章では、敗戦とデモクラシーとをめぐって戦後日本に見られた思想的水脈の一つに光をあてたにすぎない。例えば大東亜戦争を必ずしも肯定しなかった保守派の議論（中島岳志『保守と大東亜戦争』集英社新書、二〇一八）は今回取り上げていない。また、本来、本章で扱った諸テキストはより広い歴史的文脈のなかでもっと精緻に読み解かれるべきだろう。それにはジョン・ダワー『敗北を抱きしめて』（増補版、上・下、岩波書店、二〇〇四）や小熊英二『〈民主〉と〈愛国〉』（新曜社、二〇〇二）が一助となるに違いない。さらに本章では、小田がいう「個人原理」が、戦後の日本社会が経験することになる他の様々な問題とどのように、どこまで絡むのかについても考察してはいない。こうした点については例えば、本章末尾で示す文献のほか、日高六郎『戦後思想を考える』（岩波新書、一九八〇）や田中宏『在日外国人』（第三版、岩波新書、二〇一三）が一つの手がかりになろう。

だが、ここで紹介してきたような形で敗戦の体験を「個人原理」にまで高め、それを戦後日本のデモクラシーの原理として土着化させ伝統化しようとした試みがあったことは、われわれが社会や国家の一員として生き、そのことの意味を根底から問い直そうとするとき（政治思想史を学ぶ意義はここにある）、想起されてもいいだろう。伝統は創られ、見直され、再形成される。この伝統を受け継ぐか否か、どう受け継ぐかは、われわれ自身にかかっているのである。

さらに詳しく知るための参考文献

日高六郎編『戦後日本思想大系第一巻　戦後思想の出発』（筑摩書房、一九六八）……このシリーズは一九六〇年後半から七〇年代にかけて戦後思想を総括しようとした優れたアンソロジーである。この巻には親泊、河上、中野のテキストが含まれる。

梅原猛編『戦後日本思想大系第三巻　ニヒリズム』（筑摩書房、一九六八）……この巻には、太宰と石川淳のテキスト、および安吾の「堕落論」が収められる。

栗原幸夫編『コメンタール戦後五〇年第一巻　戦後の始まり』（社会評論社、一九九五）……このシリーズは戦後五〇年を機に戦後思想を総括しようとしたアンソロジーである。この巻には安吾の「続堕落論」が含まれる。

宇野重規編『リーディングス戦後日本の思想水脈3　民主主義と市民社会』（岩波書店、二〇一六）……中野や河上のテキストが含まれるが、二一世紀に入って戦後思想がどのような形で顧みられようとしているのかを検討する上でも注目されるべき書。

小田実『「難死」の思想』（岩波現代文庫、二〇〇八）……本章で扱った小田の二つのテキストが収められる。『「難死」の思想』は上記『戦後日本思想大系』の第四巻『平和の思想』にも見つかる。

林房雄『大東亜戦争肯定論』（改訂版、番町書房、一九七〇）……第五章「武装せる天皇制」は上記『戦後日本思想体系』の第五巻『国家の思想』にも収められている。なお、本書は二〇一四年に中公文庫から復刊されたが、本章で参照したものとは版が異なる。

中村正則／天川晃／尹健次／五十嵐武士編『戦後日本　占領と戦後改革3　戦後思想と社会意識』（岩波書店、一九九五）……本章で扱いきれなかった戦後思想における天皇制論、近代主義、アジア観、ジェンダーの問題などが論じられる。とくに平石直昭「理念としての近代西洋」は優れた道案内を提供する。

第7章［日本政治外交史］戦後日本外交入門——日中国交正常化を事例に

井上正也

1 戦後外交史のなかの日中国交正常化

†「戦後処理」外交

第二次世界大戦後の日本外交を振り返ってみると重要な交渉がいくつもある。例えば、日米安全保障条約の改定交渉は、条約改定の是非をめぐって、保守と革新との間で世論が二つに割れた。その結果、安保闘争と呼ばれる大衆運動を引き起こし、当時の岸信介政権を退陣させるにいたった。また沖縄返還交渉は、太平洋戦争末期に占領され、戦後もアメリカの軍政下におかれていた沖縄を、日本が外交交渉を通じて二七年ぶりに取り返したものだ。

これらの外交交渉をみたとき、大きな特徴の一つは、その多くが第二次世界大戦の「戦後処理」に関わるものであった点だ。一九七〇年代までの日本の外交は、戦争によって外交関係を断たれた国との関係復活や、戦争中の日本の武力侵攻によって被害を与えた国に対する賠償交渉が中心であった。

もっとも、日本の「戦後処理」外交は、たんなる戦争被害に対する償いではなかった。日本は、賠償を現金ではなく技術や役務（サービス）で支払うことで、日本製品の輸出の足がかりをつくった。日本のしたたかな「国益」が「戦後処理」外交には含まれていたのである。

戦後日本の基礎を築いた吉田茂首相は、「戦争に負けて、外交に勝った歴史はある」という言葉を好んだ。これはアメリカ独立戦争に敗れて植民地を失い、ヨーロッパで孤立していた英国が、その後再興して一大帝国として甦った故事にならったものだ。確かに日本も、第二次世界大戦の敗北によって、軍事力を解体され、全ての植民地を手放した。しかし、アメリカの庇護の下、西側諸国の経済システムに組み込まれることで、一九六〇年代には再び世界有数の経済大国として返り咲いたのである。

経済繁栄は外交の力のみではもたらされないが、一国が経済発展を遂げるためには安定した外交環境が不可欠である。その意味で、軍事力の使用を自己抑制し、近隣諸国との間で関係修復に努めてきた戦後日本外交の果たした役割は大きかったといえよう。

†日中国交正常化の現代的意義

本章では戦後日本外交の事例として日中国交正常化を取り上げる。その理由は大きく二つある。第一は日本と中国との関係が持つ重要性だ。中国は一九三〇年代からの日本との戦争でもっとも大きな被害を受けた国であった。その被害総額や犠牲者数は今日でもはっきりしないほどだ。にもかかわらず、第二次世界大戦後、日本と中国との間では長らく正式な国家間関係を復活することができなかった。その理由を考えることによって、戦後日本外交の持つ構造的制約を明らかにできよう。

第二に、国交正常化という歴史的事例を知ることは、現代の日本外交を考える上でも重要なことだからだ。例えば、われわれは尖閣諸島をめぐる領土問題や、歴史認識をめぐるニュースを頻繁に目にする。これらの日中両国が直面する問題の起源を考えるためには、国交正常化にまで時計の針を巻き戻して考える必要がある。

日中国交正常化はたんなる日本と中国との外交関係の復活に留まらない。交渉がまとまるプロセスには、日米安全保障条約、台湾問題、歴史認識、中国の国内政治や日本の自民党内の政局など様々な要素が関係していた。そして、国交正常化で取り決められた合意の多くは、今日の日本外交をも規定しているのである。

本章では、まず戦後日中関係を概観し、続いて国交正常化交渉の過程を論じる。そして、最後に国交正常化にどのような意義があったのかを考えたい。

2 戦後日中関係史

†米中冷戦と安保問題

戦後日中関係を考える上で、まず押さえるべきはアメリカと中国の対立という国際構造だ。一九四九年一〇月、毛沢東を国家主席とする中華人民共和国（以下、中国）が成立した。新たに発足した中国は、ソ連との間で翌年二月に中ソ友好同盟相互援助条約を締結し、社会主義陣営に属する姿勢を明らかにした。この条約は日本にも大きな影響をもたらした。なぜなら同条約の第一条には、「日本国」又は「日本国と連合する他の国」の侵略と平和の破壊を防止すると明記され、日本が主要な対象にされていたためである。

アメリカと中国の対立が決定的になるのは一九五〇年六月に起こった朝鮮戦争だ。この戦争に中国が参戦したことによって、朝鮮半島で米中両国は初めて正面から対決した。この戦争が日本に与えた影響も大きかった。出撃・兵站基地としての日本の戦略的価値が上がったことから、アメリカを中心とする連合国の間で、占領下にあった日本を早く独立させようという動きが活発になったためである。こうした流れを受けて、一九五一年九月、吉田茂政権はサンフランシスコ平和条約ならびに日米安全保障条約を締結し、日本の占領が終わって独立した後も、米軍が日本本土に引き続き駐留することを受け入れた。

中国にとって日本本土の米軍基地は最大の軍事的脅威であった。この基地を撤去するためには、なんとしても日本を米国から引き離す必要があった。そのため、中国は自らが戦争を好まない平和勢力であることを強調し、日本の民間人を中国に招く「招待外交」を積極的に行なった。ある政治目的を達成したいとき、中国はしばしば各勢力と合同して闘争する統一戦線工作をとる。中国の狙いは、日本国内の様々な組織に影響力を広げて、世論を中国寄りに変えていくことで、最終的に日本の政策を変更させることにあった。

今日では考えにくいが、こうした中国の対日工作は大きな成果を挙げた。中国の社会主義イデオロギーに引きつけられた日本人がいたことも事実であるが、それ以上に多くの人々は、戦争で大きな被害を与えた中国に対する贖罪意識を持っていた。この頃の中国は、現在とはまったく逆で、軍事力や経済力といったハードパワーこそ乏しかったが、政策を発信して多くの人々を惹きつけるソフトパワーを持っていたといえよう。

一方、こうした中国の対日工作を警戒したのがアメリカであった。アメリカがもっとも恐れていたのは日本と中国の政治的接近である。そのため、朝鮮戦争が起こるとアメリカは、対中貿易を全面禁止し、占領下にあった日本にも同じ措置をとるよう強要した。さらに日本の独立後も秘密協定を締結して、引き続き日中貿易を厳しく制限した。一九五〇年代後半になると、日本国内でも日中貿易を求める声が高まってきたので、アメリカも日中貿易の制限を緩めたが、それでも日中両国の政治的な接近への警戒は怠らなかった。

日本はこのアメリカと中国との間の板挟みとなった。本音では日中貿易に対する国民の期待もあり、日本政府は中国との外交関係を早く構築したかった。だが、中国側は日本に対して安保条約の破棄を求めており、そのためにアメリカとの関係を損なうわけにはいかなかった。日本は米中対立がもたらすジレンマに悩まされ続けたのである。

†台湾問題

米中対立を原因とする安保問題が争点となる一方、もう一つ日本を悩ませた問題は、日本と台湾（中華民国）との関係だった。第二次世界大戦後、蔣介石率いる国民党政権と毛沢東率いる中国共産党は内戦に突入し、敗れた蔣介石は台湾に逃れた。この蔣介石政権をアメリカは軍事・経済両面で援助を行ない、中国大陸を失った中華民国が、引き続き国際連合の議席を保てるようにした。一九七一年までは国際連合において、安保理常任理事国の地位を占める「中国」とは台湾の中華民国のことを示していた。

当時、東西冷戦の影響によって、もともと一つであった国家が二つに分れる「分断国家」が世界各地で誕生していた。中国もその一つであり、国際社会において中華人民共和国と中華民国、双方とも自国の正統性を訴えて激しく争っていた。

吉田茂政権は、この二つの中国のうち、台湾の中華民国を、平和条約を締結する相手に選んだ。一九五二年四月に結ばれた日華平和条約は、日中接近を阻止したいアメリカの強い要請によるものだった。

しかし、当然ながら中国側はこの日本の選択に激しく反発した。中国は日華平和条約の調印直後に、各国にいる中国の外交官に日本との接触を全て禁じる指令を発した。そして、日華平和条約は不法かつ無効なものであり、日本が中国と外交関係を樹立したければ、まずこの条約を破棄せねばならないと主張したのである。

かくして、日本は、中華民国との間で条約関係を持ちながら、中華人民共和国とどのように関係を築くかという「二つの中国」問題に直面することになった。一九五〇年代から六〇年代にかけての日本の歴代政権は、アメリカを刺激しない範囲で、「政経分離」と呼ばれる中国との間で民間貿易や文化交流だけを進める方針をとった。

ところが、この日中民間関係を進めることにも台湾の中華民国は反発した。とりわけ、合成繊維のプラントを中国に輸出する際に、政府系金融機関の融資を行なうことを池田勇人政権が決定した時、台湾は猛烈に抗議した。逆に池田首相を継いだ佐藤栄作首相が台湾を訪問し、日台関係を強化する動きを見せると、今度は中国政府が厳しく佐藤政権を批判した。この「二つの中国」の激しい駆引きも、安保問題と並んで国交正常化を妨げる主要な要因であった。

3 日中国交正常化の交渉過程

†中ソ対立と米中接近

安保問題と台湾問題が大きな妨げとなっていた日中関係は、一九七〇年代に入ると急速な変化を迎える。そのきっかけは中国とソ連の対立だ。同じ社会主義思想を掲げる中国とソ連は、一九五〇年代は兄弟国と呼ぶほど親密な間柄であった。しかし、ソ連の独裁者スターリンの死後、自分が世界革命を率いるべきだと確信した毛沢東は、イデオロギーをめぐってソ連と対立を深めた。そして、ついに一九六九年に中ソ国境で武力衝突が発生したのである。ソ連からの核攻撃を恐れた中国は、アメリカよりもソ連を最大の軍事的脅威とみるようになった。

中国とソ連の対立はアメリカにとって外交政策を転換する大きなチャンスだった。この頃、アメリカは、泥沼化していたベトナム戦争を何とかして終わらせたいと考えていた。アメリカのニクソン大統領は、中国との関係を改善することで、北ベトナムに対する中国の支援を断ちきることができれば、ベトナム戦争を和平に持ち込めると考えた。そのため、一九七一年七月、ニクソンは腹心であるキッシンジャー国家安全保障問題担当大統領補佐官を中国に秘密に派遣した。そして、期待通りキッシンジャーは、北京での周恩来首相との会談を成功させ、アメリカと中国との関係改善に成功したのである。

†ニクソン・ショック

米中接近は日本には何の事前相談もなく行なわれた。日本はアメリカの急な政策転換をまったく予測できなかった。そのため、米中接近は日本国内に「ニクソン・ショック」と呼ばれる大きな衝撃を与えた。とりわけ、一九六四年から政権にあった佐藤首相への影響は大きかった。なぜなら、佐藤はアメリカと歩調を合わせて、中国を承認しない政策をとってきたためだ。

歴史的には「ニクソン・ショック」とは、アメリカが同じ頃に発表した金とドルの兌換《だかん》停止と新経済政策が与えた衝撃を指すことが多い。しかし、「ニクソン・ショック」という言葉は、日本では米中接近に関しても用いられている（二つのショックを区別するために米中接近は第一次ニクソン・ショックとも呼ばれる）。このことは米中接近の衝撃がいかに大きかったかを示していよう。

米中接近は日本のみならず国際社会にも様々な影響を与えた。台湾（中華民国）の国連脱退もその一つだ。国連総会では、毎年のように中国政府に国連の代表議席を与えるべきかという中国代表権問題の議論が繰り返されてきた。だが、米中接近から間もなく行なわれた国連総会の投票で、この問題もついに決着がつき、中華人民共和国の国連加盟が実現したのである。台湾の国連脱退は、中華民国を中国の正統政府と認めてきた日本政府の根拠が失われたことを意味した。外務省でも台湾との外交関係を断絶して、日中国交正常化を行なうべきという声が強まりはじめたのである。

日中関係の前提が大きく変わるなかで、日本の世論も国交正常化を求める声が高まっていた。また財界でも巨大な人口を持つ中国市場の将来に関心を向け始めていた。

しかし、日中関係は簡単に前進しなかった。佐藤政権は中国との接触を模索したが、中国側は交渉を拒絶していた。なぜなら中国側は、台湾への関与を強めていた佐藤首相に根強い不信感を抱いていたためである。事実、佐藤政権は一九六五年から台湾に円借款《しゃっかん》を行なっており、台湾の工業化が進むなかで日台貿易は急速に拡大していた。中国はこれを台湾への日本の経済侵略と非難していた。

また沖縄返還が合意された一九六九年の日米首脳会談で、日本は「台湾地域における平和と安全の維持」は「日本の安全にとって極めて重要な要素」であるという声明を行なった。いわゆる「台湾条項」と呼ばれたこの声明は、アジアにおける日本の安全保障上の責任分担を求める米国の要求を受け入れたものだ。日本政府は、沖縄返還と引き替えに、近隣国の安全保障にも関与する姿勢を初めてはっきり示したのである。

今やアメリカに次ぐ西側第二位の経済大国となった日本の国力は、中国にとって新たな脅威になりつつあった。米中和解によってアメリカが台湾から手を引いても、代わりに日本が台湾への影響力を拡大しては、悲願の中国統一は実現できなくなってしまう。それゆえ、中国は日中国交正常化を前に日本と台湾との関係を断ち切ること、すなわち、日本と中華民国との外交関係を断絶させることを何よりも重視していた。

†田中角栄政権の発足

日中国交正常化を急いでいたのは日本よりも中国であった。それは中ソ対立の影響が日本にも及んできたためである。ソ連は、一九七二年一月に外務大臣を訪日させ、中断していた日ソ定期協議を再開するなど、明らかに中国を意識して日本に接近していた。中国は日本の台湾への影響力を排除する目標に変わりはなかったが、同時に日ソ接近を防ぐためにも国交正常化を急がねばならなかった。

また当時、中国は文化大革命の後の国内経済の再建を見据えて、日本や欧米諸国からの化学肥料や化学繊維プラントなどの導入を目指していた。そのため、日本との外交関係を早く構築したいと考えた中国は、佐藤首相が退陣した後、次の政権との国交正常化の準備を進めていたのである。

こうしたなか、一九七二年七月に田中角栄政権が発足する。中国側は佐藤政権の時とは対照的に田中政権の発足を歓迎し、東京と北京との直接対話を行なうことに合意した。だが、田中首相は慎重であった。なぜなら田中は、自民党総裁選で中国問題を争点にすることで自民党内の支持を固めて、佐藤首相の後継者と目されていた福田赳夫を打ち破った。しかし、自民党内には福田を支持する勢力も強く、ここで外交政策に失敗すれば一気に政権基盤が揺らぐ可能性があったためである。

†竹入メモ

慎重であった田中首相を国交正常化交渉に踏み切らせたのは、中国側が日本に示した竹入《たけいり》メモと呼ばれるものであった。竹入メモとは、竹入義勝公明党委員長が周恩来首相と会談し、その内容を記録した覚書《おぼえがき》のことである。

中国側は日本に大きな譲歩を示した。すなわち、中国は竹入を通じて、①日米安保には触れず、一九六九年の佐藤・ニクソン共同声明にも言及しない、②「賠償請求権」の放棄、の二点を提示した。さらに台湾問題についても、共同声明や宣言に盛り込まず、台湾が中国の内政問題であることを承認して、日中両国の共同声明発表後に台北から大使館を撤収すればよいという条件を示したのである。

ここで示された条件は、これまで大きな争点であった安保問題と台湾問題に関して、中国が柔軟な姿勢を示すことを意味した。つまり、中国は、台湾条項も含めて日米安保は一切日中交渉の議題とせず、台湾との外交断絶も国交正常化の前に行なう必要はないと日本側に伝えたのである。

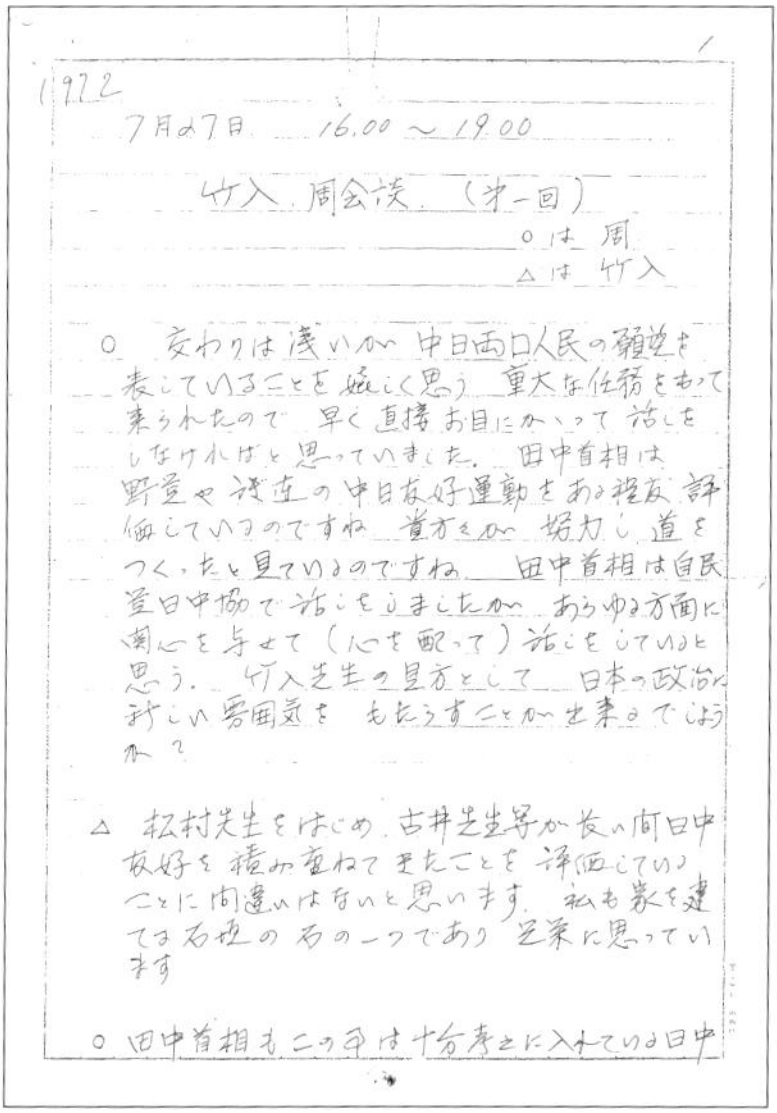
1972
7月27日　16.00～19.00
竹入・周会談（第一回）
○は周
△は竹入

○ 交わりは浅いが中日両国人民の願望を表していることを嬉しく思う。重大な任務をもって来られたので早く直接お目にかかって話しをしなければと思っていました。田中首相は野党や民間の中日友好運動をある程度評価しているのですね。貴方々が努力し道をつくったと見ているのですね。田中首相は自民党日中協で話しをしましたが、あらゆる方面に関心を与せて（心を配って）話しをしていると思う。竹入先生の見方として日本の政治に新しい雰囲気をもたらすことが出来るでしょうか？

△ 松村先生をはじめ古井先生等が長い間日中友好を積み重ねてきたことを評価していることに間違いはないと思います。私も家を建てる石垣の石の一つであり光栄に思っています

○ 田中首相もこの事は十分考えに入れている日中

竹入メモ

さらに周恩来は日本に対する戦争賠償も正式に放棄することを初めて明らかにした。中国側のメッセージは明確であった。台湾との実務関係や賠償といった日中交渉の争点となりうるカードを事前に切り、事実上の要求を日本と台湾の外交断絶に絞ることで、日本側に決意を促したのである。

竹入メモは明らかに日本側の認識を変えた。それまで日本側は、中国側がどこまで国交正常化に真剣に取り組む意思があるのかつかめなかった。しかし、竹入メモで示された条件を見て、田中首相を支える大平正芳外務大臣や外務官僚も、これなら国交正常化が実現できると確信したのである。

†アメリカとの事前調整

日本が中国との交渉に入る前に残された課題は、日中国交正常化についてアメリカからの了解をどうやってとりつけるかであった。

米中接近によって、アメリカが国交正常化そのものに反対することはできなくなった。だが、日米安保条約が台湾に適用されるかという問題は不透明なままであった。台湾の安全保障に日本が責任を持つとした「台湾条項」は、中国側の「一つの中国」の原則に真っ向から対立していた。そのため、アメリカは、中国が「台湾条項」を無効化あるいは弱めるような要求を示し、日本がこれを受け入れるのではないかと恐れた。

日本のアメリカに対する説明は苦しいものがあった。もともと「台湾条項」の取り扱いは、安保問題と台湾問題が重なり合った部分にある。そのため、アメリカには台湾の安全保障に日本が関与するという姿勢を示したまま、中国側とは台湾問題をめぐる合意を作り上げなければ

訪中し日中共同声明に調印する田中角栄首相（左）と周恩来首相（1972年9月29日、共同通信社提供）

ならなかった。そこで日本政府が考え出したのは、台湾に関わる日米安保条約は従来の法律的解釈を保ったまま、中国との間でこの問題を政治的に処理するという方針であった。日本は「法律面」と「政治面」の二つの論理を使い分けることで、日中関係と日米関係の両立を図ろうとしたのである。

田中首相は北京へ出発する前にアメリカ大統領との首脳会談に臨んだ。八月三一日、ハワイで開かれた日米首脳会談で、田中は隣国中国との関係構築の必要性を強調した。これに対して、ニクソン大統領は、中国との関係構築に際して、台湾という日本の「友人」を犠牲にすべきではないと述べ、「台湾条項」と日台の貿易関係などを維持すべきであると強調した。九月一日の共同声明では、日米安保体制の堅持が確認された。

アメリカは最後まで日本が中国に対して予想以上の譲歩を示すのではないかと不安であった。それゆえ、日本は台湾を含めた日米安保体制を維持することをアメリカに再確認することで、日中国交正常化が日米関係を傷つけないことを強調したのである。

†日中国交正常化交渉の開始

一九七二年九月二五日、田中首相と大平外相が北京に到着し、いよいよ日中国交正常化交渉が開始された。この交渉の特徴としては、日中最大の争点であった台湾問題と安保問題については、開始時点ですでに打開の見通しがついていた点である。日本は台湾との外交断絶を決意しており、中国も日米安保体制には触れない意向を示していた。会談冒頭で周恩来首相が「国交正常化は一気呵成にやりたい」と述べたように、早期妥結を目指す点で両者は一致していた。

しかし、交渉はスムーズにまとまったわけではない。一般に外交交渉では、条約本文や共同声明に用いられる文言の表現一つをめぐって激論になることは珍しいことではない。日中交渉で双方が議論したのは、両国がこれまでとってきた異なる立場を、いかに両立させうる表現を選ぶかであった。これをいかに巧みに処理するかは、まさに交渉のアートというべき領域であり、外交官の腕の見せ所である。

第一の争点は日中戦争が終結した時期であった。日中戦争がいつ終結したかをめぐっては両国の主張は真っ向から食い違った。法的整合性を重視する日本は、戦争状態の終了は一九五二年の日華平和条約で成立したという見解であった。中国はこれに納得できないとして、国交正常化によって初めて戦争状態が終結されるべきであると主張した。

第二の争点は賠償請求問題である。賠償についてはすでに中国側が放棄する意向を示していた。だが、日本側は、中国側の主張する「賠償請求権」は、日華平和条約ですでに放棄されて解決しているので、法律的ではない表現にしてほしいと希望した。これに対しても中国側は強く反発した。周恩来は「蔣介石が放棄したから、もういいのだという考え方は我々には受け入れられない。これは我々に対する侮辱である」と非難している。

このように交渉では鋭く対立する場面も見られた。だが、両国はこの問題で交渉を止めるつもりはなかった。最終的には共同声明の文面において、戦争状態の終結については「不正常な状態」が終了したという文言が用いられ、賠償については、中国側が賠償請求権から「権」の文字を落とすことで合意に至った。

†日中国交正常化の成立

残る争点は台湾の法的地位である。台湾の法的地位は、サンフランシスコ平和条約で日本が植民地であった台湾を放棄した後、その帰属先を決定する国際会議が開かれておらず、国際法的にはどの国のものでもない帰属未定の状態であった。また、アメリカを含めて他の西側諸国も「台湾は中国の一部」という中国の領土的主張を受け入れていなかった。そのため、当然ながら日本も中国の主張を受け入れるわけにはいかなかった。

この問題については、最終的に共同声明で次の文言を盛り込むことで合意された。「中華人民共和国政府は、台湾が中華人民共和国の領土の不可分の一部であることを重ねて表明した。日本政府は、この中華人民共和国政府の立場を十分理解し、ポツダム宣言に基づく立場を堅持する」。この文言もまた日中双方の主張を玉虫色に解釈したものだ。つまり、中国側の主張を法律的には受け入れない一方、日本側が中国側の主張に「理解」と「尊重」を示し、間接的に「一つの中国、一つの台湾」を否定することで、中国側の理解を得ようとしたのである。

共同声明の文面が固まると、いよいよ議論は日台関係の処理に入った。大平外相は、日本政府が「二つの中国」の立場をとらず、「台湾独立運動」を支援する考えはまったくなく、そして、台湾に対して何らの野心も持っていない点を強調した。日本側は、共同声明に調印した後で、日華平和条約の「終了」を発表し、中華民国との断交を行なう考えだった。ただし、台北から大使館を引き揚げた後、民間貿易や文化交流などは維持する。つまり、それまでの日中関係の「政経分離」を逆転させる形で日台関係を継続する考えであった。中国側は日本がこうした措置をとることを最終的に黙認した。
一九七二年九月二九日、田中首相と周恩来首相は共同声明に署名し、日中国交正常化が成立したのである。

4 日中国交正常化の評価

†何が合意されたのか？

日中国交正常化で何が合意されたのか。単純にいえば、安保問題と台湾問題をめぐる「不同意の同意」が成立したといえる。外交交渉では、お互いの主張の違いを残したまま合意に至ることが少なくない。いわゆる「暫定協定」と呼ばれるものだ。日中国交正常化は、まさにその言葉がぴったり当てはまる政治決着であった。

サンフランシスコ平和条約の発効から約二〇年間、中国は日本をアメリカから引き離すことを目指してきたが、ついに実現できなかった。一方、日本も台湾との外交関係を維持したまま中国を承認したいと考えていたが、こちらも実現できなかった。長期間にわたる両国の駆引きを経て、両国がようやくたどりついた結論が前節で見た合意枠組であった。

一方、北京での日中国交正常化交渉を見たとき、細かい点では中国側が多くを譲っていることが分かる。日本側が求めた戦争終結や賠償請求の文言も中国側は受け入れた。また台湾との断交に関する日本側の方式も黙認した。そして、竹入メモの約束通り、中国は日米安保と「台湾条項」についても一切日本側に要求することはなかった。日本側からみれば、台湾との断交を除けば、従来の立場をほとんど変えることなく国交正常化を実現できたといえる。

中国側が譲歩したのは対ソ戦略のために交渉を急いでいたためである。これに対して、日本側には、国内世論の圧力を除けば、国交正常化を早急に実現する必要性はほとんどなかった。だが、そのことは日中国交正常化が、中国側の一方的な譲歩で終わったことを意味しない。法律問題はともかく、日本と台湾との外交関係を断ち切れたことは、台湾独立を怖れる中国にとって大きな外交成果だった。台湾問題をめぐって日本がとった方式は、他の西側諸国の台湾との関係のあり方にも影響を与えた。

また中国の賠償放棄は、日本の政治家や財界人のみならず、多くの日本人の対中国感情にプラスに作用した。国交正常化交渉で中国が示した寛大な姿勢は、日本国内に親中国的な世論を形成するという点で大きな成功を収めたのである。

日中国交正常化における政治決着の本質は、争点の最終的な解決を棚上げして、両国の異なる意見を表面化させるような行動をとらないという暗黙の合意が成立した点にあろう。こうした暗黙の合意は、条約や法律ではなく、周恩来の「言必信、行必果（言えば必ず信じ、行なえば必ず果す）」という言葉に示されるように指導者の信頼関係に支えられていた。両国は相互の見解の相違を認識しながら、国交正常化によって新たな関係に踏み出したのである。

†議論されなかった尖閣問題

一方、国交正常化交渉でそもそも合意が存在したのかをめぐって、今日まで議論になっている争点もある。それは尖閣諸島の領有権問題である。尖閣諸島の領有権の歴史的起源については、日中双方の意見が食い違い対立しているが、はっきりしているのは、一八九五年一月に日本が同諸島を自国領土に編入して以来、戦後のアメリカの施政権下においても、一貫して日本の南西諸島の一部として扱われてきた事実である。

しかし、一九六八年秋に国連アジア極東経済委員会が協力して行なった学術調査で、東シナ海に石油が埋蔵されている可能性が判明した。そのため、一九七〇年代以降、台湾と中国が相次いで尖閣諸島の領有権を主張するようになったのである。

尖閣問題については、日本政府も新たな日中関係の争点になることを懸念していた。しかし、予想に反して、中国側は尖閣問題を国交正常化交渉で持ち出さなかった。日中首脳会談で、「尖閣諸島についてどう思うか？」と先に言及したのは田中首相の方である。田中が尖閣問題に言及したのは、交渉の目処が立った後であり、本格的に議論する気はなかったようである。これに対して、周恩来も「尖閣諸島問題については、今回は話したくない。今、これを話すのはよくない」と議論を避けている。

ところが、後年、中国側は、この時の首脳会談のやりとりを根拠に、尖閣領有権をめぐる日中両国の「棚上げ」が成立していたと主張するようになった。日本側で公開されている会談記録に比べて、中国側の会談記録（原文書は非公開）には、もう少し詳細なやりとりがあったことも中国側関係者の証言で明らかになった。

一方、日本側はそのような「棚上げ」は存在しないと主張し、議論は並行線をたどっている。尖閣諸島を実効支配している日本側にしてみれば、中国側がこの問題を提起しなかったことは、先方が領有権問題を提起しなかったとも解釈し得る。いずれにせよ、国交正常化交渉では、尖閣問題をめぐって基本的な認識すら詰められなかったことは間違いない。そのことが日中両国で大きな対立となるのは二〇〇〇年代に入ってからのことである。

†「一九七二年体制」

国交正常化で成立した日中関係の枠組は、しばしば「一九七二年体制」と呼ばれる。この言葉の定義は論者によって異なるが、広義においては、安保問題、台湾問題、歴史問題をめぐる両国の合意枠組を示すものであるといえよう。

しかし、そもそもこの合意枠組が確固たるものであったかは疑問が残る。日中関係は確かに一九七〇年代から八〇年代までは安定した時代が続いた。ところが、冷戦が終結し、国交正常化に関わった当事者が政治の表舞台を去るなかで、合意枠組の解釈をめぐって食い違いが見られるようになる。さらに台湾をめぐる状況の変化や、中国における世論の台頭によって、「不同意の同意」で処理された争点は再び顕在化し、日中国交正常化の歴史的意義が改めて問い直されるようになるのである。

一九九〇年代に入るとまず、日中合意の核心であった安保問題と台湾問題が揺らぎ始めた。問題が顕在化したのは一九九七年である。前年三月に勃発した台湾海峡ミサイル危機の後に、日米両国が「日米防衛協力のための指針（ガイドライン）」の改定作業を開始すると、台湾海峡が日米安保条約の対象に含まれるのかという議論が再び起こったのである。

日本は、国交正常化における法的立場を根拠に、日米安保条約における「台湾条項」の有効性を主張した。だが、中国は日中国交正常化で「台湾条項」は無効化されたとする見解を示した。そして、新ガイドラインの範囲に台湾海峡が含まれることに強い警戒感を示したのである。中国が「台湾条項」を否定する根拠としたのは、国交正常化交渉における首脳会談のやりとりであった。中国側関係者の証言によれば、周恩来は「安保条約を取り巻く客観情勢が変化した。

『台湾条項』はもはや実用的ではなくなった」と述べ、これに対して田中も「わかった」とだけ答えたという(『朝日新聞』一九九七年八月一五日)。中国側はこのやりとりをもって、日本側が間接的に中国側の要求を受け入れたと解釈するのである。

しかし、尖閣問題と同じく、日本側の外交文書からは中国側の主張を裏づけることはできない。日本側記録に残る周恩来の発言からは「台湾条項」の「失効」に言及した部分は見あたらず、田中が口頭で合意した事実も確認できない。

いずれにせよ、国交正常化交渉において両国が「台湾条項」について込み入った議論を交わした事実はなく、日本側が中国側の主張を受け入れたとするのは無理がある。一九九〇年代後半の「台湾条項」をめぐる論争は、改めて国交正常化交渉の政治決着の持つ曖昧さを浮き彫りにしたのである。

†歴史認識問題

もう一つ国交正常化当時と解釈が大きく変化したのは歴史認識であろう。前述したように、国交正常化に際しての中国の賠償放棄は、日本の政治指導者や世論の対日感情に大きな影響を与えた。

中国が過去の戦争被害に寛大であった背景には、「軍国主義者」と「人民」を区別し、日本

「人民」の負担になる賠償請求をすべきでないとする「二分論」の論理があった。事実、日中共同声明においても、前文において、日本が戦争を通じて中国国民に「重大な損害」を与えたことへの「責任」と「反省」が強調されており、その上で「中日両国国民の友好」のために中国政府が戦争賠償を放棄するという内容が盛り込まれている。中国から見ると、日本の戦争に対する反省と賠償請求放棄は一体のものとして捉えられていたのだ。

ところが、このような論理が日本側にも共有されていたかというと疑問だ。北京において田中首相がスピーチで、過去について「中国人民に迷惑をかけた（添了麻煩）」という言葉を用いたことはよく知られている。田中の「ご迷惑」発言は、彼の失言ではなく、外務省が、国内の親台湾派の反発を配慮して考え出した表現だった。しかし、これに対して、周恩来首相は「戦争のため幾百万の中国人が犠牲になった」と強く反発したのである。

こうした過去の戦争をめぐる認識の食いちがいが表面化するのは一九八〇年代以降である。日本国内で歴史の「見直し」の気運が起こってくると、教科書問題などで中国政府は日本を強く牽制するようになった。また、中国国内でも一九八〇年代末から、日中戦争の損害について対日「民間賠償」の請求を求める動きが起こり始めた。そして、一九九〇年代以降、中国国内で愛国主義教育が盛んになるなかで、過去の歴史をいかに認識するかという問題が日中両国の新たな争点として浮上したのである。

歴史認識をめぐる論争は二〇〇〇年代に入ると一層活発となり、中国側が日本の歴史認識を問題視すれば、日本側も、中国は歴史問題を政治の駆け引きに用いていると反駁する対立が繰り返されることになる。

国交正常化における中国の賠償放棄は、日本の巨額の財政負担を避け、日本人の対中感情を好転させた。しかし、長期的に見れば、日本の「戦後処理」を曖昧な形にしてしまい、日中両国の歴史認識にねじれを残す結果になった。これもまた日中国交正常化が今日に残した課題の一つといえよう。

†日中国交正常化の歴史的意義

最後に日中国交正常化にどのような歴史的意義があるかを論じて本章のまとめとしたい。日中国交正常化は、日本と中国の戦争状態に終止符を打ち、東西冷戦の下で長く続いた「不正常」な関係を解消した。国交正常化で成立した合意の枠組は、以後の日中関係が安定的発展を遂げるためには不可欠であったといえよう。しかし、華やかな日中友好の陰で無視できないのは、国交正常化交渉で本来なら時間をかけて議論されるべきだった問題の多くが、短時間の交渉で政治的に処理されたという現実である。

外交交渉において、お互いに妥協が難しい点を政治的に処理することは珍しいことではない。

だが、日中関係に残された諸争点については、その後も相互の認識が詰められることなく、一般の国民レベルにおいて十分な理解の浸透が図られなかった。長期的に見れば、そのことは日中対立の火種を残す結果になったといえる。

それゆえ、一九九〇年代以降、日中両国で日中国交正常化を批判的に捉えなおす議論も登場してくる。日中国交正常化交渉は、潜在的な争点を多く残したまま妥結されたために、今日もなお異議申し立てがなされる余地を残しているのである。

とはいえ、そのことは日中国交正常化の意義を損なうことにはならないだろう。明治の外交指導者である陸奥宗光は、日清戦争について回顧した『蹇蹇録《けんけんろく》』のなかで、「余は当時何人を以て此局に当らしむるも亦決して他策なかりしを信ぜむと欲す」と綴った。日中国交正常化交渉にあたった外交当局者も陸奥と同じ心情ではなかっただろうか。日中関係の進展を阻んだ数々の争点は、アジアの冷戦構造に直結しており、日中二国間だけでは解決不可能であった。東西冷戦で異なる陣営に分れた日中両国が国交を樹立するためには、まずもって国際構造の転換を待たねばならなかった。そして、交渉においては双方が譲歩すべき点は譲り、決着が図れない争点は後世に委ねる他に選択肢はなかった。互いの指導者への信頼を拠り所として、日中関係の新しい扉は開かれたのである。

さらに詳しく知るための参考文献

石井明／朱建栄／添谷芳秀／林暁光『記録と考証　日中国交正常化・日中平和友好条約締結交渉』（岩波書店、二〇〇三）……日中国交正常化交渉の会談記録や関係者による証言を収録した史料集。編者によって書かれた論文も研究に有用である。

井上正也『日中国交正常化の政治史』（名古屋大学出版会、二〇一〇）……サンフランシスコ平和条約から日中国交正常化に至る日本の対中外交の変遷を明らかにした研究。自民党の派閥政治が日中関係といかに相互連関していたかを分析している。

栗山尚一『戦後日本外交――軌跡と課題』（岩波現代全書、二〇一六）……外務事務次官や駐米大使を歴任した戦後日本を代表する外交官による体験的通史。日中国交正常化交渉当時に条約課長を務めた際の証言が貴重である。

高原明生／服部龍二『日中関係史　一九七二―二〇一二　I政治』（東京大学出版会、二〇一二）……日中国交正常化から民主党政権の誕生まで、約四〇年間の日中関係の重要トピックについて論じた通史。日中関係を規定した国内事情や国際情勢といった諸要因を分析している。

服部龍二『日中国交正常化――田中角栄、大平正芳、官僚たちの挑戦』（中公新書、二〇一一）……豊富な関係者インタビューを基に国交正常化交渉を再現した臨場感ある外交史研究。日中国交正常化を知りたい人が最初に読む入門書として薦めたい。

毛里和子『日中関係――戦後から新時代へ』（岩波新書、二〇〇六）……中国研究の大家による日中両国の大きな構造変動を視野に入れた通史的研究。日中国交正常化の歴史的評価についても詳しい。

第8章 ［西洋政治史］ロシアにおける第二次世界大戦の記憶と国民意識

立石洋子

1 ロシアと第二次世界大戦の記憶

†戦争の記憶と社会

ある国家が、一つの共同体として機能しているのはなぜだろうか。どのような政治指導者も国民に認められなければ、政権を維持することはできない。ときには、政治指導者やある組織が強制力を使って人々を無理やり従わせることもできるかもしれない。しかし、そのような状態を長期間続けることは不可能である。つまり、政治体制の違いにかかわらず、国民意識を人々が共有し、選挙や経済政策など様々な手段で国民の支持を獲得することなしには、国家という共同体を維持することはできないといえる。

そして国家が国民の支持を調達し、国民意識を育てる手段の一つとして重要な役割を担うのが、国家の歴史像である。ある出来事が起こった日を祝日と定めて式典を開催し、記念碑を建てる、歴史教科書で取り上げるなど、国家が様々な手段を用いて特定の歴史の見方を社会に普及させようとすることは、時代を問わず様々な国の事例が示している。

†ソ連・ロシアと戦争の歴史

現在のロシアでは第二次世界大戦、なかでも大祖国戦争と呼ばれる一九四一～四五年の独ソ戦の歴史が国家の自国史像の中心に置かれ、プーチン政権が行なう戦勝記念日の大規模な式典や、大戦期のソ連の評価をめぐる東欧諸国、アメリカなど諸外国との対立が国内外で注目を集めている。戦勝記念日の式典に多くの市民が集《つど》う様子を伝えるマスメディアの報道の多くは、プーチン政権が戦争の記憶を政治的に利用することで愛国主義を広め、国民の支持を獲得し、権威主義的体制の維持に成功していると伝えており、こうした見方は多くの研究にも共有されている。

他方で近年のロシアには、戦争の歴史の政治的・商業的利用に反対し、戦線や銃後で戦争を経験した家族を追悼する私的な祝日として戦勝記念日を祝おうとする市民の活動が存在し、この動きは国外に住むロシア人にも広まっている。さらに戦争を体験した元兵士や市民の情報、日記や回想をインターネット上に残そうとする活動や、戦時中に行方不明となった人々の遺骨の発掘と調査、埋葬に各地で多くのボランティアが参加しているが、こうした活動はあまり注目されていない。

これらの市民の活動は大統領府や政府の政策とは直接の接点を持っておらず、政権による戦争の記憶の政治利用の成果という視点からは理解することができない。さらに、自身や家族の戦争体験を、国家の歴史とは別に個人の経験として次世代に語り継ごうとする元兵士や市民、知識人の活動はすでに開戦直後に始まっており、ソ連時代を通じて続いていたが、このことにも十分な関心が払われてこなかった。

戦時中から続く独ソ戦の経験を語り継ごうとする試みは、ソ連/ロシアの社会にとってどのような意味を持っているのだろうか。本章では、共同体による記憶の共有・継承と国民意識の形成という問題を、ソ連/ロシアと独ソ戦の歴史の事例をもとに考察したい。

2　同時代を記録する——戦時下の資料収集と保存の試み

†独ソ戦とソ連社会

一九四一年六月に始まる独ソ戦は、国民の七〜八人に一人にあたる約二六〇〇万人という莫大な犠牲者を生み出した。また民間人の犠牲者が軍人の犠牲者のおよそ二倍に上ったことは、ほとんどの戦闘が国内で戦われたことを示していた。とくに戦争初期には赤軍は敗退を続け、広大な領土が占領された。こうした状況のなかで戦前のイデオロギー政策は意味を失い、共産党と政府はあらゆる手段を使って国民に戦争への貢献を訴えざるをえなくなった。

絶望的な状況で国民を戦争に動員するには、戦況を率直に国民に伝え、感情に訴える必要があり、一九四一年秋には共産党が発行する『プラウダ』紙も赤軍の退却を報道するようになった。さらに同紙は、家族や友人、祖国のために党や軍指導部の命令ではなく、自らのイニシアティヴで戦線と銃後で活躍する個人の事例を多数紹介した。

†国家と社会

一九四一年七月三日にはスターリンがラジオを通じて、「兄弟よ、姉妹よ！」というそれまでに用いたことのない言葉で国民に呼びかけ、国家を一つの大きな家族と結びつけて祖国防衛を訴えた。こうして、戦時中には公式の言語と私的な言語の差が縮小していった。

数百万の家族が戦争で引き裂かれ、戦場へ行った家族の安否を確認することは困難だった。そのため、モスクワ・ラジオは戦線から送られた兵士の手紙と銃後の家族からの手紙を放送し、家族の再会を叶えようとした。ドイツ軍に約九〇〇日間包囲されたレニングラードでは、情報の不足が市民の不安を増幅させた。そのため、新聞よりも迅速に情報を伝え、より身近な言葉で語るラジオが人々の精神的な支えとなり、市民との感情的な共鳴を生み出した。後に包囲下の生活を回想した詩人オリガ・ベルグゴリツは、公と私の、親密なものと国家的なものの境界が消えたと述べている。

一九三〇年代のソ連では、強制的な農業集団化や大規模な政治的抑圧、少数民族の強制移住が社会に深刻な亀裂を生み、党指導部と公式イデオロギーへの疑問が広まっていた。さらに敵と宣伝されていたドイツと一九三九年に不可侵条約を結んだことも、国民に混乱を広めた。そのため開戦は、必ずしも国家や共産党との一体化や忠誠心を生み出したわけではなかった。元兵士で戦後に作家となったヴィクトル・ネクラソフは、我々は戦争のなかでスターリンをすべて許したと回想しているが、これに対して歴史家ミハイル・ゲフテルは、戦時期には「自発的な脱スターリン化」が起こり、平時よりも自由を感じたと回想している。開戦を公式イデオロギーと政治的抑圧からの解放と捉える感覚は他の多くの回想や文学作品にも表れており、終戦後に戦時期へのノスタルジアを生む要因の一つとなったと言われている。

他方で公式イデオロギーからの解放という感覚が、必ずしも国家との対立を生み出したわけではなかった。開戦時に一四歳だった著名な人権活動家リュドミラ・アレクセーエヴァは、赤軍の退却を伝えるラジオ放送を毎日聴くなかで、赤軍は無敵だと教えてきた両親や教師、講演や歌、映画がすべて間違っていたと初めて理解したと回想している。そのとき、「私は個人として行動しなければならない。我々の指導者は間違った。彼らは私たち、社会を必要としている」と感じた、「それを理解することで私たちは市民になった」と彼女は述べる。

またドイツ軍によるレニングラード封鎖を体験したエルミタージュ美術館の研究員パーヴェル・グプチェフスキーは、九〇〇日間続いた封鎖を次のように回想している。「……たくさんの義務を果たしました。仕事面でも……市民としてもです。もちろん、命令や指図を受けてしていたわけですが、わたしは何かをしなければいけないことを知っていました。そしてその《義務》が、わたしにとっては自由を意味したのです。私の言っていることは荒っぽく聞こえるかもしれません。でも正直なところを話したいのです。実際、そうだったんです。……人生の目的――口はばったく言えば、何か精神的なもの、これまではあまり大したこととも思わず、利用することもなく、実現させることもなかった、何か大きなことを見つけ出そうという、人生の目的が生まれたのです」。つまり戦争は、体制への忠誠心の有無にかかわらず、党の指令に頼ることなく国家や社会のために行動しようとする個人を生み出したのだった。

†作家の活動

開戦後には九〇〇人以上の作家が軍に同行して戦地を取材し、または作品を通じて戦争に協力した。赤軍の新聞『赤い星』紙の記者となったコンスタンチン・シーモノフ、イリヤ・エレンブルグ、ヴァシリー・グロスマン、セルゲイ・スミルノフらは、新聞紙上で国民に祖国防衛を訴えた。彼らの活動は必ずしも党の指令に統制されていたわけではなく、大部分は自発的に行なわれた。例えば戦争の中で作家たちが取り組んだ兵士や市民のインタビューの記録や、手紙と回想の収集、兵士から作家に送られた手紙は現在も公文書館で閲覧することが可能であり、独ソ戦を理解するうえで貴重な一次史料となっている。

また戦時中に発表された文学作品の多くはフィクションの形式で、公式のイデオロギーにとらわれることなく戦争の実態を克明に描いた。独ソ戦に従軍し、戦後文学者となったラザリ・ラザレフは、戦時中に書かれた優れた作品が戦後も読まれ続けたのは、より真実を描くようになったからだと指摘している。

ウクライナ出身のユダヤ人作家グロスマンは、一九四一年九月に母をドイツ軍に殺害されるという経験をしながらも、『赤い星』紙の記者として主要な戦闘のすべてを報道した。彼自身の言葉によれば、重要なのは「戦争の冷酷な真実」を書くことであり、戦時中の彼のノートには赤軍兵士の脱走やソ連市民によるドイツ軍との協力なども記録されている。さらに一九四二年に創設されたユダヤ人反ファシスト委員会には多くの作家が参加し、ユダヤ人虐殺に関する資料を収集した。グロスマンもまた委員会の活動に加わり、ドイツ軍によるユダヤ人虐殺を『旗』誌や反ファシスト委員会の雑誌を通して初めて世界に報道した。さらに委員会はグロスマンやエレンブルグを中心として、ソ連とポーランドでのユダヤ人虐殺の詳細を記した『黒書』を作成した。

†歴史家の活動

開戦後には作家だけでなく、多くの歴史家もパンフレット作成や講演などの形で戦争に協力した。さらにモスクワでは、ソ連の中心的な研究機関である科学アカデミー歴史研究所に所属するイサーク・ミンツの提案で、一九四一年一二月に同研究所に「モスクワ防衛史委員会」が組織された。委員会はモスクワ防衛戦の資料収集と研究を目的とし、アカデミーの研究者のほかに共産党中央委員会の宣伝扇動局長や党の青年組織、赤軍の代表者、主要新聞紙の編集スタッフも参加した。その後委員会は活動の範囲を広げてソ連全土の戦闘の資料を集めるようになり、「大祖国戦争史委員会」へと改称した。例えば一九四三年初頭には歴史家エスフィリ・ゲンキナらがスターリングラードを訪問し、一三〇人の兵士、将校、指揮官らに聞き取り調査を行なっている。

委員会は一九一七年の革命と内戦のさなかに各地で始まった資料収集活動の経験を取り入れ、兵士だけでなくパルチザンや銃後の人々、研究者や芸術家の活動の記録も収集し、戦時下の「生きた人間とその思考、感覚、経験、その役割を示すこと」を目指した。ミンツによればその基本方針は、「困難や不足を隠さず、現実を美化しない」ことにあり、後に「歴史はそれを作った人々によって描かれる」と言えるように大規模な組織を作らず、より多くの社会組織を参加させることを目指した。そのため研究者の側が事前に研究課題を設定することなく、ただ「人々を描くこと」が目標とされた。他の地域でも同様の目的を持った組織が結成されたことから、後にモスクワの委員会が各地の資料収集活動を統括・調整するようになった。

各地の委員会が収集した資料には文書だけでなく、兵士や市民を対象としたインタビューの記録や写真、手紙や日記、ポスターも含まれた。ドイツに占領されたウクライナやベラルーシ、バルト共和国、クリミアでも解放後に資料が集められ、例えばハリコフでは一九四三年一〇月に七七人の住民に占領下の状況について聞き取り調査が行なわれた。委員会が集めた資料はモスクワの国立歴史博物館や中央革命博物館にも提供され、展示に利用された。

博物館と図書館、公文書館の活動

開戦後には各地の博物館や公文書館、図書館でも、戦争の記録を収集し、保存する活動が始まった。例えばモスクワの国立歴史博物館はすでに一九四一年から手紙や写真など、兵士とその家族の資料を収集し始め、一〇月にはモスクワ防衛戦の展示を実施した。その後、スターリングラードの戦いやレニングラード、セヴァストーポリなど他の地域の防衛戦についても資料の収集を開始した。さらに共産党や政府、赤軍が出版する新聞の編集部も、戦線の兵士から送られた手紙を同博物館に提供した。これと同時に、ドイツ軍兵士の手紙や写真、日記なども収集されたという。一九四二〜四五年にはこれらの資料をもとに五〇回以上の展示が実施された。同様の活動は各地に広まり、様々な郷土博物館が地域の大祖国戦争史委員会の支部と協力しながら収集と保存を続けた。大規模な戦闘の舞台となったスターリングラードでは、ドイツ軍との戦闘が一九四三年一月に終わると、すでに三月に独ソ戦の博物館が開設された。

レニングラードでは封鎖開始の直後の一九四一年秋、国立公共図書館の司書が、新聞や配給券など封鎖のなかで出版されたあらゆる印刷物を集めるプロジェクトを開始した。さらに一一月には、市の党組織が住民に日記をつけることを呼びかけ、多くの市民がこれに応えて日記を執筆し、後に公文書館に寄贈した。市当局の戦争準備の不足を批判する記述も二人の日記に見られるが、後に二人とも党の公文書館に自らの日記を寄贈したことから、党や国家への忠誠とその政策への批判は矛盾すると考えられなかったことがわかる。一二月には包囲が続くなかでレニングラード防衛の博物館が開設された。準備作業には最初の六カ月間だけで生徒や兵士、労働者ら二二万人以上が参加したという。展示品の収集と増設は戦後も続き、兵器や軍の文書だけでなく、市民の写真や所有物、飢餓が広まる街の様子も展示された。博物館はエルミタージュに次ぐ人気を集め、一九四九年までに一〇〇万人以上が訪れたという。

一九四二年には各地の公文書館でも、戦争の史料収集を目的とする特別部門が組織された。これらの活動は必ずしも連邦中央の指令によって組織されたわけではなく、例えばカザフ共和国の公文書館職員は歴史研究における戦線の兵士からの手紙の意義を強調し、収集の許可を求める文書をモスクワの文書館に送付している。その後、一九四三年六月にはモスクワで全連邦の歴史家と文書館職員の会議が開催され、独ソ戦に関わる文書を日記や手紙、回想などの個人文書を含めて計画的、体系的に集めることを決定した。

†戦争体験の記録と社会

以上のように、戦争という困難な状況のなかで作家や芸術家、歴史家、図書館司書や博物館、公文書館の職員たち、そして市民と兵士が同時代の出来事を記録しようと試みた。それは国民の戦意を高め、戦争に動員しようとする党指導部の目的にも適合していた。ただ、記憶するべき史実と忘れるべき史実が党指導部によってあらかじめ指示されたわけではない。戦争への貢献や英雄的行為が人々の関心を集めたとしても、グロスマンの「戦争の過酷な真実」という言葉に表されるように、祖国防衛の美しい物語には収まらない事実も同時に記録された。事前に研究計画を設定しないという歴史家たちの大祖国戦争史委員会の活動方針や、レニングラードの市民が党を批判した日記を後に公文書館に寄贈したことからもわかるように、政治的に望ましい事実か否かは収集・保存の基準ではなく、できる限り多くの戦争体験をありのままに次世代に残すことが、これらの活動に加わった人々の共通の目的だったといえる。

3 終戦と大祖国戦争の記憶の統制

†終戦後のソ連社会

終戦直後には独ソ戦について公式見解は存在せず、党・政府は戦争初期の政策の失敗や軍の壊滅的状況、同盟国の協力への感謝にも言及していた。しかし一九四七年頃には、軍アカデミーの研究者の論争にスターリンが介入するなど、次第に公式見解が形成されていった。この時期に提示された公式見解は戦時中の同盟国の協力を一切認めず、平和を追求したソ連に対してドイツと他の諸国がともにソ連を国際社会から孤立させ、戦争に巻き込んだというものであった。また初期の敗戦はあらかじめ計画された軍事作戦の一環であるとし、戦勝は軍や国民ではなく、スターリンと党によって勝ち取られたと主張した。戦線と銃後の悲劇的な状況や、戦争が生んだ莫大な犠牲についても語ることができなくなった。

さらに当局は、ドイツの収容所から生還した国民に疑いを向け、戦争末期には対独協力を疑った少数民族を故郷から追放した。負傷者に対する社会保障も不十分であり、戦争で障害を負った兵士たちは、きわめて困難な生活を送らざるをえなかった。こうして戦後のソ連の政策は、戦争が生み出しつつあった国民の一体感を破壊し、戦勝体験がナショナル・アイデンティティを形成することを妨げたのだった。独ソ戦に従軍し、戦後に作家となったヴャチェスラフ・コンドラチェフによれば、戦線では兵士たちは必要とされていると感じ、自分にしかできないことがあるという感覚を持っていたが、戦争が終わると誰にも必要とされておらず、自分がいなくなっても世の中は何も変わらないと感じるようになった。

一九四七年以降、戦勝記念日は通常の労働日となり、公式の式典は一九六五年まで行なわれなかった。歴史家は公文書の利用を制限され、歴史学の手法で戦争を分析することは困難になった。ユダヤ人反ファシスト委員会が作成した『黒書』も出版を許されなかった。さらに軍将校が執筆した戦争の回想を出版しようとした軍出版所に対して、スターリンは「時期尚早」だとして反対し、これ以降回想を出版することは不可能になった。

†公式の戦争史観との対抗

こうして戦後、戦争体験を自由に語ることは困難となった。しかし公式見解に対する知識人の抵抗も続いた。例えば科学アカデミー歴史研究所が一九四八年に出版した『近現代史論集』に収録されたフィリップ・ノトヴィチの論文は、ミュンヘン協定をイギリス、フランスとドイツの「取引」としてではなく、ドイツへの両国の「降伏」と評価した。さらに協定締結やその後のフランスの対ドイツ政策の動機については、現在入手可能な資料からは確定できないとして断定的な結論を避けたことから、ミュンヘン協定の本質を誤って理解していると批判された。しかしノトヴィチはこの批判を受け入れなかった。本書を審議した会議では、批判を受けたのは「一九四五年に書いた論文が一九四八年に出版された」ためだと発言し、批判の原因は論文の内容ではなく戦後に党の公式見解が変わったことにあると反論した。

歴史研究のように公文書を利用する必要がなく、さらに読者層がより広い文学の領域では戦争体験をもとにした多くの優れた作品が出版され、公式見解を逸脱して批判を受ける作品も現れて議論を呼んだ。例えば一九四八年に『旗』誌に掲載された軍医オリガ・ジグルダの日記は、包囲されたセヴァストーポリから兵士を救助する黒海艦隊の補給・病院船で働いた一九四一〜四二年の経験を記しており、極限的な状況におかれた船内の人々の様子を飾らずに淡々と描いている。

例えば、戦争で妻と子どもを失って性格が変わり、夜も眠らずに船内を歩き回る兵士、妊娠のため船を降りることになった医師と、筆者を含む周りの人々が彼女に向けた冷たい態度、初めて攻撃を受けた瞬間から恐怖で自制心を失い、泣き叫ぶようになった外科部長と彼女に対する兵士たちの中傷、酒浸りになる薬剤師、攻撃を受けるたびに戦時中の恐ろしい体験を語りはじめ、誰も聞いていないにもかかわらず、誰かが死ぬか破滅的な状況に終わる結末まで休みなく語り続ける兵士、神経衰弱から自殺を図る船長、仮病を使って戦場を離れた二人の兵士と、彼らは銃殺されるか懲罰部隊に入れられると聞いたことなどである。

これに対して一九四八年五月の『文学新聞』紙には、周囲の人々に何一つ長所を見出さず、彼らの戦争への貢献を否定しているという批判が掲載された。しかし、この批判に賛同した読者は少なかった。同月にはソ連作家同盟が作品を審議する会議を開いたが、出席者たちは作品が現実を美化せずに描いたことを評価した。例えばある少将は自身の経験から作品は真実だと主張し、パルチザンの指導者として独ソ戦を戦い、戦後著名な作家となったピョートル・ヴェルシゴラも、作品を支持する多くの読者の手紙が『旗』誌編集部や作家同盟に届いていることを紹介し、作品が社会の支持を広く集めていることを強調した。

†戦争体験の継承とソ連の社会

一九五三年にスターリンが死ぬと、公式の戦争史観を再検討しようとする動きがソ連の社会に広まった。歴史研究の分野では一九五五年に『歴史の諸問題』誌編集部が、銃後の人々の貢献や、赤軍指導者の功績の研究が不足しているとして研究状況を批判する巻頭論文を掲載した。さらに編集部は公文書の公開を要求するとともに、戦争体験の回想を出版すべきだと主張した。これに加えて、戦争初期の敗北をあらかじめ計画されていたかのように描く歴史家がいるとも批判し、終戦後に形成された公式史観を否定した。史料研究の分野では、戦時中に兵士が家族や新聞編集部などに送った手紙や回想などの個人文書を歴史研究にいかに利用すべきかという問題をテーマとする論文が現れ、戦時中の資料収集活動や、その活動で各文書館にどのような資料が保存されたのかを調査した論文も発表され始めた。

一九五六年の第二〇回ソ連共産党大会では、党中央委員会第一書記フルシチョフが秘密報告を行ない、一九三〇年代の赤軍指導者の処刑やドイツ軍侵攻を予期できなかったこと、軍事作戦の失敗を批判し、戦勝はスターリンではなく党や軍、国民の貢献によって獲得されたという見解を示した。これ以降、戦争体験を語り、保存しようとする知識人や軍人、元兵士、市民の動きはさらに拡大していった。軍指揮官やパルチザン、ドイツの収容所から帰還した人々の回想が次々と出版され、さらに一般の兵士と市民の戦争体験も文学作品や映画、ラジオ、テレビなどのテーマとして様々な形で取り上げられた。一九五〇年代末には高位の軍人の回想も出版され始め、初期の赤軍の敗北がより詳細に描かれるようになり、退却は作戦の一部ではなく、ドイツ軍との軍事力の差から余儀なくされたという見解が提示され、退却の際の混乱も明らかにされた。

このような現象について文学者ラザレフは、第二〇回党大会の精神的な基盤を生み出したのは、戦争初期の「自発的な脱スターリン化」だと指摘している。ラジオやテレビでも、戦争をテーマとする番組が人気を集めた。例えば一九五六年七月には、ベラルーシのブレスト要塞防衛戦を戦った兵士を探すラジオ番組の放送が始まった。番組の進行は戦時中に従軍記者として活躍した作家スミルノフが務め、元兵士から一〇〇〇を超える情報が寄せられた。番組は一九六〇年代にはテレビ番組となり、ベラルーシだけでなく全国の元兵士の情報を視聴者に伝えた。文学の分野では従軍経験を持つ作家たちが次々と作品を発表し、激しい論争を呼んだ。この時期に発表された戦争文学の共通点は、戦勝は国民の犠牲によって勝ち取られたのであり、スターリンを中心とする党指導部の政策に犠牲を払ったのも国民であるという確信にあった。

†独ソ戦の歴史と愛国主義の育成

こうしてスターリン死後には多くの人が戦争体験を再び語り始めたが、すべての真実を自由に語れるようになったわけではなかった。例えば、知識人や芸術家からはスターリン体制とナチ・ドイツの類似性を指摘する声や、ユダヤ人虐殺の実態を明らかにし、記録すべきだとの声が上がったが、これらの問題を公の場で議論することは検閲などの手段で禁じられた。

一九六四年にブレジネフが共産党の指導者となると、独ソ戦の歴史を新たな愛国主義の源泉にしようとする政策が次々と実行された。一九六五年には戦勝記念日が祝日となり、赤の広場で初めて軍事パレードが行なわれ、テレビとラジオでは戦没者に捧げる黙禱が放送された。翌年一二月にはクレムリンのアレクサンドロフ庭園に無名戦士の墓が建設された。ただ、ブレジネフとその支持者はスターリンを再評価しようとしたわけではなく、戦勝はスターリンではなく、戦争を経験したすべての国民が勝ち取ったものであると強調し続けた。終戦後のように戦争の回想の出版が禁じられることはなく、回想の出版を管轄する軍出版所編集部の判断で検閲が行なわれた。他の出版社が回想を出版するには、防衛相の政治総局に置かれた特別委員会の承認が必要とされ、初期の赤軍の壊滅的敗北とその原因など、いくつかのテーマについては語ることが不可能になった。

こうして一九七〇年代には、戦争の歴史が共産党・政府の愛国主義育成政策の中心におかれ、軍出版所による検閲が行なわれたが、それにもかかわらず、数多くの元兵士や市民、知識人が戦争の回想を出版し、真実をより妥協なく語るようになっていった。この時期に出版された回想やインタビュー、日記には、一つ一つの経験の一般化や分析を目的とするものはほぼ存在せず、その多様性をそのまま示していた。つまり、戦時中の歴史家や作家、図書館司書、博物館や公文書館の職員たちの活動の目的がこの時代にも共有されていたということができる。

例えばレニングラードでは、独ソ戦に従軍した作家・文学者のアレーシ・アダモービチ、ダニール・グラーニンの編集により、封鎖を体験した人々へのインタビューや回想、当時の日記を収録した書籍が一九七九年に出版され（アダモービチ／グラーニン『ドキュメント 封鎖・飢餓・人間』）、それまで省略され、簡略化されていた過酷な経験を詳細に記したことで社会的議論を呼んだ。そして一九七〇年代後半から一九八〇年代初頭に出版された他の多くの回想も、飢餓や家族間での食料の奪い合い、育児放棄など、スターリンの晩年には語ることのできなかった封鎖のなかの悲劇的体験を語っていた。

4 ソ連の解体と独ソ戦の記憶の継承

†ロシアにおける独ソ戦の記憶

一九八〇年代後半に大規模な政治改革が始まると、検閲はなくなり、戦争を自由に語ることができるようになった。それにより、一九三九年にドイツとの間で締結された独ソ不可侵条約の秘密議定書、多数のポーランド人将校をソ連が虐殺したカティンの森事件など、それまで国民が知り得なかった多くの史実が明らかとなり、ブレジネフ期に築かれた公式の戦争史観は大きく変化していった。一九九一年の体制転換を経て独立した現在のロシアでは、第二次世界大戦期の党・政府の政策やソ連体制そのものについて、様々な評価が存在している。そして近年ではプーチン政権が、愛国主義の育成のためにブレジネフ期の戦勝記念式典を積極的に取り入れ、戦争の歴史を利用していることが国内外の注目を集めている。

他方で、国家ではなく個人の歴史として戦争体験を語り継ごうとする市民の活動は、ソ連解体後のロシアにも継承されている。そのひとつは、戦争を体験した元兵士と市民の情報を国内外で集め、それを当時の日記や回想などとともに記録するウェブサイトを開設する活動の広まりである。この背景には、戦争を体験した世代が少なくなるなかで、生きた記憶が消滅するのではないかという危惧が存在している。例えば、二〇〇〇年に開設されたwww.iremember.ruは元兵士の回想を修正を加えることなく掲載しており、ここにはスターリン体制の政策の犠牲になった家族の物語や、戦時中に対独協力を疑われ、故郷を追放された少数民族に触れたものも多い。また同様の目的で終戦六〇周年を記念して作られたpobediteli.ruの創設者は、この活動が政治とは無関係に市民のイニシアティヴで始まったことを強調している。

激しい戦闘の舞台となったボルゴグラード（旧スターリングラード）では二〇一二年から二〇一五年にかけて、ボルゴグラード国立大学や地域の科学アカデミー支部の研究者と学生によって、戦争を幼少期に体験した人々を対象とするインタビュー調査が実施され、資料集として出版された。ソ連時代に出版された戦争体験の記録と同様に、この資料集も家族の死や育児放棄、戦後も癒されることのなかった病気や怪我、トラウマと生活苦など、子どもの目から見た戦争の現実を語る多くの証言を掲載している。そして、これらの活動と同時に、戦時中に消息を絶った家族の遺骨を探し、埋葬する活動も、各地の市民団体や元兵士協会、ボランティアの調査員、博物館職員などの協力を得ながら続いている。

†「不滅の連隊」と戦争の歴史の政治利用への反発

二〇一二年にトムスクの三人のジャーナリストが始めた「不滅の連隊」も、国家ではなく家族の歴史として戦争体験を保存する試みである。この運動は戦勝記念日に市民が集い、戦争に参加した家族の写真を掲げて行進するという儀式に加えて、ウェブサイトを開設し、全国から元兵士や市民の戦争体験を集め、保存する活動を続けている。創設者の一人であるセルゲイ・ラペンコフによれば、儀式の目的は戦争の歴史を政治的・商業的に利用することに反対し、戦争を経験した家族を思う私的な祝日として戦勝記念日を祝うことにあった。行進への参加の条件は、手に持つのは政治指導者や軍の指揮官ではなく、自分の家族の写真でなければならないという決まりのみである。

戦争に参加した家族や友人の写真を掲げるという儀式は「不滅の連隊」が考案したものではなく、前例があった。ソ連の公式の記念日として初めて戦勝記念日が祝われた一九六五年、ノヴォシビルスクで子どもたちが従軍した兵士の写真を掲げて街を歩き、一九八六年にはソリカムスクで女性たちが夫や兄弟、子どもたちの写真を掲げて行進した。その後セヴァストーポリやウファ、エルサレムでも同様の儀式が行なわれ、モスクワでは元兵士たちがボリショイ劇場に集まり、ともに戦った兵士たちの写真を掲げるという式典を開催した。

2017年の戦勝記念日に行なわれた「不滅の連隊」の行進（モスクワ、毎日新聞社提供）

「不滅の連隊」はこれらの活動から着想を得て始まり、近年ではロシアだけでなく国外に住むロシア人も参加している。これに対して、創始者の意図に反して企業や政治家、官僚との結びつきをより強めようとする動きも起こり、トムスクで始まった運動とは別に同名の「不滅の連帯」運動も組織されている。これについてラペンコフはプーチン大統領に宛てて、「運動の官僚化と官製の愛国主義による支配」を批判し、金銭や出世のために運動が利用されていると訴えたが、回答はなかったという。こうした動きへの批判は、ラペンコフを中心とする運動の発案者だけでなく、フェイスブックなどのSNSへの投稿にも広まっている。

†社会による記憶の継承

独ソ戦期のソ連社会には、自発的な「脱スターリン化」や戦後の自由化への期待、自分が必要とされているという感覚、自律的な市民として国家と社会に貢献することへの意欲など、開戦前には存在しなかった様々な感情が生まれつつあった。これらの感情は、戦争の記憶をできる限り保存し、次世代に伝えようとする資料収集や日記の執筆と公文書館への寄贈などの活動へと展開していった。しかし、終戦後には戦争体験を自由に語ることが禁じられ、戦時中へのノスタルジアとともに、自らの体験を真実のままに語りたいという願望が社会に広まった。この願望は検閲にもかかわらず、芸術家や知識人の創作・研究活動、図書館司書、博物館や公文書館の職員の活動、そして元兵士や市民の回想執筆を通じて受け継がれた。これらの活動はその多様性にもかかわらず、個人の戦争体験を一般化することなく記録するという目的を共有していた。こうして戦後には、戦争体験を否定的側面も含めてありのままに語ることが、世代を超えて目指された。

他方で強姦や飢餓と食人といった戦時下のきわめて過酷な経験は、国家による検閲の有無にかかわらず、本人が口を閉ざす、あるいは本人が語ろうとしても、それを家族の体験として聞くことに若い世代が苦痛を感じ、話を聞こうとしないという事例があることもソ連／ロシアの経験は示している。レニングラード封鎖を体験した市民にインタビュー調査を行なった作家アダモービチとグラーニンは、世代間で何かが継承されるときには、新しい世代も前の世代が体験した話に耳を傾け、それを理解する義務を負うと言う。そのうえで、調査のなかで知った食人行為を公開する権利が自らに存在するのかという道徳的問題に直面したと回想している。つまり、ソ連／ロシアにおける独ソ戦の歴史は、国家が一方的に作り上げた偽りの神話ではなく、個人や家族、社会が継承する記憶との相互作用によって形成され、今も形成されているのである。

†戦争の記憶と市民社会

戦争を個人の体験として語り継ごうとする試みは、今後も公式の戦争史観の構築の試みと連動しながら、ときにはそれを利用し、ときには緊張や対立を抱えながら、途絶えることなく続くだろう。集団的記憶に関する近年の研究は、社会が歴史認識を共有することには、国民意識や愛国主義を普及させるという政治的機能だけでなく、災害や内戦、戦争といった過酷な体験を次世代に伝え、将来の被害を最小限にとどめるという役割があることを示している。さらに悲惨な体験の記憶を社会が共有することで、一人一人の悲しみを癒し、悲劇を二度と繰り返してはならないという責任の意識を育て、共同体としてのアイデンティティと帰属意識を生むとも指摘されている。
ソ連で多くの人々が終戦後も戦争体験に関心を持ち続け、ときには公式の戦争史観から逸脱しながらその歴史を次世代に継承する活動に携わってきた背景には、戦争が社会に生み出した自由の感覚や、国家と社会に自発的に貢献する市民としての感覚が存在した。つまりソ連では、独ソ戦の歴史を世代を超えて共有しようとする様々な試みが市民社会の萌芽を生み出したのであり、それが体制転換を経て現在のロシアの社会にも受け継がれているといえるだろう。

さらに詳しく知るための参考文献

アレーシ・アダモービチ／ダニール・グラーニン『ドキュメント　封鎖・飢餓・人間――一九四一―一九四四年のレニングラード』上・下、宮下トモ子他訳（新時代社、一九八六）……封鎖下のレニングラードを生きた人々へのインタビューや当時の住民の日記、回想を収録し、当時の状況を市民の目から明らかにしようとした作品。原著の出版は一九七九年。

キャサリン・メリデール『イワンの戦争――赤軍兵士の記録　一九三九―四五』松島芳彦訳（白水社、二〇一二）……共産党・政府、赤軍などの公文書に加えて、手紙や日記、回想、インタビュー調査なども用いて、独ソ戦を生きた兵士たちの実像を分析した研究。

スヴェトラーナ・アレクシエーヴィチ『戦争は女の顔をしていない』三浦みどり訳（群像社、二〇〇八／岩波現代文庫、二〇一六）……独ソ戦を兵士やパルチザンとして戦った五〇〇人以上の女性へのインタビューをもとに書かれた作品。原著は一九八四年から複数の雑誌に発表された。

スヴェトラーナ・アレクシエーヴィチ『ボタン穴から見た戦争――白ロシアの子供たちの証言』三浦みどり訳（群像社、二〇〇〇／岩波現代文庫、二〇一六）……独ソ戦を子ども時代に経験したベラルーシの人々一〇一人へのインタビューを収録した作品。一九八五年に雑誌に発表された後に単行本となり、何度も版を重ねている。

立石洋子『国民統合と歴史学――スターリン期ソ連における『国民史』論争』（学術出版会、二〇一一）……一九三〇～五〇年代初頭の歴史家の議論をもとに、独ソ戦がソ連の自国史像に与えた影響を明らかにした研究。

Ⅲ

比較と地域

第9章［比較福祉政治］生活保障システムを比較する

今井貴子

1　産業構造の転換と「ちびだら飲み」コーヒー

†人々の働き方が変わった

「ちびだら飲み」という言葉にふれたことがあるだろうか。通勤途中に購入したペットボトル入りコーヒー飲料を少しずつ（「ちびちび」）何時間もかけて（「だらだら」）飲むことをさす造語である。ペットボトル入りが登場したのは二〇一七年、大手飲料メーカーが開発したコーヒー飲料の概念を覆す画期的な新商品だった。さっぱりした風味は、時間が経っても損なわれない。発売直後から品切れが続出するほどのヒット商品となり、競合他社もこぞって新たな市場に参入した（『朝日新聞』二〇一七年五月二四日、二〇一八年五月八日）。

それまで圧倒的に多かった味の濃い缶入りは、近年売り上げが伸び悩んでいた。なぜか。飲料品メーカーがたどり着いた答えは、人々の働き方が変わったから、であった。

缶入りコーヒーが爆発的に売れた一九九〇年代初頭には、工場や建設現場の短い休み時間にコーヒーを一気に飲んで気分転換をはかり、また一斉に職場に戻るというのが、典型的な働き方の一つであった。

ところが、一九九〇年代半ば以降、製造業・建築業の就業者数ははっきりと減少に転じ、情報・サービス業にかかわる人々が急増した（図1）。彼らは勤務時間中、机上のパソコンに向かいコーヒーをかたわらにおいて「ちびだら飲み」をする。缶入りよりもペットボトルの方が合理的だ。いつ開栓してもすっきりとした味で気分転換できれば助かる。産業構造の転換に適合せんとしたマーケティングの一例である。

†新しい社会的リスクの浮上

コーヒーの消費のされ方の移り変わりは、経済・社会の大きな変化を象徴的に映し出している。じっさい、後述するように、一九九〇年代の工業中心経済からサービス経済への転換は、日々の行動パタンそのものにかかわる働き方の趨勢を根本から変容させた。

こうした変化は、それまでは当たり前のようにみなされていた男性中心の安定した職業生活

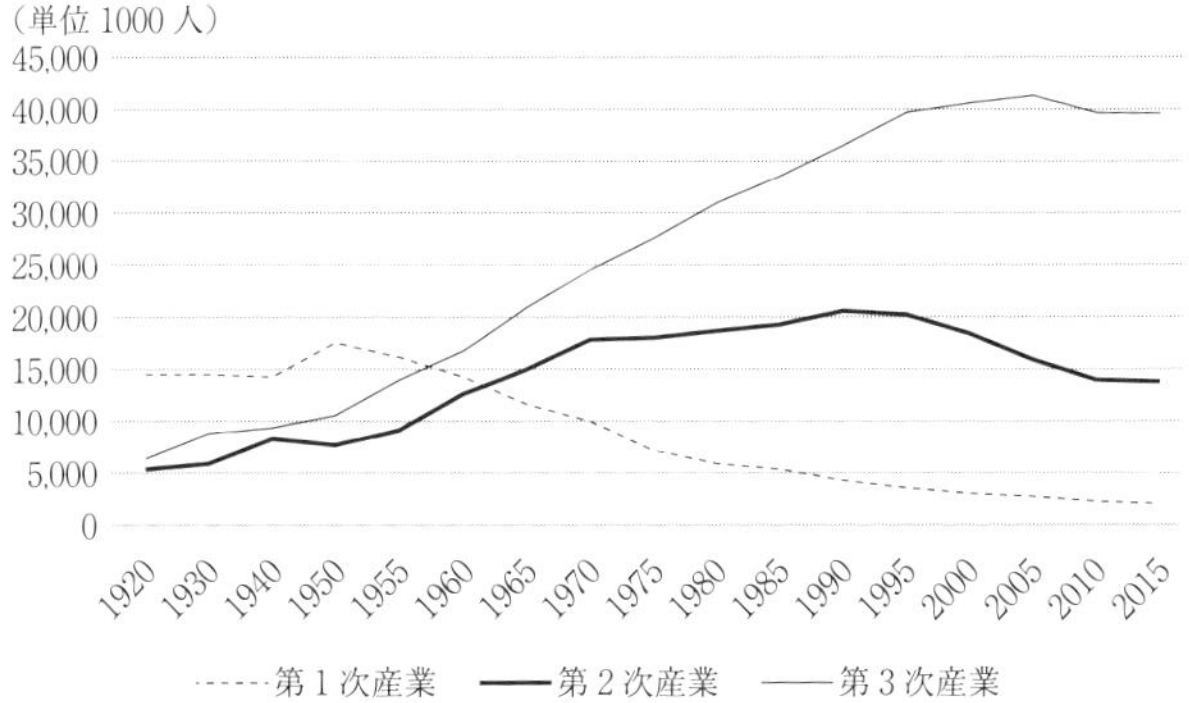

図1　産業3部門における就業人口数の推移（1920-2015年）
出典：総務省統計局『国勢調査報告』をもとに筆者作成。
注：各年 10 月 1 日現在の 15 歳以上人口。沖縄県を含む。分類不能の産業を含む。外国人を除く。産業 3 大部門の区分は次のとおり。第 1 次産業：農業、林業、漁業。第 2 次産業：鉱業、採石業、砂利採取業、建設業、製造業。第 3 次産業：電気・ガス・熱供給・水道業、運輸業、郵便業、情報通信業、卸売業、小売業、金融業、保険業、不動産業、物品賃貸業、サービス業、公務。

を前提として設計されていた社会保障（社会保険・公的扶助・社会手当、公共サービス）のあり方にも重大な見直しを迫った。日本で不安定雇用、ワーキングプアなどによる現役世代の生活不安や困窮、子育て支援の不足、そして社会の少子高齢化が本格的な政治問題として浮上したのは、一九九〇年代後半からである。背景には、雇用や家族の変化が生み出す新しいリスクに対して、これまでのセーフティネットが機能し得なくなったことがある。新たな社会的リスクに対処するにはどのような「福祉」がもとめられるのか。本章は比較福祉政治ことはじめとして、その手がかりを提供したい。

2「世界」の違いと比較の枠組み

そもそも比較福祉政治とは、生活保障がもたらす「世界」のあり方とそれを形作る政治を取り上げ、その多様性と共通点を比較する学問領域である（宮本二〇〇八）。ここでいう生活保障とは、人々のライフコースを通じたリスク管理にかかわる保障体系をさし、雇用と社会保障の相互作用によって成り立つ。雇用保障とは、雇用を創出し、維持、拡大させる諸政策であり、社会保障は、社会保険、社会手当、公的扶助、社会サービスの総体をさす。これらの二つの領域が織りなす政策体系は、広く福祉国家として論じられてきた。本章では、一連の生活保障を提供する主体が必ずしも国家だけに限らず、「世界」によっては市場や家族もまた大きな役割を担っているため、生活保障制度という言葉を用いることとする。

†福祉レジーム類型論

「世界」を特徴づける生活保障システムは、各国特有の歴史・社会的な背景を反映しつつ、多様な利益を調整しながら民主的な手続きによって形成され、発展、変容してきた。この「世界」の多様性を比較するうえで画期となったのが、エスピン－アンデルセンが提示した福祉レジーム類型論である。福祉レジームとは、「福祉が生産され、それが国家、市場、家族の間に配分される総合的なあり方」と定義される（エスピン－アンデルセン二〇〇一）。傷病手当、年金、育児支援、介護サービスといった現金給付や社会サービスを提供するのは、国家（政府）ばかりではもちろんない。国家のほか、市場や共同体（家族・社会集団）もまたその機能を担っている。だからこそ、どの主体による供給に比重がおかれているのかという視点が欠かせないのである。

具体的には、①公的な社会保障制度、②私的保険、企業福祉、民間サービス、③家族や地域、社会集団などの共同体によって担われる福祉が、どのように組み合わさっているかという視点から「世界」の異同を読み解く（宮本二〇〇七）。エスピン－アンデルセンが重視するのは、これら広い意味での福祉の供給と労働市場との連携形態である。なぜなら、どのような雇用政策が採られるのかは、他の政策領域を強く規定するからである。次にみる比較のための三つの指標を用いるさいも、労働市場と福祉の関係性が念頭におかれている。

†比較の指標

「世界」の比較には、脱商品化、階層化、脱家族（主義）化という三つの指標が用いられる。

脱商品化とは、人々が自由に、また、仕事や所得あるいは一般的な厚生を失うおそれなく、必要と認めたさいに、労働から離れることができる程度をさす。人が労働市場に参加して賃金を得る状態は、自らを商品化していると捉えられる。だからといっていつもその状態を十全に保てるわけでは必ずしもない。身体や心の病になることもあるし、失業することもある。決められた年齢に達すれば退職する。そうして働くことで定期的な収入を得ることができなくなったとしても、生活に困らない程度の所得を受け取ることが権利として認められているかどうかを測る指標が、脱商品化である。具体的には、年金、傷病手当、出産・育児手当などの現金給付について、従前の給与に対する置換率、受給資格要件の厳格さの度合い、適用対象者の広さなどから判断される（鎮目・近藤二〇一三）。

次に階層化とは、職種や社会的地位に応じた給付やサービスの違いや、人々が受ける福祉に差がなく平等であるのか否か等をみる。要するに、それぞれのレジームがどのような社会的連帯のもとに構築されているかを測る指標である。福祉というと、ともすれば平等な社会を目指すことをまずもって重視する営為だと考えられがちだが、むしろ「不平等な構造に介入しこれを是正し得るメカニズムであるばかりでなく、それ自体が階層化（社会関係における差異の維持・顕在化）の制度となり得る」のである（エスピン－アンデルセン二〇〇一）。いうなれば、社会政策は特定の差異が可視化されることを積極的に促すことがある。例えば、一定の所得や資産以下の人だけに支給対象を絞ると、公的福祉を受給している人々と、そうでない人々の間にははっきりとした線引きがなされ、社会に二重構造が生みだされる。

三つ目の脱家族（主義）化は、ジェンダー視点からの批判に応じ、新たに導入された概念である。この指標では家族（とくに女性）の福祉やケアに関する負担が、国家からの給付ないしは市場を通じた供給によってどれだけ軽減されているかをみる。とりわけ男女間の役割分業が定着している社会では、男性は稼ぎ主、女性は家庭内での無償の家事とケア労働の担い手たることが期待され、社会保障制度や税制がそれを促すように設計される。このように、家事とケア労働の担い手を第一義的に家族とすることには、特定の家族観が介在していると考えられる。そこで、保育や介護といった家族支援の充実度から、女性の自律的選択の自由がどの程度保障されているかを測るのがこの指標である。

†「世界」を形成する政治ダイナミズム

さて、「世界」の違いが生じた背景を読み解くうえで、社会における政治勢力と代表制のあり方が問われる。ここで着目されるのが、どのような社会勢力が、どのタイミングで、いかにして政治的ヘゲモニーを握ったかという政治ダイナミズムである（田中二〇一七）。民主政治を前提とするならば、生活保障制度の形成にかかわっていかなるインプットがなされ、いかなるアウトプットに帰結するかが焦点となる。福祉国家形成期の政治力学を説明するうえでもっとも有力とされている説明枠組みが、権力資源動員論である。

権力資源動員論は、形成期に社会における有力な存在となった労働者階級の人々が、どのように自らの利益を政党という政治アクターをつうじて議会での影響力を行使したのかに着目する。福祉国家形成期でとくに重視されるのが、一九世紀後半以降の労働者の組織率や左派政党の議会の影響力（議席占有率、政権担当期間）である（鎮目・近藤二〇一七）。

もっとも権力資源動員論に対しては、公的生活保障の制度化を促すその他の政治的インセティヴ、すなわち社会政策自体がもつ財政・景気の安定化効果（ビルトイン・スタビライザー効果）や政治家の手柄争いにおける集票効果を考慮に入れる必要があるとする根強い批判もある。

3 三つの「世界」の違い

†自由主義レジームと保守主義レジーム

上記の三つの指標を用いて各国の生活保障体系をタイプ別に類型化すると、自由主義レジーム、保守主義レジーム、社会民主主義レジームという三つの「世界」が立ち現れる（エスピン－アンデルセン二〇〇一）。

自由主義レジームは、労働運動が弱い中で形成された市場主義に依存する傾向の強いレジームで、典型例はアメリカである。国家による最低限の社会保険プラン、市場における能力に応じた福祉、つまり企業内福祉や民間サービスの利用が中心であり、脱商品化の度合いは低い。女性の労働参加を妨げる障壁が相対的に低く、女性は民間の安価なケア・サービスを利用することで労働市場に参入しやすい。国家福祉は資力調査を経た困窮者のみに限定され、公的給付を受ける者とそうでない者との間に二重構造を生みだす。

保守主義レジームには、労働運動の強さは中程度で、キリスト教民主主義を掲げる保守勢力が強かったドイツ等が含まれる。最も重視される福祉供給主体は、家族と職域ベースの社会集団である。社会保険では、国家公務員をはじめとして職域ごとに複数の制度が分立して構成されているため、職業的地位による格差が温存されやすい。男性が一家の稼ぎ手であることが想定され、彼らの雇用と所得を安定させることに最大の眼目がおかれる。そのため、所得保障は手厚く脱商品化の度合いは高い。はっきりとした男女ジェンダー分業があり、女性の労働力率は低い。大陸ヨーロッパ諸国、なかでもドイツのほか、フランス、オランダが挙げられる。

†社会民主主義レジーム

社会民主主義レジームは、高い組織率を背景にした強力な労働運動が左派政党を政権に押し上げた諸国にみられる。代表例であるスウェーデンでは、左派政党が中間層からの支持獲得にも成功し、一党優位の長期政権を維持した。政府が供給する公的な福祉が中心である。全ての市民を対象にした普遍主義の原則、従前の所得に応じた給付を保障する業績主義の原則、男女ともに労働参加率を極大化する就労原則を柱としている。階層化の程度は低く、給付水準は高く受給要件のハードルが低いため高い脱商品化が実現されている。家族政策を充実させることで女性の労働参加を奨励しており、脱家族化の度合いも高い。人々の就労には積極的な支援制度が整備され、雇用創出策よりも労働移動によって完全雇用を実現する政策にいち早く転換した歴史がある。

日本はこれらのうち、労働主義が強く脱商品化の度合いが低い自由主義レジームの側面と、家族主義の度合いが強い保守主義レジームの側面とを併せ持っている。つまり、自助を重んじる労働市場と家族への依存度が高い「世界」なのである。

4 戦後福祉レジームの揺らぎ

多様な福祉資本主義は、程度の差こそあれ一九六〇年代に「黄金時代」を迎えた。経済成長が社会に豊かさをもたらし、政府による社会支出額は、目覚ましい拡大をみせた。第二次大戦後、スウェーデンをのぞくほとんどの国で、ケインズ主義的な経済運営策が採用されたことも大きく作用した。イギリスや日本など、政府による需要喚起策による完全雇用の保障は、社会保険をセーフティネットの主軸とした国では有効に機能した。じつは、レジームごとの本質的な違いが顕在化したのは、その後の低成長時代に入ってからのことであった。

とくに、一国内で完結する産業政策や公共投資によって、男性稼ぎ主の終身にわたる雇用と、家族を養うに足る賃金を保障することで社会保険などのセーフティネットを組立てていた国では、二〇世紀後半以降の雇用の安定性が覆るような経済・社会構造の転換への対応力の弱さがきわだった。

一九七三年のオイルショックに端を発する経済危機のさなか、犯人として名指しされたのが戦後福祉国家という「大きな政府」であった。それが先鋭化した政治論争として現れたのが、国際通貨基金(IMF)から借款を受けるほどの財政危機を経験したイギリスと、アメリカであった。ネオ・リベラリズムを信奉するサッチャー保守党政権とレーガン共和党政権の成立は、時代の「潮目」をかえた。アメリカよりも相対的に公的生活保障を充実させていたイギリスでは、イデオロギー的な動機も手伝って、完全雇用と手厚い福祉国家はもはや政府責任の範疇ではないとはっきりと宣言されたのであった。

†転換の圧力・制度の抵抗

もっとも、一九八〇年代以降の政策枠組みに強い影響を与えたネオ・リベラリズムというアイディアは、そのまますんなりと政策化されたわけではなかった。それというのも、いったん形成され、発展した生活保障制度は、その国の政治、経済、社会の構造と機能を強く枠づけると同時に、制度を利用する人々の間に巨大な受益者集団を生み出し、変化を阻むからである。受益者意識を抱く人々は、制度の変更、なかでも削減に対しては強く抵抗する。例えば年金一つとっても、それを削減しようものなら、退職後の受給をあてにして生活設計をしてきた膨大な数の有権者の抵抗にあうことは容易に想像できるだろう。この抵抗力の度合いとそれを受ける政治システムのあり方が、制度改革の容易さや困難さを左右する。このような歴史的因果関係に着目した認識枠組みは、制度の経路依存性と呼ばれる。一例をあげると、イギリスのサッチャー首相は、窓口負担無料の公的医療サービス（ＮＨＳ）を民営化するという野心を抱いていたが、世代を超えた国民的な反対を前に、これを断念せざるを得なかった。

しかしそれでもなお、とりわけ福祉国家を経済効率の阻害要因とみなしたサッチャー政権下のイギリスでは、ネオ・リベラリズムにもとづく福祉の削減が大胆に進められたことは間違いなく、結果的に、急激な格差拡大が生じた。完全雇用から労働市場の規制緩和へ。雇用政策の抜本的転換は、政治的運動ばかりでなく、グローバル化と国内産業の脱工業化という大状況の変化によって加速していく。そこで問題化したのが、新しい社会的リスクである。ここで一旦、グローバル化、脱工業化、そして新しい社会的リスクについて手短かに説明しておこう。

†経済のグローバル化

まず経済のグローバル化である。グローバル化とは、資金・商品（物・サービス）・人／集団・インターネットの普及などによる情報の国境をこえた移動が活発化し、それによって生じる地球規模での政治、社会、文化に及ぶ相互依存性の増大と統合の進展をいう。具体的には、物やサービスの移動にさいして、関税をはじめとした貿易障壁の軽減や撤廃による貿易取引の増大、あるいは規制緩和による直接投資や国際資本取引の増加などである。生産工程もグローバル化し、一つの製品の研究開発、マーケティング、製造、流通が各国間で分業されることで、多国間の経済的相互依存関係がますます強まった。これをグローバル・ヴァリュー・チェインと呼ぶ。

グローバル化の進展は、国境を前提にしたナショナルな政府による自律的な雇用政策の遂行を困難にした。一方、経済競争力を保つうえで労務費を抑制しようとする企業は、労働市場の規制緩和（柔軟化）を支持し、非正規雇用が拡大した。不熟練労働者を含めた雇用の受け皿であったはずの生産拠点も、より安い人件費をもとめて海外移転が進んだ。小売業での自営業、中小零細企業への保護政策撤廃も手伝って、国内の安定雇用は急速に減少していった。安定雇用という従来の生活保障の基盤は、グローバル化によって大きく動揺したのである。

†脱工業経済の到来

グローバル化は一国の生活保障のあり方に大きな影響を与えた外生的要因であったわけだが、国内においても、従来の前提を揺るがす変化が生じていた。新たな経済の中心となったサービス産業は、工業経済における現業労働のように、低技能労働者や教育年数の短い不熟練労働者に対して安定的な賃労働を供給しない。むしろ職種間の生産性や労働者の技能によって、従来以上に労働市場の流動化、分極化、格差の固定化を生みやすい。

この点について少し詳しくみていこう。サービス産業は、社会サービス（医療、教育、福祉）、対人サービス（レジャー、飲食業等）、生産者サービス（ビジネス、金融、保険、不動産）に分けられる。このうち高技能職や専門的職業は、生産性が高く、賃金も高水準である。これに対して、対人サービスや社会サービスは、労働集約的（労働の投入率が高い）であるが概して生産性が低い。近年、低賃金や不安定雇用問題が先鋭化しているのはこの部門である。人が人に直接提供するサービスは、高い専門的技能よりも人手こそが事業の源となる。景気循環に対応し、かつ余剰利益を増やすとなると、賃金の抑制や非正規雇用のような柔軟な雇用形態が選択されやすくなる。

サービス産業化によって、人々の雇用のあり方は一変した。日本でも、図1にみたように、製造業従事者とサービス業従事者の労働人口に占める割合が、一九九〇年代初頭に逆転し、その傾向は今後も強まっていくと予測されている。低賃金・不安定労働の拡大は、一九九〇年代半ば以降の段階的な規制緩和といった政策によっても推し進められていく。その結果、製造業の生産工程やサービス業を中心に非正規雇用が拡大する一方で、請負企業などへの外部化が進行した。企業内でも管理・企画部門の集約化、能力主義化の進行とともに、労働者の間で格差が顕在化したのである。

5 社会的リスクの構造変容

†従来の社会的リスク

こうしてグローバル化、産業構造の転換のなか、従来のシステムでは想定されていなかったリスクが、切迫した社会問題として現出した。従来型の生活保障では、男性稼ぎ主の失業や老齢、病気、怪我などによる所得の中断や喪失に対して、現金給付を軸に事後的に対処することでリスクに対応できていた。

とりわけ男女役割分業が定着していた社会では、ケアをめぐるリスク管理は私的領域である家族で賄われ、専業主婦が膨大な労働を無償で行なっていた。日本をはじめとした家族主義的特徴を持つ保守主義レジーム、家族という親密圏の任意性を重視し介入に消極的なイギリスのような自由主義レジームでは、異なる動機によって公的なケアサービスは未整備であった。

なかでも戦後日本は、政府によって業種、職種、地域、企業規模によらず男性稼ぎ主の雇用が中央政府によって徹底して支えられていた経緯がある。つまり、安定した雇用こそが、現役世代の家族生活、介護、育児と教育に至る人生全般のリスクをカヴァーする最大のセーフティネットだとされてきたわけである。

そうした「世界」では、現役世代において所得が中断あるいはその手段を喪失することは例外的な事柄とみなされた。そのため、現役世帯の低賃金、雇用不安による困窮、転職など産業間の移動を支援する制度が事実上不在となった。養育、教育、介護、家事は家族が担うことが与件とされたため、これらの領域への公的支出も抑えられた。公的な保障が発動するのは、想定されたリスク、すなわち退職、生活保護、あるいは障害などに対してであり、そこでは現金給付が中心であった。要するに、「支える側」である男性稼ぎ主と、労働市場の外部における

「支えられる側」という二分法をもとにして生活保障システムが設計されていたのである（宮本太郎『共生保障』岩波新書、二〇一六）。

男性雇用の安定を軸としたジェンダー分業。グローバル化と産業構造の転換により、雇用が流動化し（転職や非正規雇用の拡大、賃金格差）、共稼ぎ世帯が急増すると、鉄壁と思われたこの前提が動揺した。日本の生活保障は決定的な打撃をうけたのである。

†普遍化する新しい社会的リスク

じっさいポスト工業経済においては、個々人の所得の不足・中断・喪失の頻度が従来に比べてはるかに増大し、子育てや介護などのケアと就労との間のジレンマも大きくなっている。経済構造の変動によって典型と想定されていた職業生活や家族生活のあり様が、すっかり不定形化したのである。

ここで新しく浮上したリスクとは、一方における技術の急速な進歩の中で自前の技能が時代遅れになったり、非正規労働によって雇用と賃金が不安定化したりする労働市場にかかわるリスク、他方における、共稼ぎ世帯のワークライフバランスの困難、未婚・晩婚・離別などによる孤立化といった家族の変化にかかわるリスクであり、所得の喪失とケアの危機として多くの人が直面することになる。具体的には、学卒後に安定した仕事に就けないこと、不安定な非正規職を転々としてキャリアを積めないこと、ひとり親であること、育児や介護といったケアを必要とする家族を抱えること、仕事と家庭生活を両立させるのが困難なことである。これら新しい社会的リスクは、日本のみならず他の先進資本主義諸国でも同様に経験された。

新しいリスクの特徴は、それが例外的な出来事ではなく、ライフコースの中で誰の身にも生じ得るという点にある。それでもなお新しいリスクに対してとくに脆弱なのは、技能が十分ではない労働者、低所得層、若年労働者、就労する女性、有子世帯、移民といった何らかの不利な条件を抱え支援を必要とする人々である。新しいリスクが顕在化した一九九〇年代には、就労のみならず、社会保障というセーフティネット、教育、住宅、社会関係といった多次元にわたる生活保障から排除されている人々が膨大な数にのぼっていることが明らかになった。

6 新しい政策アイディア——社会的包摂という政策概念

リスク構造の転換にともなう現代の社会問題に対応する概念として新たに注目されるようになったのが、社会的包摂である。社会的包摂とは、所得の不足や欠如、教育や技能習得の機会の欠如、差別、家庭や地域問題など、多次元にわたる中長期的かつ複合的な不利のために、労働市場や地域社会への参加の基盤を欠く状態に対して、その要因を取り除き、自立と参加を実現することである。

ここでポイントになるのは、個々人がリスクをあらかじめ回避する可能性を高めるために、リスクの発現と「排除」に繋がる問題へ予防的に介入することである。福祉を将来の問題の深刻化を抑制し、人々が能力を発揮できる条件を整えるための投資と捉える点で、従来の事後的（消極的）生活保障を一八〇度転換するアプローチであるといえる。リスクが普遍化するならば、人に積極投資をし、リスクに柔軟な対応ができる環境を整備することを新たな保障とする。これが構造転換後の新たなリスク管理について、一九九〇年代以降、ＥＵ（欧州連合）が主導した考え方であった。具体的には、乳幼児から成人の学び直しに至るまでの教育、訓練を通じた技能形成支援、就労支援、保育や介護をはじめとした社会サービス、最低所得保障である。

†社会的包摂の分岐

もっとも、包摂と排除の境界線は自明ではないことには十分な注意が必要である。何をもって社会に包摂したとするか、いかなる場への参加を持って自立とするのか。境界線の引き方によって、包摂された社会での不平等性が不問に付され得るからこそ、どのような社会的包摂を目指すかが政治の焦点になるのである。だからこそ社会的包摂には、雇用と福祉の関係のあり方によって多様性が生まれるのである。この多様性には上記のレジームごとの違いも反映される。

具体的にみると、社会的包摂には、市場を福祉供給の主体とし「自助」を強調する自由主義的アプローチから、脱商品化の保障も含んだ尊厳や処遇の平等性による「承認」を視野に入れる社会民主主義的アプローチまで広い振れ幅が生じる。前者では、たとえ本人にとって望ましい条件でなくとも労働市場への参入をもって包摂とみなす。そこでは、不安定就労やワーキングプアの問題は埒外におかれる可能性がある。これをワークフェアという。後者では、就労による自立を重視しつつも、就労に至る移行過程での公的な所得保障、ケア・サービス支援、多様な選択肢を含む職業訓練プログラムを整備し、個人の雇用可能性の向上を図る。これをアクティヴェーションという。以下ではこれら包摂の分岐をみてみよう。

†ワークフェア

ワークフェアとは、「福祉依存」を問題視し、失業手当などの給付条件として就労を厳格に義務づけ、給付の目的そのものを就労の実現に置いた強い就労規範にもとづく政策方針である。給付や訓練期間を限定するなどして、できるだけ早期にかつ低いコストで就労することを重視する。それゆえ、ワークフェアに立脚した政策は、自助を強調し福祉国家削減を目指すネオ・リベラリズムにきわめて親和的となる。

典型例は、アングロ－サクソン型自由主義レジームにおいてみられ、アメリカがその代表例となる。公的給付の受給を市民の権利としての社会権の中に位置づけていた従来の福祉国家の規範的素地を大きく読み替えたこのアプローチでは、職業訓練への参加を忌避するなど規定の義務を遂行しない場合に給付の減額や停止が実施される懲罰要件がともなう。こうした厳格な懲罰措置には、公的給付支出の抑制という効果が期待されてもいる。

ワークフェア型の包摂は、「福祉から就労へ from welfare to work」もしくは「福祉ではなく就労 not welfare but work」という表現に集約されるように、公的給付受給者の就労の最大化をなによりも重視する。ワークフェアはさらに、支援の水準の違いによって二つのタイプに区別される。一つは、就労規範の強調によって早期の就労を強制する「就労義務優先（あるいは労働力拘束）型（ワークファースト型）」である。主に保守派が支持する政策である。もう一つは、教育・訓練プログラムなどを拡充し、手厚い移行支援の整備を行なう「サービス強化型」がある。中道の支持を集めやすく、「第三の道」を掲げたイギリスのブレア労働党政権下のニュー・ディール・プログラム、それとセットとなった就労の見返りを重視する政策体系が代表例である（今井二〇一八）。

†アクティヴェーション

アクティヴェーションは、社会保障の目的として、人々の就労や社会参加を持続させることを前面に掲げ、就労および積極的な求職活動を社会保障給付の条件とする点ではワークフェアと共通する。決定的な違いは、育児支援や柔軟な労働市場に対応した手厚い就労支援をはじめとした対人社会サービス、従前所得に対する高い置換率をもつ現金給付、労働市場内部での保障政策などを投資と捉えて充実させ、それらが相互に連携することを重視する点にある。端的にいえば、社会サービスによって就労を支え、働くことに関しては賃金や処遇面で持続可能な雇用の場を確保していくことを目指す政策体系である。

典型例は、スウェーデンやデンマークなど北欧諸国である。保守主義レジームのうち、家族と雇用の機能を見直し、ワークシェア、非正規の正規化、夫婦で一・五人分の稼ぎとする賃金協定の実践に成功した先駆であるオランダの取り組みも、アクティヴェーションの好例とみなされている。アクティヴェーションは、高い政府支出と受益者の高負担によって支えられ、高い脱商品化の保障、事後的補完を必要としない賃金水準の維持、雇用保障をその特徴としている（宮本二〇一三）。

†ベーシック・インカム

ワークフェア、アクティヴェーションは、従来の生活保障を再編するアプローチであるが、両者は就労と福祉とを連携させて捉える点で共通する。これらに対して、就労から切り離した包摂を実践しようとするのが、ベーシック・インカム（基礎所得）である。ベーシック・インカムとは、全ての男性・女性・子どもに対して、所得や財産の多寡、職業上の地位、職歴、求職の意思、婚姻上の地位とは無関係に、個人の権利として、無条件で公的に管理される資源を使って一律に支給される公的所得保障のことである。一八世紀の思想家トマス・ペインにもさかのぼり、一九九〇年代から議論が再燃したベーシック・インカムであるが、これまではしばしば非現実的な理想論と一蹴されることも多かった。

ところが近年、各国でその導入が具体的に検討され、フィンランド、オランダなどで給付実験が動き出している。ベーシック・インカムの導入にリアリティを持たせたのが、技術革新による雇用への危機意識である。汎用ＡＩ（人工知能）があらゆる産業を巻き込んだビジネス・モデルや労働市場を根本的に転換し、既存の仕事の多くを技術が代替することが現実味を帯びてきた。膨大な数の失業者や不安定雇用が生まれ、巨大な格差が現出するのではと危惧されている。技術革新への期待と脅威が入り混じるなか、ベーシック・インカムが新たな生活保障の手段として急速に注目を集めたのである。

もっとも、ベーシック・インカムの具体的な額面や支給方法、その他の社会保障制度との関係は、同床異夢といってよいほど相当なばらつきがあることには注意したい。ヴァリエーションをみてみると、①それだけで生活するのに十分な額を給付する完全ベーシック・インカム、②無条件給付だが生活維持には不十分な額で、それ以外の給付、稼得、所得源によって補う必要が生じる部分ベーシック・インカム、③賃労働への従事にかぎらず、広義の社会的に有益な活動を行なっていることを条件に支払われるベーシック・インカム、などである。

これら三つとはいささか趣を異にするのが、ある課税単位の所得が課税最低限を下回った場合、その一定割合を給付する負の所得税である。ネオ・リベラリズムの理論的支柱の一人となったミルトン・フリードマンが一時積極的に支持したことでも知られる。低所得賃労働者を対象にし、適用には対象者に対する厳格な資力調査が用いられるのだが、社会保険や日本の生活保護にあたる公的扶助とは区別される最低所得保障を志向している点で、ベーシック・インカムの一種とみなされる。

ただし、ベーシック・インカムはあくまでも基礎所得の保障であって、人々が積極的に社会に参加することを必ずしも後押しはしない。人々が生涯をつうじて承認の場を得ることを重視するならば、アクティヴェーションといった施策と併せて議論されることがもとめられよう。

これら三つの社会的包摂のアプローチに鑑みながら、さいごに、日本の生活保障システムの展望を示したい。

7 今後の展望

上記にみたように、今日、汎用AIによる新たな産業革命の到来可能性が論じられている。雇用と家族いずれの領域でもリスクの重層化、多様化は強まりこそすれ軽減することは予測しにくく、これまで以上に、人生を通じて、労働参加と退出の往復、あるいは同時に両方の立場に身をおくことが考えられる。ベーシック・インカムは、最低所得保障として雇用のリスクに備える力を持つが、他方において、人々の参加を積極的に支援する機能を必ずしも持たない。ワークフェアは安上がりな支援策で、個人の自発性を損ねない点で自由主義にかなう。しかし、労働市場で求められる高い技能を安定的に習得することは射程にないため、技能習得で何らかの不利を抱える人々のリスクをカヴァーできない。福祉受給＝「支えられる側」にとどまることにはスティグマがともなうため強い疎外感をもたらし得る。

支えられる側が疎外されがちな社会では、「支える側」に、なんとしても就労状態を維持しようとさせる圧力が働くため、労働市場からの一時的な退出をはじめとした「支える側」の選

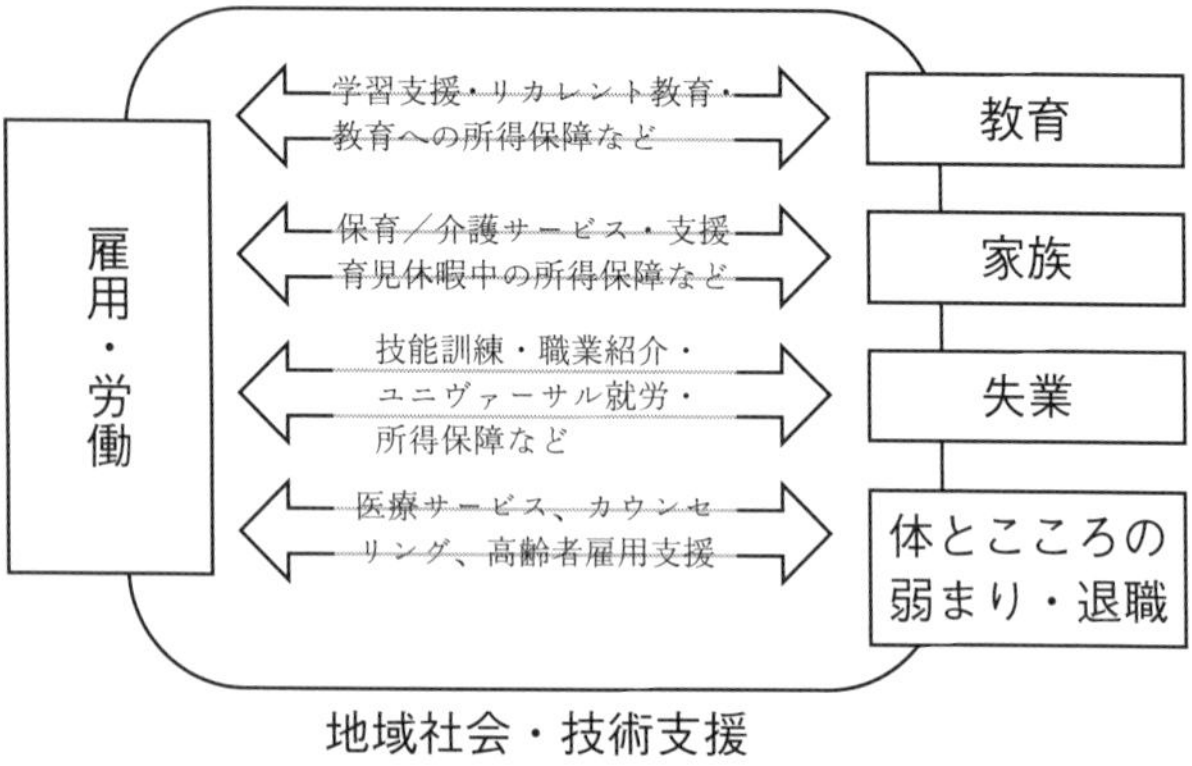

図2　持続可能な生活保障に向けた架橋型アクティヴェーション
出典：宮本太郎『生活保障』岩波書店、2009 年、173 頁の図を基に筆者作成。

択肢をも狭める可能性がある。例えば、女性が出産育児のために労働市場を退出することを見送ったり、あるいはスキルアップのためにリカレント教育を受けることを断念したりすることも考えられる。技術革新への適応力と創造性が求められる社会では、選択肢の狭まりは、かえって社会の活力は損ないかねない。

多様な包摂の選択肢の中で、アクティヴェーションは、労働市場と労働市場の外部（脱商品化の状態）を架橋する施策を複合的に整備することで、上述した新しいリスクへの応答性が高い。なおかつ、男女や世代を超えた労働参加を促すため、一定の技能を備えた労働力の安定供給にも寄与し、財源を支える課税ベースの拡大と、生産性の向上にも繋がる。図2に示すような多様な移行支援と脱商品化支援は、こうしたプラスの循環を作りだすための一つの方途である。

次なる技術革新、少子高齢問題を乗り越えるには、二分法によって社会を分極化するのではなく、多元的な架け橋によって往来をより自由にすることで、持続可能な社会を生み出すことがもとめられるのではないだろうか。

さらに詳しく知るための参考文献

今井貴子『政権交代の政治力学――イギリス労働党の軌跡一九九四―二〇一〇』（東京大学出版会、二〇一八）……政権交代論と比較福祉政治を融合した実証研究。

鎮目真人／近藤正基編著『比較福祉国家――理論・計量・各国事例』（ミネルヴァ書房、二〇一三）……比較福祉政治の初学者から専門家を射程におき、基礎理論、計量分析の方法論、レジーム別研究まで網羅している格好の概説書。

田中拓道『福祉政治史――格差に抗するデモクラシー』（勁草書房、二〇一七）……福祉国家の形成、発展、変容（経路破壊）をレジーム比較の観点から論じる。通説にヘゲモニー論を加えた新たな比較史。日本の福祉政治への展望も示唆。

宮本太郎『福祉政治――日本の生活保障とデモクラシー』（有斐閣、二〇〇八）……福祉政治理論研究の明快な指南書であるとともに、一九六〇年代から現代までの日本の福祉政治のダイナミズムを実証的に活写した画期的な著書。

イエスタ・エスピン－アンデルセン『福祉資本主義の三つの世界――比較福祉国家の理論と動態』岡澤憲芙・宮本太郎監訳（ミネルヴァ書房、二〇〇一）……比較福祉政治を確立し政治学の新たな地平を拓いた著書。精確で洗練された翻訳に学びたい。

第10章［アメリカ政治］政治不信の高まりと政治的分極化

西山隆行

1 オバマとトランプ

†トランプ・ショック

二〇一六年のアメリカ大統領選挙で、共和党候補のドナルド・トランプが民主党候補のヒラリー・クリントンに勝利したことは、多くの人に驚きをもって受け止められた。トランプは、メキシコからやってくる移民は強姦魔や麻薬犯だと述べて米墨国境地帯に壁を建設すると宣言したり、テロリストへの水責めを復活させると述べたりするなど、物議を醸す発言を繰り返していた。数々の女性スキャンダルを抱えていたことを考えても、大統領としての適性に疑問があると考えられていた。

また、H・クリントンがファースト・レディ、上院議員、国務長官という連邦政界での錚々たる経歴を持っていたのに対し、トランプは政治経験がまったくなかった。不動産王で人気番組の司会を務めるなど知名度は高かったものの、まったくの政治の素人が大統領になることは、多くの人には想定外だった。実際、多くの識者の予想通り、大統領就任後のトランプ政権は多くの混乱に直面している。

†「ワシントン政治の素人」

最近のアメリカ政治には、「ワシントン政治の素人」が好まれる傾向は存在した。大統領就任前の経歴を見てみると、かつては元上院議員が大半だった。だが、ウォーターゲート事件後の初めての大統領選挙となった一九七六年選挙で勝利したジミー・カーター以降の大統領は、連邦政界の経験のない、州知事経験者の比率が高くなっている。カーターはジョージア州、ロナルド・レーガンはカリフォルニア州、ビル・クリントンはアーカンソー州、ジョージ・W・ブッシュはテキサス州の州知事であり、ワシントン政治の有力者出身と言えるのは、CIA長官や国連大使、副大統領を歴任したジョージ・H・W・ブッシュだけである。

トランプの前任者であるバラク・オバマは二〇〇五年から上院議員を務めていた。だが、彼が二〇〇八年大統領選挙で支持されたのは、H・クリントンやジョン・マケインなど、民主・

共和両党の他の有力候補と比べてワシントン政治に染まっていない、清新なイメージがあったからだった。そして、大統領就任後、オバマも多くの政治的困難に直面した。

このように、近年のアメリカでは、大統領選挙に際してアウトサイダー候補に対する政治的期待が高まるとともに、その政権運営に様々な困難が伴う傾向が顕著となっている。その背景に、政治不信の高まりと政治的分極化がある。本章では、オバマ、トランプ両政権の事例を参照しつつ、近年のアメリカでは何故アウトサイダー候補に対する期待が集まるのか、そして、何故アウトサイダー候補の政権運営には困難が伴うのかについて、説明したい。

2 政治不信とアウトサイダー候補への期待

†アメリカ社会分断克服への期待

二〇〇八年の大統領選挙に際し、民主党候補となったオバマは、史上もっとも効果的な選挙運動を展開したと評された。

オバマを一躍有名にしたのは、二〇〇四年大統領選挙の際の民主党全国大会で彼が行なったスピーチだった。全国党大会とは、予備選挙・党員集会で選出された各州の代議員などが集まり、政党の正副大統領候補と選挙綱領を決定するとともに、正副大統領候補を国民に向けて宣伝する場である。民主党候補となったジョン・F・ケリーは、連邦政界で無名だったイリノイ州上院議員のオバマを、もっとも重要なスピーチに登用した。

当時のアメリカでは、イラク戦争への対応などをめぐり国論が二分され、二大政党の対立も激化していた。アメリカの宿痾ともいうべき人種問題も顕在化し、アメリカ社会の分断が鮮明になっていた。また、その中で、「リベラルのアメリカ、保守のアメリカ」はない、「白人のアメリカ、黒人のアメリカ、中南米系のアメリカ、アジア系のアメリカ」はない。あるのはアメリカ合衆国だけなのだとして団結を呼びかけたスピーチは「一つのアメリカ」スピーチと呼ばれた。オバマはアメリカ政治を救う存在と見なされるようになり、オバマ待望論を生み出した。

二〇〇八年大統領選挙戦に見られたオバマ旋風の背景に、W・ブッシュ政権に対する反発があった。実は、W・ブッシュ自身も、州知事として、ワシントン政界の常識に染まっていないことを売りとして大統領選挙を戦った人物だった。だが、泥沼化するイラク戦争に対する世論の反発が強まる中、W・ブッシュは、元大統領を父親に持ち、一般有権者とは離れた世界に居住するエスタブリッシュメント（従来型権力）と見なされるようになっていた。選挙戦に際して展開された様々な草の根運動、そしてインターネットを活用した運動（ネット・ルーツ運動）は、オバマが連邦政界の慣習を打破して一般国民の常識を実現し、党派対立を乗り越えることを期待していたのだった。

超党派路線の模索と断念

このアメリカ史上もっとも効果的だったとも評される選挙運動を経て当選したオバマに対する支持率は当選直後六八％に達し、不支持率は一二％と低かった（ギャラップ調査）。だが、オバマに対する支持率は、その後、顕著に低下していった。

このように言うと、オバマが大統領として見るべき成果をあげなかったからだと思う人がいるかもしれない。だが実際には、オバマは就任直後に様々な成果を出していた。興味深いことに、民主党議会とオバマ政権が成果を上げれば上げるほど、オバマ大統領の支持率は下がったのである。

当時の連邦政治は、大統領職と連邦議会上下両院の多数派の全てを民主党が占める統一政府の状態にあった。大統領制を採用するアメリカでは、連邦議会議員と大統領がそれぞれ別個の選挙で選出され、一方が他方を選出する関係にないため、大統領職と連邦議会の多数派を異なる政党が占める分割政府と呼ばれる事態が頻繁に発生する。アメリカの政治、社会の分断を乗り越えることを主張して大統領に当選したオバマは、統一政府という恵まれた状態で政権を発足させたものの、諸問題の解決に超党派的に取り組むことを模索した。当時のアメリカは、二〇〇七年のリーマン・ショックに端を発する景気低迷状態にあったため、オバマは景気刺激法案を超党派的に立法するよう議会に要請した。だが、オバマ政権と民主党が構想した積極財政法案に対し、議会共和党は徹底抗戦を表明した。その結果、オバマ政権と民主党議会は超党派路線と決別し、民主党単独で法案を成立させた。

その後、オバマ政権期には、オバマ・ケアと呼ばれる医療保険制度改革が民主党議会によって成し遂げられた。オバマは環境保護の実現を目指すパリ協定や、環太平洋パートナーシップ協定（TPP）など、様々な行政協定を諸外国と結んだ。二〇一五年には、連邦最高裁判所が同性婚を認める画期的な判決（オバーゲッフェル判決）を出した。このように、オバマ政権期には歴史に遺るであろう政策革新が立法、行政、司法の分野で成し遂げられ、オバマ大統領もその成果を自賛した。

だが、それらの成果が上がるのに伴い、オバマ大統領に対する支持率は低下していった。連邦議会の共和党議員がオバマ政権に協力する度合いが低下していったこともあり、オバマ大統領は政権後期には立法の実現を目指して連邦議会に働きかけるよりは、大統領令を用いて政治を運営するようになっていったのである。

†ティーパーティ運動とウォール街占拠運動

オバマ政権期には、成果が上がるほどに世論全体でのオバマ政権に対する支持率は低下した。だが、民主党支持者の間でのオバマ政権に対する支持率はほぼ一貫して高かった。共和党支持者の間で政権批判が強まったことが、オバマ政権の支持率低下につながったのである。

オバマ政権に対する反発を象徴的に示していたのが、いわゆるティーパーティ運動である。ティーパーティ運動は、イギリスによって課された税に対する反発を基に植民地時代に起こされたボストン茶会（ボストン・ティーパーティ）事件から名をとった社会運動であり、税、そして、税を必要とする大きな政府に対する反発に基づいている。すでに十分に税金を払っているという意味の英語、Taxed Enough Already の頭文字をとっても、ＴＥＡとなる。

ティーパーティは、イラク戦争の拡大などで多くの財政支出を行なったＷ・ブッシュ政権に対する反発を底流に抱えていたが、直接的には、オバマ政権が発足直後にジェネラル・モーターズの破綻処理や景気対策などで大きな政府の立場をとり、増税が不可避になると考えられたことに対する反発を機に活動を活発化させた。ティーパーティ運動はオバマをレーニン（マルクス主義的社会主義者）やヒトラー（国家社会主義者）と並ぶ社会主義者（民主的社会主義者）だと批判してみたり、オバマが幼少期を過ごしたインドネシアとアフリカに対する偏見をむき出しにした差別的な合成写真を作ったりするなど、衝動をむき出しにした社会運動を展開した。

それに対し、リベラルの側でもウォール街占拠運動が発生していた。アメリアにおける富は富裕な一％に偏在するとし、「我々は九九％だ」と主張して富を象徴するウォール街を占拠しようとする運動だった。

オバマ旋風、ティーパーティ運動、ウォール街占拠運動はいずれも、草の根の運動に加えて、インターネットを積極的に活用して社会運動を展開した点が共通している（ただし、ティーパーティ運動については、市民の自発性に基づく草の根運動というよりは、誰かが背後で絵図を描いた人工芝の運動ではないかという指摘もある）。貧困層のみならず富裕層も関与している点でも共通している。これらはいずれも、従来型権力に対する反発を背景として発生した異議申し立て運動なのである。ただし、ティーパーティ運動とウォール街占拠運動がその主張と批判の矛先を異にしていたように、異議申し立て運動の中にも党派的な分断が存在したのだった。

†トランプ政権誕生の背景

トランプ政権は、従来型権力に対する反発と政治的分極化が鮮明になる中で誕生した。トランプ政権の誕生はアメリカ社会におけるポピュリズムの表れと評されることがある。その評価はポピュリズムをどう定義するかにより異なるだろう。ただし、トランプ政権の誕生が、アメリカにおける政治不信を反映したものであったことは間違いない。

図1はアメリカの統治機構（government）に対する信頼度の変遷を示したものだが、二〇一

五年の段階でその割合が二〇%を下回っていたことが注目に値する。なお、governmentはしばしば政府と訳されるが、日本語の政府という言葉が行政部（とくに内閣）を指すことが多いのに対し、アメリカでgovernmentという場合は行政部のみならず立法部や司法部も含んで考えられている。

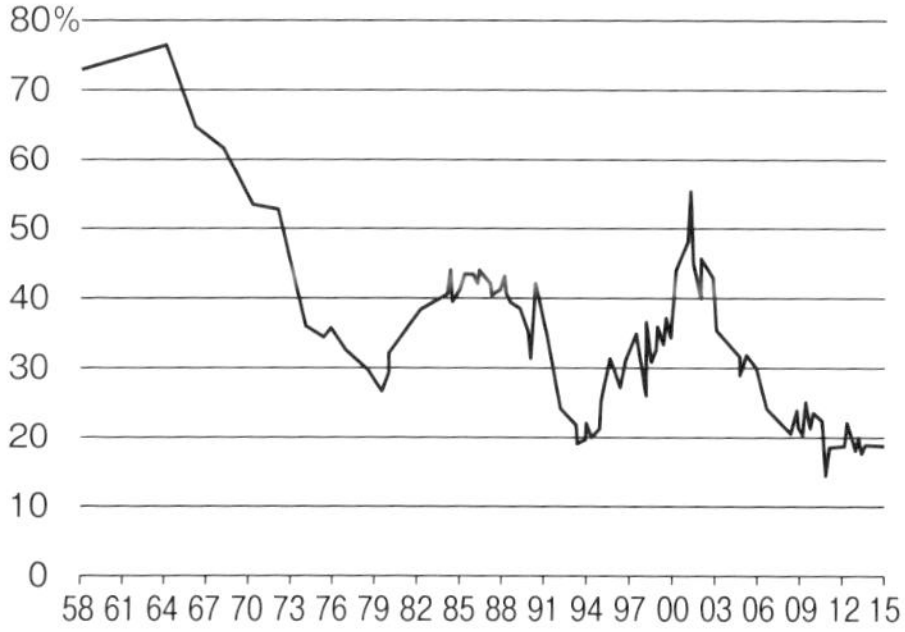

図1　統治機構に対する人々の信頼度の変遷（1958〜2015年）
（出典）Pew Research Center, 〈https://assets.pewresearch.org/wp-content/uploads/sites/5/2015/11/Trust-1.png〉.

また図2は、大統領と連邦議会に対する支持率の変遷を示したものである。二〇一六年の段階では、大統領に対する支持率が四九%なのに対し、連邦議会に対する支持率は一五%と低い。この図からわかるように、近年のアメリカでは、連邦議会に対する支持率は大統領に対するそれよりも一貫して低い。トランプ政権成立前には、とりわけ低くなっていたのである。

興味深いのは、このように連邦議会に対する支持率が低いにもかかわらず、選挙に際しては連邦議会の現職議員の再選率がきわめて高いことである。

フェノのパラドックスと呼ばれるこの現象が発生

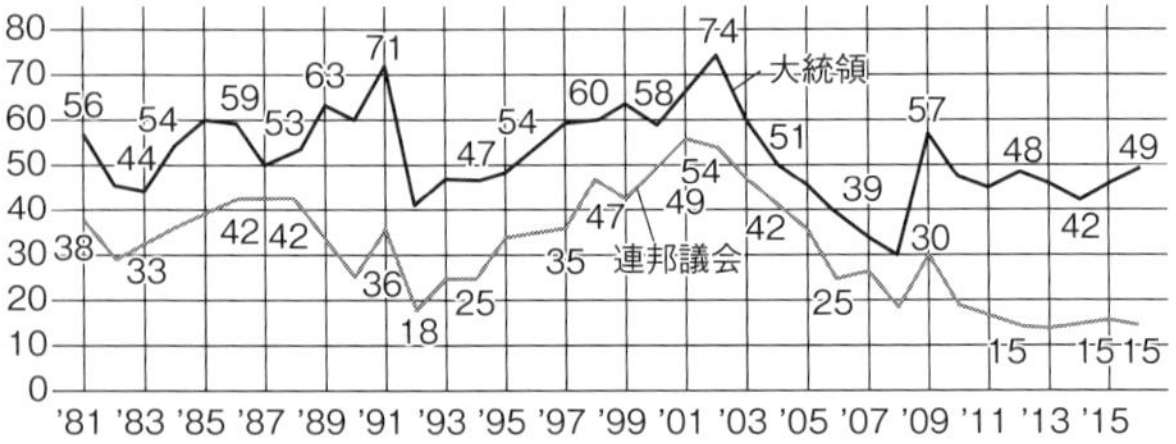

図２　大統領と連邦議会に対する支持率

（出典）Gallup,〈https://www.gallup.com/poll/191057/obama-retains-strong-edge-congress-job-approval.aspx〉.

する背景には様々な要因が考えられる。一般に、アメリカ国民は自らの選挙区から選出された議員には選挙区の利益関心を主張する代理人としての役割を期待する一方で、その他の議員には国益を代表する国の代表としての働きを期待する。そのため、政治家が地元選挙区に公共事業を持ってきたような場合に、アメリカ全体では政治不信が高まるのに対し、当該選挙区内ではその政治家に対する支持が高くなる。

また、現職議員には交通費や通信費が支給される。そして、下院議員だけでも四三五名いることを考えると、メディアがその全対立候補について報じるのは不可能であり、報道は現職中心に偏る。さらに、連邦議会下院では一〇年に一度実施される人口統計調査の結果を踏まえて州ごとに選挙区割りが行なわれるが、その際には現職議員に有利なように区割りが行なわれることが多い。これらの要因が、連邦議会議員の再選率を高めている。

このような状況を踏まえれば、政治の変革を求める有権者の期待が連邦議会ではなく大統領に集まるのは理に適っているといえよう。大統領制は権力の分立を大きな特徴としているため、変わらない連邦議会に対抗する役割は大統領に求められる。アウトサイダー候補に期待が集まるのは、政治のあり方を大きく変えてほしいという期待の表れである。

3 政治的分極化

†大統領支持率の党派別分極化

政治に変革をもたらすことを期待してアウトサイダー候補に期待が集まった点では、オバマもトランプも同じである。そして、両政権が試みる変革が、一方では強い支持を集め、他方では強い批判を巻き起こすのも共通している。これは、アメリカ国民の中で変革を求める声が強いものの、その求める変革の内容が党派によって大きく異なっていることを示している。具体的な争点についての党派ごとの支持の相違については第4節で検討することにして、ここでは大統領に対する党派別支持率を見ておきたい。

図3・図4はオバマ大統領、トランプ大統領に対する党派別支持率の変遷を示したものであ

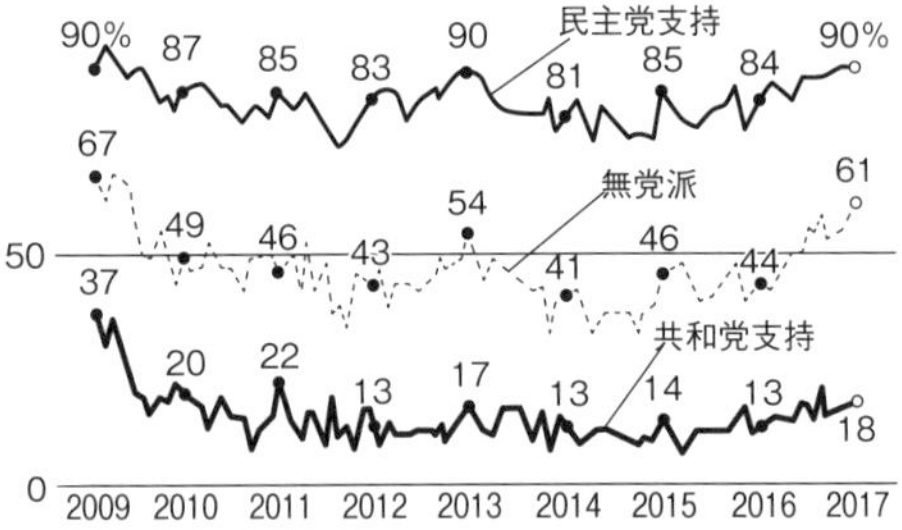

図3　政党支持層別にみたオバマ大統領の支持率
Source: Post-ABC polls, WASHINGTON POST

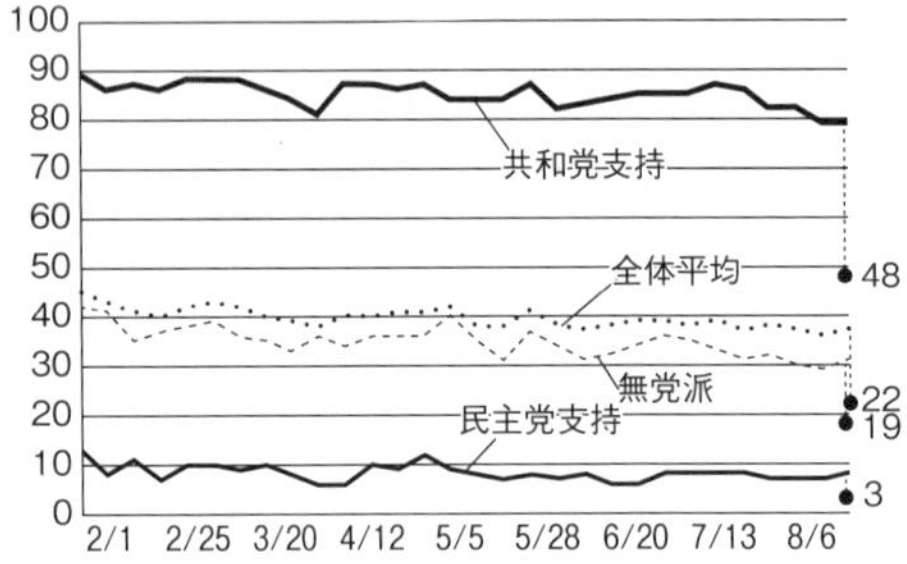

図4　政党支持層別にみたトランプ大統領の支持率
Source: GALLUP

る。大統領に対する支持率の党派的分極化傾向が鮮明になっていることを見て取ることができるだろう。いうなれば、オバマ大統領は民主党支持者にとっては素晴らしい大統領だが、共和党支持者にとっては好ましくない大統領である。逆に、トランプ大統領は共和党支持者にとっては悪い大統領ではないが、民主党支持者にとってはけしからぬ大統領だということである。

近年のアメリカの二大政党は内部で路線対立も見られるが、大統領に対する支持率という点では強い凝集性を示している。

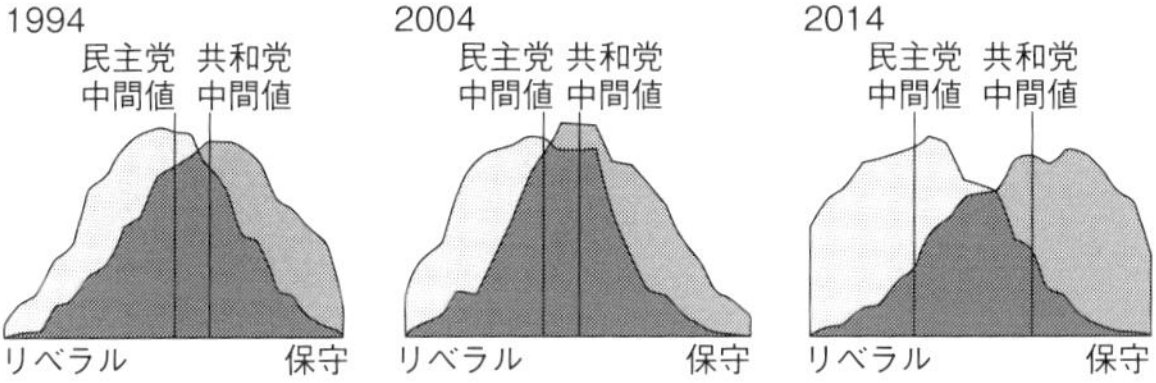

図5　二大政党支持者のイデオロギー的分極化
（出典）Pew Research Center, 〈https://www.people-press.org/2014/06/12/sec-tion-1-growing-ideological-consistency/pp-2014-06-12-polarization-1-01/〉.

†イデオロギー的分極化

政治的分極化傾向は、有権者、連邦議会上下両院のいずれのレベルでも発生している。

図5は、一九九四年、二〇〇四年、二〇一四年の各時期における二大政党支持者のイデオロギー分布を示している。これを見れば、一貫して民主党支持者が左寄り、共和党支持者が右寄りであるものの、一九九四年には両党支持者のイデオロギー的立場には相当の重複があったことが見て取れる。だが、二〇一四年の図を見れば、民主党支持者は左寄り、共和党支持者は右寄りの傾向を強めており、イデオロギー的分極化傾向が存在することがわかる。

図6は一九七〇年代、一九九〇年代、二〇一〇年代における連邦議会上下両院における政治家のイデオロギー的位置を示している。民主党議員が左寄り、共和党議員が右寄りという傾向は一貫しているが、一九七〇年代には二大政党ともに中道的な立場をと

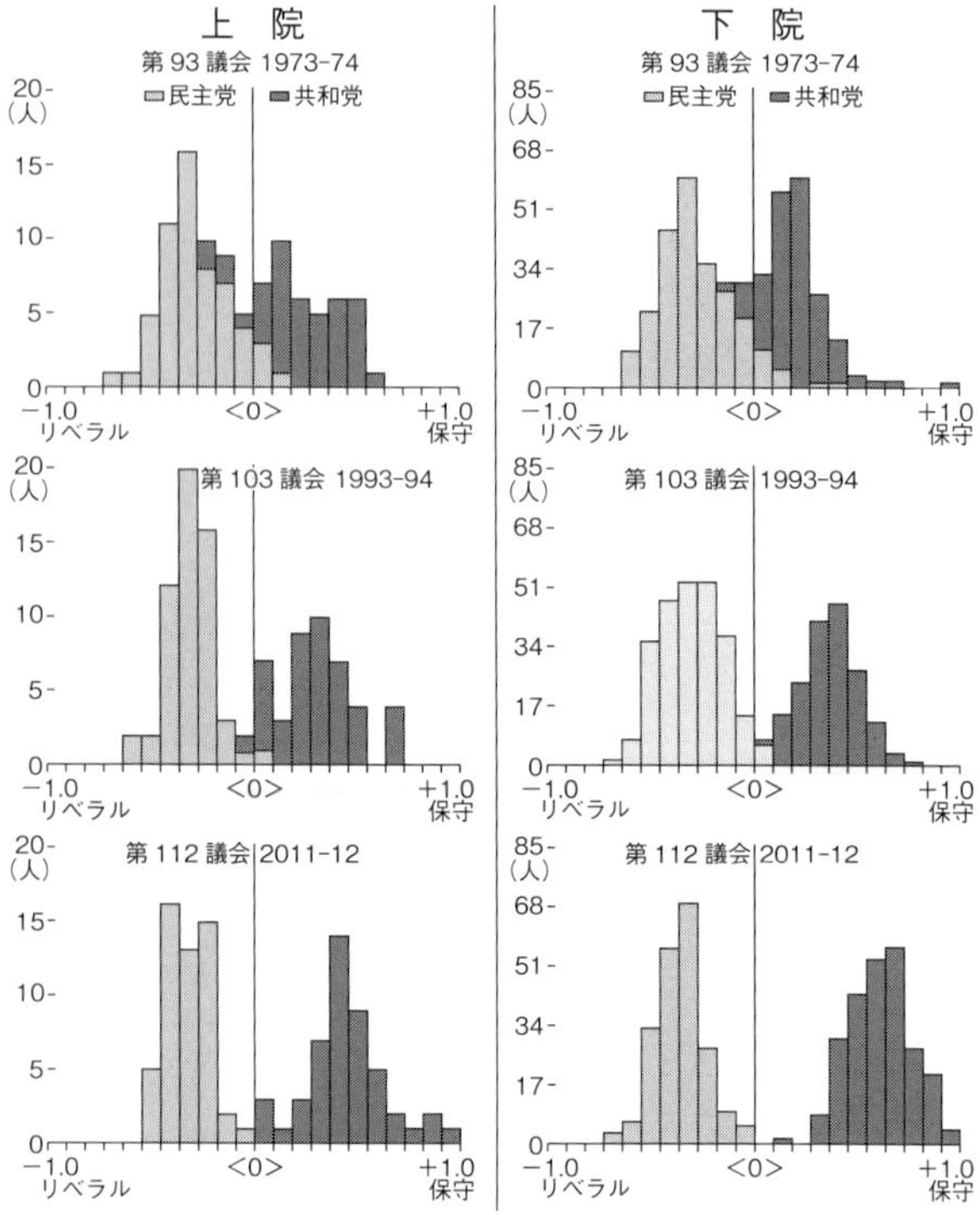

図 6　連邦議会議員のイデオロギー的分極化
（出典）Pew Research Center, 〈https://assets.pewresearch.org/wp-content/uploads/sites/12/2014/06/FT_14.06.13_congressionalPolarization.png〉.

る政治家がいたことがわかる。当時はこれらイデオロギー的立場が重複する議員を中心として、超党派的立法がなされたのである。だが、二〇一〇年代の図を見ればわかるように、近年ではイデオロギー的分極化が進展していて、穏健な立場をとる者が激減しており、二大政党の政治家の間で重複するイデオロギー的位置をとる者がいない。このような状態では超党派的立法を行なうのは困難になる。

有権者レベルと連邦議会レベルで見られるイデオロギー的分極化について、どちらが鶏でどちらが卵なのかをめぐっては論争がある。だが、両者の動向が共振していることは間違いなく、それが近年の二大政党の対立激化をもたらしている。そして、二大政党の分極化傾向と、先に記した対立政党支持者からの大統領に対する支持率の低さは、大統領が動員できる政治的資源が少ないことを示している。

アメリカでは連邦議会が立法権を主管しているため、大統領には法案提出権がない。大統領は自らの求める政策を実現するためには、連邦議会議員を説得するか、世論を動員して間接的に連邦議会議員を動かすより他はない。だが、ここで見られる傾向は、連邦議会議員が大統領によって説得される可能性も、世論が超党派的に動員される可能性も低くなっていることを示している。オバマ大統領とトランプ大統領が、連邦議会に立法化を働きかけるのではなく大統領令を乱発するようになった背景には、このような要因が存在するのである。

†分極化をもたらす装置としてのメディア

アメリカ政治が全体として分極化している理由を解明することは本稿の射程を超えるが、マスメディアがその大きな要因になっているのは間違いないだろう。

まずは、トークラジオやケーブルテレビの発達が、ニュース番組の「政治化」を促し、それが世論と政治家のイデオロギー位置の分極化をもたらしたことを指摘できる。

アメリカのメディアでは、一九八七年に、政治的立場の異なる見解が表明される場合にはそれぞれの立場の人に同じ時間を割り当てねばならないというフェアネス・ドクトリンが廃止された。もっとも、伝統的な報道番組は、以後も客観報道の原則を掲げて中立的な番組作りを心掛けてきた。だが、そのような報道中心の番組は独自性を出しにくい。そこで、トークラジオやケーブルテレビは、報道番組ではなくオピニオン番組を中心に流すようになった。出演者の見解を示すのが番組の趣旨であるため、公正さや中立さに配慮する必要はなくなった。これはFOXニュースに代表される保守派メディアに顕著だった。やがて、保守派メディアの戦略に対応し、リベラル派メディアも同様の番組作りをするようになった。

このような状況が起こる中、視聴者も、保守派はFOXニュースを見て、リベラル派はMSNBCを見るというように、自らの政治的選好に近い見解を示すメディアを好んで視聴するようになっていった。メディアの多チャンネル化を背景として、このような選択的接触と呼ばれる現象が一般的となった。国民が一方の見解のみに触れて他の見解を受け入れない状況が生まれ、それがアメリカ社会の分断につながっていった。このような現象が一般化する中では、公正で中立的な報道ですら、バイアスがかかっているように思われるようになる。そして、番組に出演することで知名度を上げたいと考える政治家は、そのような番組を好んで見る有権者の嗜好に合致するようにパフォーマンスを行なうのである。

また、メディア選挙の発達は、政治家のイデオロギー的分極化を間接的に促した。アメリカでは選挙戦を遂行する際にメディアを利用するのが一般的だが、テレビコマーシャルを流すのには巨額の費用が掛かる。その資金を提供しようとする人物や団体にはイデオロギー的立場の鮮明な人が多い。テレビコマーシャルを利用しようとする政治家が、そのような人物や団体の意向を踏まえて行動するようになるのは当然である。

†SNSと政治的分極化

SNSの発達も政治的分極化の理由となっているが、それには様々な要因が関わっている。

二〇一六年大統領選挙でロシアによる選挙介入があったと指摘されているように、外国勢力がSNSを通して情報を流すのが容易になっている。以前は外国勢力が政治に影響を及ぼす方法はエスニック・ロビイングが中心だったが、SNSを使って目立たずに介入することが可能になっている。また、国内の人物であれ外国の人物であれ、政治的意図がないにもかかわらず、政治に関する情報を流す事例も増えている。SNSの中には多くのクリックを得ると報酬が得られるシステムを備えるものがある。クリック課金を目的として、人々の耳目を集めることを目的として記事を作り出す人々が存在する。そのような場合には、情報の正確性は重視されず、注目を集めるために際立った情報が流されることが多い。近年、フェイク・ニュースという表現が頻繁に用いられているが、虚実入り混じった情報を流すことが容易になっているのである。

二〇一六年大統領選挙時には、真実性に疑問がある情報が流布する中で、民主党のH・クリントン陣営はファクト・チェックを行ない、自らに対して行なわれている批判の多くは事実に反していると発表してきた。だが、そのような発表をしたとしても、選択的接触が一般的になっている今日では、情報を見るのはもともとクリントンに好意的な立場をとっている人だけという可能性がある。多くのコストをかけてファクト・チェックを行なうより、Twitterなどを用いて、自分たちを支持してくれる、あるいは他の候補を批判する情報を大量に流す方が効果的ではないかという声が強まっている。

とりわけ、近年ではボットと呼ばれる、自動的に作業を行なってくれるコンピュータの機能を用いて、党派的なハッシュタグがついたTwitter（例えば、#MeTooがついていれば民主党に好意的である）を自動的にリツイートして拡散すれば、自陣営に好意的な世論の波を作り出すことができる。その方が選挙戦術上ははるかに効果的だと考える人もいる。これが政治の分極化を増大させるのは間違いないだろう。

4　アメリカ政治の争点

今日のアメリカ政治の分極化は、諸々の争点についても明確になっている。図7は様々な争点について二大政党の支持者がどのような立場をとっているかを図示したものである。アメリカ政治の現状を紹介するために、それぞれの争点の性格と、それをめぐる二大政党の対立につ

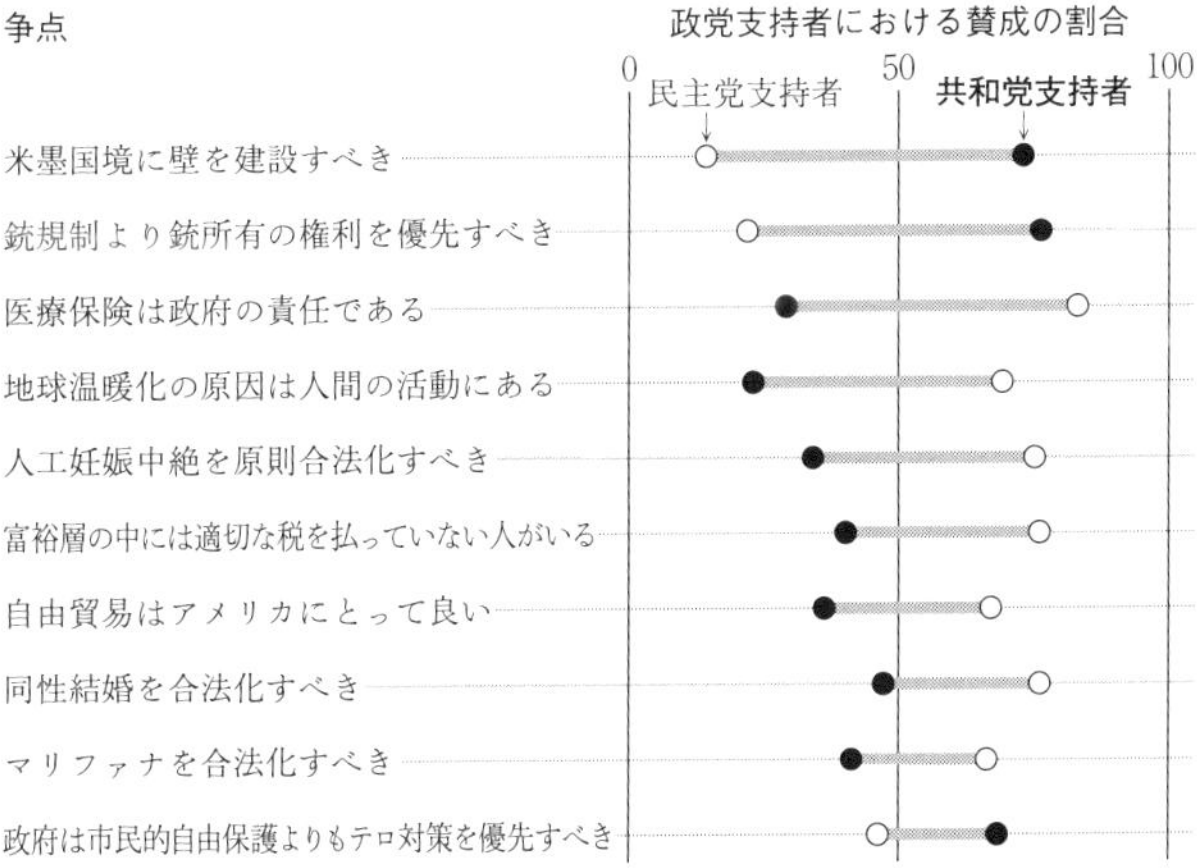

図7　争点ごとの2大政党支持者の立場

（注）下2つの項目を除き、「民主党支持者」「共和党支持者」はそれぞれ、民主党寄り、共和党寄りの無党派層を含む。

（出典）Five Thirty Eight, 〈https://fivethirtyeight.com/features/the-u-s-has-never-been-so-plarizeal-on-guus/〉.

いて、簡単に解説しよう。

†移民・不法移民問題

今日のアメリカには一一〇〇万人程の不法移民が居住している。不法移民には、メキシコ系などの中南米系が多い。また、今日のアメリカで流通している違法薬物の大半はメキシコ経由で密輸されている。不法移民や違法薬物の流入を防ぐことを根拠に、トランプ大統領は米墨国境地帯に壁を建設するよう提唱している。

アメリカでは中南米系やアジア系など移民に起源をもつ人口が増えている一方で、白人（中南米系を除く。以下同様）の人口が減少している。二〇四〇年代には白人が総人口の半数を下回ると予想されていることもあり、合法・不法を問わず移民問題への関心は高い。

伝統的には移民問題に関する賛否は党派を横断すると考えられてきた。民主党内には、中南米系有権者の支持を獲得したいとの観点から移民に寛容な立場をとる政治家がいる。他方、移民は賃金や労働基準を低下させる可能性が高いため、労働組合を基盤とする政治家は移民に厳格な立場をとってきた。共和党については、移民が社会的混乱をもたらすと懸念する地域から選出された政治家は、移民に厳格な立場をとる。他方、企業経営者に近い政治家は、移民は安価な労働力となることから、移民に寛大な態度をとってきた。

だが、トランプの出現により、移民・不法移民問題も、党派的争点となりつつある。米墨国境地帯における壁の建設はその象徴的争点となっており、共和党支持者の間で支持が多く、民主党支持者の間では反対が多い。

†銃規制

今日のアメリカには三億挺を超える銃が存在し、二〇一〇年には銃に関連する理由で三万人以上が死亡したとされている。銃乱射事件が頻繁に発生しているのは周知のとおりである。

銃規制が進まない理由の一つに、「規律ある民兵は自由な国家の安全にとって必要であるから、人民が武器を所有しまた携帯する権利は侵してはならない」と定めた合衆国憲法修正第二条がある。今日のアメリカには、政府が暴力を独占してしまえばその暴力を国民に向けるようになるという危惧が依然としてあり、圧政の可能性への抵抗や政府に対する不信感が銃規制反対の根拠としてあげられている。また、都市部には銃規制に賛成する住民が多いのに対し、人口密度が低く、隣の家に行くのに車を利用しても相当の時間を要するような農村部に居住する人々は、自らの安全を守るために銃が必要だと考える割合が高い。

全米ライフル協会（NRA）という利益集団の存在も銃規制の実現を困難にしている。NRAは公称五〇〇万人の会員と膨大な資金力を持ち、連邦、州、地方の各レベルに強力な組織を築いている。ＮＲＡは、自分たちの方針に全面的に沿う現職候補がいる場合は、党派や他の争点についての態度にかかわらず支援する。逆に方針に反する現職候補がいれば、その対立候補を支援する。そのため、銃問題に関心のない政治家はＮＲＡの方針に従うのが合理的となる。

アメリカでは農村部は共和党の地盤となっていることが多いため、共和党議員は銃規制に反対する傾向が強い。民主党は都市を基盤としているために銃規制推進派が相対的に多いものの、先のＮＲＡの方針もあり、銃規制に消極的な政治家も存在する。そのため、銃規制も伝統的には必ずしも党派的争点とは言えなかった。

だが、近年では、ブルームバーグ社の社長で元ニューヨーク市長のマイケル・ブルームバーグがＮＲＡの献金額を上回る私財を投じて民主党の銃規制推進派候補を応援するようになっている。ブルームバーグ個人の資金力に依存するとともに、運動のための組織化を十分に行なうことができていないため、その政治的影響は未知数である。だが、銃規制は、より党派的な争点になったといえよう。世論調査の結果を見ても、共和党支持者には銃規制反対派が多く、民主党支持者には銃規制推進派が多い。

†医療保険

アメリカの福祉国家は、他の先進国に比べて未発達だといわれることがある。それを象徴するのが、国民皆医療保険が公的に制度化されていないことである。アメリカは公務員や軍人を対象とするものを除くと、公的な医療保険プログラムは、高齢者並びに一部の障害者を対象とするメディケア、貧困者を対象とするメディケイド、そして児童を対象にするCHIPに限られる。残りの人が医療保険に入りたい場合は、民間医療保険を提供してくれる企業に就職するか、自分で民間医療保険に加入するしかない。そのため、アメリカでは四五〇〇万人を超える無保険者が存在するといわれている。

だが、これは、アメリカでは国民の六人に五人が何らかの医療保険に加入していること、そして、民間医療保険がかなりの程度に発達していることを意味している。アメリカ国民の間では、たしかに医療保険制度改革の必要性は認識されている。とはいえ、公的医療保険創設は、無保険者を助けるために、すでに民間医療保険に加入している人から費用を徴収することを意味している。そのため、医療保険制度改革をめぐっては、総論賛成、各論反対の状況となる。

オバマ政権期に行なわれた医療保険制度改革では、当初はパブリック・オプションと呼ばれる公的保険の創設が目指された。だが、最終的には全てのアメリカ国民に医療保険への加入の義務付けがなされたにすぎない。これは民間医療保険を中心とするアメリカの医療保険制度の特徴をより一層進めるとともに、民間保険会社に新たな市場を開拓したことを意味する。オバマ・ケアは、このような限界を抱えた不十分な医療保険制度改革であるにもかかわらず、トランプ政権はその骨抜きを目指しているのである。

図7に記されている通り、医療保険は政府の責任だと考える人は、民主党支持者に多く、共和党支持者に少ない。

†地球温暖化

地球温暖化に代表される環境問題への取り組みについては、民主党支持者が熱心である。クリントン政権の副大統領だったアル・ゴアが、地球温暖化問題を扱った『不都合な真実』を発表し、ノーベル平和賞を受賞したのは知られているだろう。主要な環境保護団体は、民主党の強固な支持基盤となっている。

共和党は環境問題に関して、民主党とは異なる立場をとっている。その支持母体となっている企業に環境規制に消極的なものが多いことが、一つの要因である。また、共和党支持者の中には、環境規制に積極的に反対する人々も存在する。宗教右派と呼ばれる人々の中には、地球環境は神の大いなる意思に基づいて定められているのであり、それを人間の意思と努力で変更することができると考えるのは、神を恐れぬ人間中心主義だと主張する人がいる。日本やヨーロッパでは科学者の知見に基づいて解決を図るべきと考えられることの多い環境問題も、宗教的争点として位置づけられることがあるのが、アメリカの興味深い所である。

地球温暖化は人間活動の結果として起こっていると考える人は、民主党支持者に多く、共和党支持者には少ない。オバマ政権が環境規制を定めたパリ協定を行政協定として結んだのに対し、トランプ政権がそれを破棄した背景には、このような事情がある。

†人工妊娠中絶

人工妊娠中絶への賛否が政治上の大争点となるのが、アメリカ政治の特徴である。

この問題には、ジェンダーの問題と、宗教の問題が密接にかかわっている。人工妊娠中絶を容認する人々は、この問題は基本的には女性の自己決定に基づくべきだと考えている。他方、中絶を容認しない人々は、胎児を人格を持った人間とみなし、中絶は殺人だという立場をとる。彼らは、旧約聖書で神がアダムとイブの子孫である人間について「産めよ、増えよ」と述べたと記されていることや、モーゼの十戒で「汝殺すなかれ」と定められていることを根拠として、中絶に反対する。人工妊娠中絶容認派のことをプロ・チョイス、反対派のことをプロ・ライフと呼ぶが、アメリカ全体では、プロ・チョイス派が六割、プロ・ライフ派が四割を占める。

連邦最高裁判所は人工妊娠中絶を基本的に容認するロウ対ウェイド判決を一九七三年に出しているが、それに対する賛否は党派別に分かれている。人工妊娠中絶容認派は民主党に多く、反対派は共和党に多い。人工妊娠中絶のような社会的争点については裁判所が大きな役割を果たしていることから、裁判所の判事の任命問題が選挙の大争点になる。連邦裁判所の判事の任命には、大統領が指名し、連邦議会上院が承認することが必要なためである。

†税の問題

ティーパーティやウォール街占拠運動に関するところで記したように、税をめぐる問題は党派政治の一大争点となっている。ニューディール以降、民主党が大きな政府の立場に立って増税を容認するのに対し、共和党は小さな政府の立場から増税に批判的である。税源としても、民主党が累進的性格の強い課税方式を支持し、法人税や相続税の増税を支持するのに対し、共和党は法人税減税や富裕層への減税が経済を活性化させるとの立場をとっている。

†自由貿易

第二次世界大戦後のアメリカは自由貿易推進を世界に訴え続けてきた。アメリカでは長らく、企業経営者を支持母体とする共和党が自由貿易を推進し、労働組合を支持母体とする民主党が自由貿易に消極的な立場をとってきた。だが、近年では、有権者レベルでは民主党支持者の方が自由貿易推進に積極的で、共和党支持者の方が消極的な態度をとるようになっている。

これは、民主党支持者には高学歴のエリートが相対的に多いのに対し、共和党支持者には低学歴の労働者層が増えつつあることの表れである。とりわけ、トランプを支持した、ラストベルトと呼ばれる地域で鉄鋼業などに従事していた労働者は、自由貿易に反対の立場をとる。トランプがＴＰＰへの不参加を決定した背景には、このような事情がある。

†同性婚

第二次世界大戦後、アメリカでは同性婚容認派が約六割、反対派が四割弱で推移してきたが、二〇一〇年頃からその傾向が逆転し、今日では同性婚容認派が多数を占めている。同性婚の賛否も党派別に分かれているが、近年ではその度合いが弱まりつつある。

伝統的には、宗教右派の人々は、生殖に結びつかない性行為を行なったソドムという街を神が焼き滅ぼしたという旧約聖書についての解釈を根拠に、同性婚に反対してきた。だが、保守派は同時に、「家族の価値」も重視してきた。未婚の母の増大や離婚が増加する中、家族の構築を希望する同性愛者はむしろ、結婚と家族という伝統的価値を重視しているのではないかという観点から、保守派の間でも同性婚を容認する人が登場するようになっている。

連邦最高裁判所は二〇一五年に同性婚を容認するオバーゲフェル判決を出した。その判決に際しては、リベラル派判事四名と中道派判事一名が賛成し、保守派判事四名が反対の立場を示した。二〇一八年には、引退を表明した中道派のケネディ判事の後任として、保守派のブレット・カバノーが指名された。連邦最高裁判所判事の構成はリベラル派四名、保守派五名となったため、人工妊娠中絶と並んで同性婚についての判例も変更される可能性がある。

†マリファナ合法化

マリファナ合法化は、とりわけ州政治で重要争点となっている。麻薬の所持や使用は多くの国で違法とされているが、基本的にはその使用を他者に強制したりしない限りは直接的な被害者は存在しない。また、マリファナが及ぼす健康上の悪影響やその依存性の度合いは、たばこなどと比べても低いとされている。麻薬については、取り締まりを厳格化すれば、取引上のリスクが上昇するために末端価格が上昇するにもかかわらず、身体的・精神的依存性が高いことから利用者数は減少しないため、結果的に売人の利益が上がるという問題もある。このような事情から、ヘロインやコカインなどのハード・ドラッグについては違法にしつつも、マリファナのようなソフト・ドラッグについては合法化した方が政策論的に賢明だという議論があり、コロラド州やカリフォルニア州など、一部の州ではその使用が合法化されている。

マリファナ合法化については、民主党支持者が賛成、共和党支持者が反対している。

†テロと市民的自由

テロ防止と市民的自由の擁護は時に衝突する可能性がある。テロは発生してしまっては甚大な政治的、社会的影響が及ぶため、未然に防止するのが望ましい。だが、既遂犯罪の取り締まりを行なうことを基本とすることが刑事法の考え方だとするならば、発生していないテロを抑止することは市民的自由の侵害を伴う可能性もあり好ましくないともいえる。

テロ防止と市民的自由の尊重のいずれを重視するかについては、民主党支持者は市民的自由を、共和党支持者はテロ防止を重視する傾向がある。

†コンセンサスの欠如

一般に世論は民主政治の基礎と考えられており、政治家が世論の意向を可能な限り尊重するのは、民主政治論の観点からすれば望ましいと考えられる。だが、以上の説明からも明らかなように、今日のアメリカでは、様々な争点についても支持政党別に見解が分かれており、コンセンサスが欠如するようになっている。このような状況では、連邦議会や大統領が世論の支持に基づいて行動しようとしても、大きな困難を伴うことが予想される。

アメリカ政治の混迷は、予測不能なトランプ大統領の行動によってその度合いを強めているが、社会の分極化によってもたらされている。政治不信と政治的分極化が共に強めあっている状況は日本を含む多くの国に見られる現象であり、アメリカの事例を検討することは、日本政治のあり方を考える上でも示唆を与えるといえるだろう。

さらに詳しく知るための参考文献

西山隆行『アメリカ政治入門』(東京大学出版会、二〇一八)/同『アメリカ政治講義』(ちくま新書、二〇一八)……筆者によるアメリカ政治の解説書。アメリカ政治の特徴を日本などとの比較を念頭に置いて解説している。各種争点についてのより詳しい解説はこれらを参照していただきたい。

久保文明/砂田一郎/松岡泰/森脇俊雅『アメリカ政治　第三版』(有斐閣、二〇一八)……アメリカ政治に関する代表的で包括的なテキスト。文献紹介なども充実している。

前嶋和弘『アメリカ政治とメディア――「政治のインフラ」から「政治の主役」に変貌するメディア』(北樹出版、二〇一〇)……メディア政治に関する本格的研究。本稿は同氏がネット上で発表している諸論考からも大きな示唆を得ている。

待鳥聡史『アメリカ大統領制の現在――権限の弱さをどう乗り越えるか』(NHK出版、二〇一六)……アメリカ大統領制について、歴史と制度の観点から検討した研究。議院内閣制との比較など興味深い指摘がなされている。

渡辺将人『現代アメリカ選挙の変貌――アウトリーチ・政党・デモクラシー』(名古屋大学出版会、二〇一六)……選挙政治に関する独創的研究。本稿は同氏がネット上で発表している諸論考からも大きな示唆を得ている。

第11章［ヨーロッパ政治］変貌するドイツ政治

板橋拓己

1 揺れるドイツ社会

†エジル選手のドイツ代表引退

二〇一八年夏、現在のドイツ社会を象徴するような二つの出来事があった。

ひとつは、ロシアで開催されたサッカーのＦＩＦＡワールドカップをめぐるものである。前回の王者で今大会直前のＦＩＦＡランキングでも一位だったドイツは、まさかのグループステージ敗退（しかもグループ最下位）を喫した。優勝を期待していたドイツ国内では轟々たる非難が巻き起こり、とりわけそれは、主力のひとりメスト・エジル選手（アーセナル所属）に向けられた。エジルはトルコ系ドイツ人（祖父母の代でドイツに移住）だが、彼が大会前の一八年五月に、大統領選を控えたトルコのエルドアン大統領を表敬訪問したことが蒸し返された（エルドアンはその権威主義的政治から、かねてドイツの主要メディアで批判されてきた人物である）。

大会後の七月二三日、エジルはドイツ代表からの引退を表明し、Twitter上に長文のメッセージを寄せた。そこで彼は、「僕には二つの心がある。ひとつはドイツ人の、もうひとつはトルコ人のものだ」と述べつつ、引退の主たる理由として、自らに向けられた「人種差別」と人格攻撃を挙げ、とりわけメディア、スポンサー、ドイツサッカー連盟を批判した。彼らにとって、「僕は勝てばドイツ人で、負ければ移民なのだ」と。

後述するように、ドイツにおけるトルコ系移民の歴史は半世紀以上に及ぶ。そしてエジルのようなスター選手の存在は、「移民国家」ドイツの成功の象徴だった。それゆえ、このエジルをめぐる騒動は、「移民国家」としてのドイツのあり方を問い直すものとして突きつけられたのである。

†ケムニッツでの騒乱

もうひとつは、ドイツ東部、ザクセン州のケムニッツという都市で起きた騒乱である。二〇一八年八月二七日、ケムニッツで極右勢力が扇動した六〇〇〇人以上のデモが行なわれ、約一五〇〇人のカウンターデモと衝突、六〇〇人の警官隊が出動し、数十人が病院に運ばれる事態となった。

その発端は、八月二六日にキューバ系ドイツ人の三五歳の男性が、イラクとシリアからきた二人の難民と口論の末に刺殺されたことにあった。この事件後、様々なデマ、フェイクニュースがＳＮＳ上を飛び交い、事態は混乱を極めた。

このケムニッツにおける騒乱は、二〇一五年の「難民危機」以来、ドイツ社会が抱えてきた緊張感を露わにした。また、ザクセン州は旧東ドイツ（ドイツ民主共和国）地域にあたるが、西側のドイツ人のなかには「またザクセンか」と、東側への蔑視を隠さない者も少なくなかった。つまりこの事件は、統一から三〇年近くを経てもなお存在する、東西ドイツ間の心理的な距離も浮き彫りにしたのである。

以上の二つの出来事が象徴するように、いまドイツ社会には幾重もの亀裂が走っているように見える。そしてそれは、戦後長らく「安定」を誇ってきたドイツ連邦共和国の政治にも影響を及ぼしている。現在は戦後ドイツ政治史における大きな岐路なのかもしれない。そこで本章では、難民危機、そして右翼ポピュリスト政党「ドイツのための選択肢（ＡｆＤ）」の台頭を主たる題材にして、近年におけるドイツ政治の変貌の一端を描いてみたい。

2 「移民国家」ドイツと難民危機

まず、難民危機以前から、「移民国家」としてのドイツのあり方が動揺していたことを確認しよう。

†「移民国家」としてのドイツ

戦後のドイツ連邦共和国（統一以前は西ドイツ）は、経済復興に伴い労働力が不足すると、一九五〇年代半ばから南欧諸国、そして一九六一年の協定によりトルコから移民労働者を受け入れてきた。けれども、長い間ドイツは国籍に関して血統主義を採用し、「ドイツは移民国家ではない」と言い張ってきた。

そうした状況が変わったのが、中道左派の社会民主党（SPD）と緑の党の連立政権（赤緑政権）期である。同政権は、二〇〇〇年の国籍法改正および〇四年の移民法制定によって、出生地主義を条件付きで認める（成人までは二重国籍を認め、成人後に国籍を選択させる）方向へと舵を切った。ここにドイツは名実ともに「移民国家」となったのである。

さらに、二〇一三年末のキリスト教民主同盟・社会同盟（CDU／CSU）（中道右派）とSP

Dの連立協定に基づき、両親のどちらかが八年以上ドイツに合法的に滞在していれば、ドイツで産まれた子どもはドイツ国籍を取得可能となった。そして、その子どもが二一歳までに八年間ドイツに居住、または六年間ドイツで就学した場合、二重国籍を認めることとなった。

ドイツ内務省刊行の『移民に関する報告書』によると、二〇一五年の時点で「移民の背景を持つ住民」は一七一一万人で、全人口の約二一％にのぼった。そのうちドイツ国籍保持者は九三四万人、外国人は七七七万人であった。また、トルコ系が最大グループで、一七一一万人のうち約一六％を占めている。

†反イスラム的言動の公然化

こうしたなか、難民危機よりはるか前から、イスラム系の人々をいかにしてドイツ社会に統合するかが議論されてきた（いわゆる「並行社会」の問題）。例えば、激しい論争になったものとして、二〇一〇年秋の「ザラツィン論争」がある。これは、当時ドイツ連邦銀行理事で、社会民主党員でもあったティロ・ザラツィンが、「イスラム系移民はドイツ社会への統合に応じず、イスラム文化は経済的な業績達成の意志に欠けている」から、このままでは『ドイツは自滅する』（これが彼の本の題名である）と論じたことに端を発するものである。アンゲラ・メルケル首相をはじめ主要政治家の多くはザラツィンを非難したものの、ザラツィンのようなエリート知

ドイツ統一の日にドレスデンでデモ行進するペギーダ（2016年10月3日）

識人がかかる意見を表明したことは衝撃であった。

また、近年耳目を集めたのが、イスラム系移民に対する排斥運動「ペギーダ」である（正式名称は「西洋のイスラム化に反対する愛国的ヨーロッパ人 Patriotische Europäer gegen die Islamisierung des Abendlandes」で、ペギーダはその頭文字）。これは、二〇一四年一〇月に旧東ドイツ地域の古都ドレスデンで行なわれた、反移民・難民を主張する「月曜散歩」に端を発するものである。ペギーダは、フェイスブックなどのSNSを駆使して参加人数を拡大させ、ドレスデンのみならず、ライプツィヒ、あるいは旧西側のボンなどドイツ各地に広がった。彼らは、「普通の市民」を自称し、「嘘吐きメディア」を糾弾し、政治家は「国民の代表ではなく、裏切り者」だと主張する。

ゲッティンゲン民主主義研究所の調査によれば、ペギーダのデモへの参加者は、平均以上の学歴の中年男性が多いという（平均年齢は四四・二歳で、約八割が男性）。また、ペギーダのデモに際してはカウンターデモが組織されるのが恒例となっているが、こちらは半数が女性であり、平均年齢も若い（参加者の半数が三五歳以下）。

ペギーダは、代表のルッツ・バハマンが「民衆煽動罪」（刑法一三〇条）の容疑で捜査を受けたこと（のち有罪が確定）、そして運動が極右に傾いたことから一時衰退したが、難民危機で再び息を吹き返すことになる。

要するに、移民・難民の「統合」は難民危機以前から問題になっていたし、ペギーダに代表される反イスラム運動も、難民危機以前から存在していたのである。

なお、「並行社会」の問題については、トルコ人側の責任が強調されるきらいがあるが、ドイツ社会の問題も大きいことは指摘しておきたい。長らくドイツは、トルコ系移民らを「ガストアルバイター」（ゲスト労働者）」と呼称しており、どれほど移民がドイツ経済に貢献しようと、あくまで「お客様」扱いを続けてきたのである（ようやくドイツ政府もこうした姿勢を改め、前述の移民法で、ドイツ語教育などを導入した「統合コース」を設置したが）。

†難民危機とドイツ

「アラブの春」以来、不安定化した北アフリカおよび中東から、多くの難民がEUを目指し、ドイツでも難民庇護申請者数が増加した。当初はいわゆる「地中海ルート」から難民は流入したが、とくに二〇一五年春以降、より安全な「バルカン・ルート」を経て急激に多数の難民が押し寄せるようになった。それに対しメルケル首相は、周知のように、二〇一五年九月、難民に国境を開放する決断をした。結果、ドイツにはピーク時で一日あたり一万人超の難民が殺到することとなった。

なお、ドイツにとって大量の難民流入は初めての経験ではない。よく知られているように、かつてナチ政権が大量の難民を生み出したことへの反省から、ドイツの憲法にあたる基本法の第一六条二項（現第一六a条一項）には、「政治的に迫害されている者は庇護権を有する」と定められている。そして、一九九〇年代前半にはユーゴ紛争に由来する難民を、九一年から九三年の三年間だけでも計約一〇〇万人、庇護申請者として受け入れている（九一年二五万人、九二年四三万人、九三年三二万人）。さらに遡れば、第二次世界大戦直後に東側の国々から追放された、被追放民と呼ばれるドイツ人を数百万人単位で受け入れたこともあった。

ただし、ドイツが難民に開かれ続けていたかというと、そうではない。一九七〇年代以降、「経済難民」による「庇護権の濫用」という議論が幅を利かせるようになり、ドイツの難民政策は寛大さを失っていく。東西統一後の一九九三年五月には基本法の庇護権規定が改正され、その理念は形骸化した。すなわち、第一六a条二項以下で、EU構成国など「安全な第三国」から入国した者を庇護申請対象者から除外したのである。こうして、上述のように一九九二年に四三万を数えた庇護申請者数は、二〇〇九年には約三万人にまで減少していた。

そして、今次の難民危機は、それまでの難民流入とは量的にも質的にも異なっていたことを強調しておく必要があろう。まず、二〇一五年の一年間で八九万人の難民庇護申請者というのは、さすがに未曾有の量だった。また質としても、第二次世界大戦直後の難民は「民族同胞」だったし、ユーゴ難民も、少なくとも文化的にはドイツに近い人々だった。それに対し、今回の難民は中東出身のイスラム系が多く、こうした人々を大量に受け入れるのは初めてのことである（八九万人のうち、シリア出身者が三五・九％で最大を占める）。

†「歓迎」から「不安」へ

それでも当初、ドイツ世論は歓迎ムードだった。例えば、ミュンヘン中央駅に到着する難民を、市民は救援物資を携えて歓呼で迎えた。しかし、予想を超える難民の数に、難民が集中したバイエルン州の保守政党キリスト教社会同盟（CSU）の政治家は悲鳴をあげ、市民の間にも当惑と懸念の色が広がった。早くから難民収容施設への放火といった非道な犯罪も起きたし、ケルン市長選では選挙前日の一〇月一七日に難民受け入れを支持した候補者が刺されるという事件もあった（結果はその候補者が当選）。

こうしたなか、メルケル首相は「もし緊急事態に〔難民に〕友好的な顔を見せたことで謝らねばならないなら、そんな国はわたしの国ではない」（二〇一五年九月一五日）と述べ、珍しく信念のあるところを見せた。イギリスの『エコノミスト』誌はメルケルを「不可欠なヨーロッパ人」と呼び、アメリカの『タイム』誌は彼女を「パーソン・オブ・ザ・イヤー」に選んだ。

しかし、風向きを変えたのは、二〇一五年の大晦日から一六年元日にかけてケルンやハンブルクで起きた一〇〇〇件を超える暴行・略奪事件である。これはもっぱら難民による犯罪というわけではないが、容疑者のなかに難民庇護申請者が多かったことも事実であり、ここから世論は一気に硬化した。かかる状況を受けて、じわじわと支持率を上昇させたのが、右翼ポピュリスト政党「ドイツのための選択肢（AfD）」である。では、AfDとはいかなる政党で、この党の躍進はドイツ政治にとって何を意味するのだろうか。

3 「ドイツのための選択肢（AfD）」の躍進

†AfDの登場

AfDは、ユーロ危機を背景に、脱ユーロとドイツ・マルク復活を掲げて、二〇一三年二月に誕生した政党である。「ドイツのための選択肢（Alternative für Deutschland）」という党名は、メルケルが「ユーロ救済以外に選択肢はない」と述べてきたことへのアンチテーゼを意味している。

AfDの創設者は、ハンブルク大学の経済学教授ベルント・ルッケである。彼は、当初からギリシャ支援に反対し、二〇一二年の欧州安定メカニズム（ESM）も批判していた。また、『フランクフルター・アルゲマイネ』など高級新聞の編集人も務めたことのあるコンラート・アダムも旗揚げに参加した。つまり、知識人・エリートが中心となって設立した政党だったのである。これまでドイツでは、ヨーロッパ統合は一種の「国是」であり、それに反対するのは一部の極右と極左に限られていたが、こうした社会的地位の高い人々が反ユーロを掲げて政治的に声をあげたことの意味は小さくない（なお、エリートによるユーロ批判は、前述のザラツィン論争あたりから顕在化していた。ドイツ連銀理事を解任されたザラツィンは、二〇一二年に『ヨーロッパにユーロは不要である』という著作を刊行している）。

†AfDの右傾化

AfDには、三つのグループが併存した。第一は、ルッケのような経済学者を中心とした市場原理主義的なエリートたち。第二は、ユーロ導入で割を食ったと考える中小企業の人々。そして第三が、いま問題となっている右翼グループである。

ＡｆＤは、二〇一三年の連邦議会選挙を前にして結党されたが、そこでは四・七％を得票した。これは新党としては健闘と言えるが、「五％の壁」（後述）を超えられず、議席は得られなかった。その後、新自由主義的な経済学者のグループと右翼グループとの間で内紛が起きるなか、後者が主導するかたちで、二〇一四年五月の欧州議会選挙（得票率七・一％）と、同年八・九月のザクセン（九・七％）、チューリンゲン（一〇・六％）、ブランデンブルク（一二・二％）の州議会選挙（いずれも旧東ドイツ地域）で議席を獲得していった。

こうして、フラウケ・ペトリら右翼グループの力が伸長し、二〇一五年には党の右傾化が進む。例えば一五年一月から、ペトリらは前述のペギーダとも接触するようになった。政策面でも、もはや通貨・税制政策ではなく、難民庇護政策（庇護権が認定されなかった者の即時退去の徹底など）、治安（外国人犯罪者の即時国外退去、公共の場での監視カメラの増設など）、そしてイスラムに関する項目が前面に出るようになった。

決定的だったのが、難民危機直前の二〇一五年七月に開催されたエッセン党大会で、創設者のルッケがペトリに権力闘争で敗れ、右翼陣営の勝利が確定したことである（これによりルッケら新自由主義系の人々はＡｆＤを離脱し、新党を結成した）。こうしてＡｆＤは、反ユーロ政党というよりも、右翼政党に転じたと言える。そして、難民が流入するなかで、より排斥的かつポピュリスト的な性格を帯びるようになったのである。

†ドイツ政治と極右政党

これまでドイツの極右勢力は、危険な存在とはいえ、政治システム全体を脅かすような影響力はなかった。しばしば国民民主党（NPD）、共和党、ドイツ民族同盟などの極右政党が州議会選挙で議席を獲得したことはあるものの、規模は小さく、長続きもしなかった。

これには四つの理由がある。第一に、戦後ドイツではナチの過去への反省から、法的に人種差別を禁止する公的な空間が形成されてきた。例えば、宗教や人種に関して差別的な言動をすると、刑法犯（先述の「民衆煽動罪」）として捕まる可能性があるし、極右政党は憲法擁護庁の監視対象となる。かつては極右政党が違憲として解散させられたこともあった。これまでドイツでは、パブリックな場で差別的なことを主張するだけで、政治的に命取りに繋がったのである。

第二は、「CDUとCSUの右に政党なし」と言われるように、二大政党の一つであるCDU／CSUがきわめて保守的で、極右政党に票が流れるのを阻んできた。また、左派のSPDの側も、例えば上述の二重国籍問題などについて保守側に譲歩してきた。つまり、主要政党間にコンセンサスがあり、極右政党をマージナルな存在に追いやることができたのである。

第三は、いわゆる「五％阻止条項」の存在である。連邦議会選挙や州議会選挙では、比例代表で五％以上得票できなかった政党は議席を得られない。これが、小政党にとって高い壁として立ちはだかってきた。一九六〇年代半ばに成功を収めたNPDも、六九年の連邦議会選で議席の獲得に失敗すると（得票率四・三%）、停滞を余儀なくされた。

第四は、市民による対抗運動の形成である。ドイツの市民社会には反人種主義的規範が広く浸透しており、例えば外国人に対する憎悪犯罪が起きれば大規模な抗議デモが組織されるし、ペギーダのデモには、必ず大きなカウンターデモも伴うことになる。

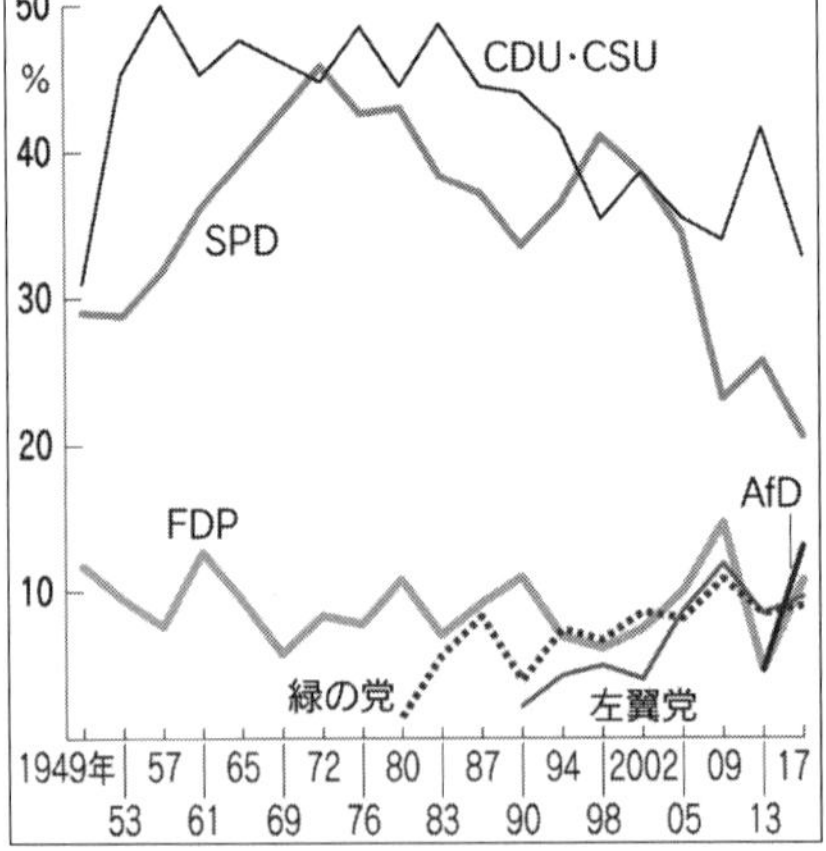

ドイツ連邦議会選挙における各党得票率の推移
（出典）日本経済新聞 2017 年 10 月 6 日朝刊

†従来の極右政党とAfDの違い

かかる環境のなか、AfDは生き延びようとしている。確かにAfDは、既成政党とも従来の極右政党とも異なる興味深い政党である。これまで国政に関わってきたドイツの主要五政党は、いずれも東西分断時代にルーツがある。与党経験のあるCDU／CSU、SPD、自由民主党（FDP）、緑の党は、基本的に西ドイツ時代の政党政治の延長線上にある。また、左翼党は、東ドイツの社会主義統一党の後継政党を母体とし、SPDから離脱した左派が合流したものである。これら既成政党に対して、AfDはドイツ統一後初めて全ドイツ的な規模で組織されたという意味で、新しいドイツを象徴する政党と言えよう。

また、AfDは従来の極右政党とも性格が異なる。第一に、AfDは人的にも思想的にもナチズムとの関係が希薄である（一般党員や支持者にはネオナチが流れ込んでいるのだが）。

第二に、党上層には博士号取得者など高学歴が多く、出身階層も高い人々が多い。さらに、現党首のアレクサンダー・ガウラントのように、もともとCDUに在籍していたが、同党の「左傾化」（後述）に失望してAfDに加わった熟練政治家も存在する。

第三は、極端な民族主義ないし人種主義は表に出さず、例えば「イスラム教は西洋の民主主義や自由に適合しない」といった論法で移民や難民を排斥しようとする点である。かかる論法によって、露骨な人種主義は避けつつも、潜在的に反イスラム感情を抱いてきた層に訴えかけることに成功している（ただし、しばしば「失言」というかたちでAfDの政治家の人種主義は露わになり、それが同党の注目度を高めている面がある）。

第四は、新しいメディアの駆使である。ドイツの主流のメディアは極右勢力を無視する傾向にあり、現にAfDも黙殺状態にあった。しかしAfDはそうした現状を逆手にとり、主流メディアを「嘘吐きメディア」と呼ぶ一方で、SNSを効果的に活用している。二〇一七年連邦議会選の時点でAfDのフェイスブックのフォロワーは三六万人を超え、SPD（約一七万人）やCDU（約一五万人）のフォロワー数をはるかに凌いでいた。

二〇一六年三月にはバーデン＝ヴュルテンベルク、ラインラント＝プファルツ、ザクセン＝アンハルトの三州で州議会選挙が行なわれたが、これはメルケルの難民政策について、ドイツ国民が最初に審判を下した選挙であった。結果は、CDUが三州全てで支持率を落とす一方、AfDはそれぞれで議席獲得に成功し、とりわけザクセン＝アンハルトでは二四・三％の支持を集めた。

そしてAfDは、その後の州議会選挙でも議席を獲得し続け、遂には連邦議会でも議席を獲得するに至るのである。そこで次に二〇一七年の連邦議会選挙を概観してみよう。

4 「安定」の政治の変容

†二〇一七年連邦議会選挙

二〇一七年の連邦議会選をめぐる選挙戦は、内外から「退屈」と形容されていた。無理もない。ドイツの経済は依然好調、メルケルの四選も確実。直近の米仏の選挙戦、すなわちトランプが勝利したアメリカ、マクロン旋風が巻き起こったフランスの選挙戦と比べれば、「退屈」であった。

しかし蓋を開けてみれば、結果は深刻だった。まず、大連立政権の与党CDU／CSUとSPDの二大政党が大きく票を落とした。とりわけ中道左派のSPDは戦後最低の得票率（二〇・五％）を記録した。また、メルケル率いる中道右派のCDU／CSUも投票日直前で失速し、戦後二番目の低い結果となる三二・九％の得票にとどまった。一七年初頭に前欧州議会議長マルティン・シュルツがSPDの首相候補に決定したときの同党の支持率の急浮上、およびその後の急降下と合わせて考えると、中道二大政党の支持基盤の「あてにならなさ」が露わになった。

その一方でAfDは一二・六％を得票し、一気に第三党に躍り出た（最終的に大連立が再び成立したので、野党第一党である）。選挙結果が判明した夜、AfDの幹部が高らかに「勝利」を宣言する一方で、ベルリンなどでは反AfDデモが直ちに組織される事態となった。

AfDはすべての党から票を奪っているが（例えばCDU／CSUから九八万票、SPDから四七万票）、それまで投票を棄権していた層から得た票も大きかった（一二〇万票）。

また、前回選挙で五％阻止条項により議席を失っていたFDPも、若き党首クリスティアン・リントナーの指導のもと復活を果たした（一〇・七％）。左翼党（九・二％）、緑の党（八・九

％）を含めて、ドイツ政治は「六党体制」（ＣＤＵとＣＳＵを別々に数えるなら七党体制）の時代に本格的に突入したと言える。

こうして連立形成の選択肢が狭まるなか、選挙から五ヵ月以上に及ぶ連立交渉の末、結局は二〇一八年三月にメルケルを首班とするＣＤＵ／ＣＳＵとＳＰＤの大連立政権が再び成立した。選挙直後にＳＰＤが連立離脱を表明したこともあり、ＣＤＵ／ＣＳＵ・ＦＤＰ・緑の党から成る「ジャマイカ連立」（各党のシンボルカラーである黒・黄・緑がジャマイカの国旗と同じ配色になることからの呼称）という新しい組み合わせが模索されたが、難民の家族の受け入れや石炭火力発電廃止をめぐって頓挫した。これまで大連立政権のなかで政策の果実をメルケルに奪われてきたＳＰＤは、下野して党独自のプロフィールを強める意思であったが、「ジャマイカ」の挫折を受けて、最終的には政権を担う決断を下した（ただし、党の青年団はこれに大きく反発している）。

†メルケル政治の鬼子としてのＡｆＤ

確かにＡｆＤの躍進は印象的だが、これをもってドイツ社会が「右傾化」した（あるいは「ナチの復活」）と断ずることはできない。もちろんＡｆＤの党エリートのなかには極右的な人物も多い。けれども、このときＡｆＤに票を投じた有権者のなかで同党の主張に「納得」している者は三一％に過ぎず、実に六〇％の人が「他党への失望」から票を投じている。さらに言えば、五五％のＡｆＤ投票者が、同党が「極右から十分に距離をとれていない」と考えている（いずれも世論調査機関インフラテスト・ディマップによる）。

つまり、ＡｆＤ投票者の多くは、必ずしも同党の過激主義に共鳴しているわけではない。むしろ既成政党への不満、そして「自らの生活が変わってしまうことへの不安」から票を投じた者が多かったのである（むろん、そうした「不安」は排外主義につながるのだが）。

言うなればＡｆＤは、長期にわたるメルケル政治が産んだ「鬼子《おにご》」である。その原因たる三つの点を指摘しよう。

第一に、メルケルは、自らが保守でありながら、一二年にわたってリベラルな政策を推進してきた。メルケルのもとでＣＤＵはいわば「社会民主主義化」し、ドイツ政治全体の「中道化」（ガウラントらにとっては「左傾化」）が進んだ。これはＣＤＵないしメルケルの柔軟さを示すものだが、他方で従来ＣＤＵを支持してきた保守層が（すでに難民危機以前から）離反の動きを見せていた。そこで右側にできた空隙にＡｆＤが滑り込んだのである。

第二は、右記とも関連するが、メルケルの政治スタイルに関わる問題である。メルケルは、決して自ら主義主張を唱えたり立場を固定することはせず、世論の動向を注視しながら、可能なら他党の政策もどんどん取り込むことを厭わない政治家である。脱原発への決断や最低賃金制度の導入、そして連邦議会選直前の同性婚承認（ただしメルケル個人は反対）が好例だろう。こうしたメルケルの政治スタイルは、既成政党間の対立軸を著しく曖昧なものにした（これが前述の「退屈」の一因でもある）。そうしたなかAfDが良くも悪くも明確な対立軸を打ち出し、有権者に刺激を与えた面がある。

第三は、言うまでもなくメルケルの寛容な難民政策である。大量の難民流入が喚起した大きな変化への「不安」がAfD票となった。実のところAfDは移民・難民の少ない旧東ドイツ地域で大きな支持を集めたが、これは（欧州各国に共通した傾向だが）移民の少ない地域でこそ、自らのコミュニティが脅かされることへの「不安」がかき立てられるからである。

†ドイツ型代表制民主主義の動揺

ヴァイマル共和国とナチの経験から、良くも悪くも戦後の連邦共和国は、制度的に直接民主主義的な要素を排し、間接民主主義を徹底させてきた。かつてナチが濫用したため、国民票決《プレビシット》はない。また、「建設的不信任」制度（不信任案を提出する際には、必ず後任の首相候補の提案が必要とされる）、「憲法敵対的」政党の禁止、そして前述の「五％阻止条項」などが導入された。要するに、きわめて「安定」を志向した政治体制を採用したのである。そうした制度設計の出発点には、単一争点の賛否や政党の適否の判断などを国民に委ねようとしない、国民の民主主義運用能力への根深い不信もあった。

かかるドイツ型民主政治に対しては、これまでも様々なかたちで不満が表明されてきたが、近年の特徴はそれが主に「右からの抗議」（井関正久）であり、「ポピュリズム」的なものであることだ。CDUとSPDの二大政党を中心とした既成政党間の対立（そしてそれに対応したジャーナリズムや知識人間の対立）はあるけれども、それはあくまでエリートないしエスタブリッシュメント間の対立で、「普通の人」の声は届いていないのではないか。「普通の市民」が争点だと思っていることが、政党間の争点になっていないのではないか。こうした疑問を提起して煽ったのが、ペギーダであり、AfDである。彼らの反エスタブリッシュメント感情や、「嘘吐きメディア」批判、そして「われわれこそが人民《フォルク》だ」というスローガン（もちろん、東ドイツ変革期の民主化運動のフレーズを模倣している）はそのことを示している。

また、前述のように、AfDはヨーロッパ政策に関する既成政党批判から成立したものである。これまでドイツのヨーロッパ政策はエリート主導で進み、市民はそれに「受動的な合意」を与えてきた。しかし、ギリシャ債務危機あたりから、政府のヨーロッパ政策への不満が世論からも表明されるようになった。それでもヨーロッパ政策は、二〇一三年および一七年の連邦議会選挙の主要争点にはならなかった。CDUとSPDの二大政党はどちらも親EUで、濃淡の差はあれユーロ救済を是認していた。こうした空隙をついたのがAfDである。

とはいえ、最近までメルケル率いるCDU主導の政権は、世論の動向にそれなりに巧みに対応してきた。すでに述べたようにメルケルは柔軟な、悪く言えば日和見的な政治家である。原発政策が典型だが、シュレーダー政権の脱原発政策を直前まで批判しておきながら、福島第一原発の事故に対するドイツ世論を見て、原発停止を決めた。また、最低賃金制度が世論調査で人気が高いのを見ると、その導入へと舵を切った。二〇一一年のリビアへの軍事介入をめぐる国連安保理決議の棄権も、国内世論が一つの大きな要因だった。

そうしたなか、難民政策に関しては、珍しくメルケルは世論の動向にそれほど左右されず、自らの路線を貫徹しようとした。しかし皮肉なことに、これが政権内の不一致、とりわけ同一会派のCSUとの内紛を引き起こし、さらにAfDの台頭を呼び込むことにもつながったのである。

†政党政治の変容

AfDは、二〇一八年一〇月一四日のバイエルン州議会選挙および一〇月二八日のヘッセン州議会選挙でも議席を獲得し、これですべての州に議席を保有する政党となった。依然として党内闘争が絶えず（例えば、他党との連立も視野に入れた「現実路線」を掲げたペトリは二〇一七年の連邦議会選直前に党内闘争に敗れ、選挙後に離党した）、つねに分裂含みではあるが、もはや簡単に消滅するような存在ではない。

しかしＡｆＤの台頭は、変貌するドイツ政治の氷山の一角である。いまやドイツ政治は多党化・流動化が進み、かつての姿をとどめていない。

その深層には、もちろん組織政党の衰退がある。もはや政党は労働組合や教会など既存の支持母体に頼ることはできず、その支持基盤の揺らぎが指摘されて久しい。各政党の支持率も、短期間で大きく変動するようになった。

さらに、選挙の争点では、経済をめぐるものよりも、文化やアイデンティティに関わるものが大きな比重を占めるようになった。この点については、本章で検討してきた移民・難民危機が果たした役割が大きい。

本章執筆時点での最新のインフラテスト・ディマップによる世論調査（二〇一八年一〇月一八日）は、そうした変容を端的に示している。まずＣＤＵ／ＣＳＵの支持率は二五％、ＳＰＤに至っては一四％と、もはや二大政党の支持率を足しても四割に満たない状況となった。二大政党の埋没は近年のヨーロッパ諸国に共通の傾向ではあるが、それがついにドイツでも現れている。

代わりに、緑の党が一九％で第二位、ＡｆＤが一六％で第三位につけている。この躍進している二党は、いわば合わせ鏡である。というのも、緑の党が個人の自由・自律を重視した「開かれた社会」を徹底的に追求する政党であるとするならば、他方のＡｆＤは伝統的で「閉じた社会」を徹底的に志向した政党である。それゆえ、例えば難民イシューについては、他党とは異なり、前者は「親難民」、後者は「反難民」で団結していてブレがない。つまり、文化や社会のあり方に関して旗色を鮮明にしている政党が現在支持を伸ばしているという状況にある。

他方で、中道の二大政党であるCDU／CSUとSPDは、責任政党として大連立政権を担わざるをえない状況に追い込まれ、明確な政治的対立軸を示すことができていない。また、AfDの政策を「コピー」するなど右往左往したCSUは、二〇一八年一〇月一四日のバイエルン州議会選挙において史上二番目に低い得票率（三七・二％）で惨敗することになった。

†ポスト・メルケル時代へ

ヘッセン州議会選挙の翌日の一〇月二九日、一八年もの間CDUの党首を務めてきたメルケルは、二〇一八年一二月のハンブルク党大会で行なわれる党首選に出馬しないことを表明した。首相としては二〇二一年の任期まで続投する意思を明らかにしているが、新党首との関係、そして何よりも連立相手のSPDの動向次第で、それもどうなるか分からない。

本章では、移民・難民問題と、それに伴うAfDの台頭を題材にドイツ政治の変貌を描いてみた。もちろん（世論調査も示すように）移民・難民問題のみが有権者の関心でもなければ、ドイツ政治の唯一の問題でもない。とはいえ、これまで見てきたように、移民・難民問題がドイツ政治の基調をシフトさせたこともまた事実である。

さらに言えば、移民・難民問題が争点化され続ける一方で、他の問題が後景に追いやられている傾向も指摘できる。依然としてドイツ経済は好調を保ち、失業率も相対的に低いレベルにあるものの、その陰で、実は国内問題は山積みである。財政均衡に固執するあまり公共インフラ投資は不足しているし、社会の高齢化・人口減少は深刻だ。加えて、低賃金労働が所得格差を広げている。

また、せっかくフランスで親EUのマクロン大統領が登場したにもかかわらず、ドイツはそのEU改革案に応えることができていない。いまやドイツはEUの牽引役を務めるべき立場にあるはずなのだが、十分なリーダーシップを発揮できていないのである（メルケルの指導力低下は、この状況をさらに悪化させるだろう）。

ドイツ政治の見通しは、決して明るいものではない。

さらに詳しく知るための参考文献

森井裕一『現代ドイツの外交と政治』（信山社、二〇〇八）……一〇年前の本ではあるが、これほどコンパクトで初学者にも分かりやすい戦後ドイツ政治に関するテキストはない。現代ドイツ政治に関心を寄せる者が最初に読むべき本。

西田慎／近藤正基編『現代ドイツ政治――統一後の20年』（ミネルヴァ書房、二〇一四）……統一後のドイツ政治を、政治力学（主要政党の動向、労使関係、対EU関係）と個別政策（外交、福祉、家族、脱原子力、移民）の二方向から解説した教科書。森井本と併せて読めば、現代ドイツ政治のおおよその輪郭が摑めるだろう。

平島健司『ドイツの政治』（東京大学出版会、二〇一七）……「半主権国家」という視角から、占領期から現在にまで至るドイツ政治史を通観した書。右記の二著と比べると難解だが、現代ドイツ政治の構造を理解するには必読の書。

井関正久『戦後ドイツの抗議運動――「成熟した市民社会」への模索』（岩波現代全書、二〇一六）……戦後の東西ドイツにおける「抗議文化」の形成と定着を歴史的に辿るとともに、統一後に新たに「右からの抗議」が登場してきたことを論じたもの。

昔農英明『「移民国家ドイツ」の難民庇護政策』（慶應義塾大学出版会、二〇一四）……博士論文を基にした専門書であり、また難民危機以前の著作ではあるが、ドイツの難民庇護政策を学ぶには最適の書。

遠藤乾『欧州複合危機――苦悶するEU、揺れる世界』（中公新書、二〇一六）……現在のヨーロッパ世界を襲う危機（難民危機、ユーロ危機、安全保障危機など）を論じた本は数あれど、本書ほど広く深く体系的に論じた本を知らない。

ヤン＝ヴェルナー・ミュラー『ポピュリズムとは何か』板橋拓己訳（岩波書店、二〇一七）……ポピュリズムの最大の特徴は反多元主義であるとし、この現象の歴史と現在を縦横無尽に論じた書。水島治郎『ポピュリズムとは何か――民主主義の敵か、改革の希望か』（中公新書、二〇一六）と併せて読みたい。

イワン・クラステフ『アフター・ヨーロッパ――ポピュリズムという妖怪にどう向き合うか』庄司克宏監訳（岩波書店、二〇一八）……難民危機がいかにしてヨーロッパ社会を変えたのか、また、なぜヨーロッパ市民は能力主義的エリートに怒っているのか、この二つの問題をブルガリア出身の政治学者が解き明かした刺激的な書。

※本章は、二〇一七年連邦議会選前に執筆した拙稿「変調するドイツ政治――難民危機とポピュリズムのなかで」(『国際問題』六六〇号、二〇一七年四月)に大幅な加筆・修正を施し、アップデートしたものである。また、本書の性格上、「文献案内」で挙げたもの以外で参照した文献を注記することはできなかったが、筆者のリサーチマップの「研究ブログ」頁に詳細な文献表を掲載する(https://researchmap.jp/read0143167/)。

第12章 ［アジア政治］中国から政治を見る

光田 剛

政治学は基本的にヨーロッパ育ちの学問である。英語で「ポリティクス」というのだから、それは古典古代ギリシアのポリス、つまり都市国家に起源を発している。理想の都市国家とはどういうものか、また、都市国家をどう運営すればよいかという古典古代ギリシアでの議論が政治学の出発点だった。現在の政治学はもちろん都市国家の政治学ではないが、政治学の対象として都市国家を想定することは一八世紀ごろまでは受け継がれていた。例えばルソーの『社会契約論』は都市国家的な国家を前提に書かれている。

文明の初期に都市国家が成立し、それがやがて広い領域をもつ領域国家へと発展するのは、世界の多くの地域で見られる流れである。地中海世界やヨーロッパの例もその一つであり、ヨーロッパだけが特殊というわけではない。しかし、都市国家時代に政治学の原型が成立し、それが都市国家時代が終わった後の政治学の原型を形成したという点はやはりヨーロッパの特徴だろう。

では、ヨーロッパ以外の地域では、政治についての考えかたは近現代に向かってどう発展したのだろうか？　また、それは、現在、その地域の政治についての考えかたにどういう影響を残しているだろうか？　それを、ここでは、中国に即して見ていきたい。

1　封建制と郡県制

†儒家の登場

中国文明もまた都市国家文明から出発した。実在した中国最古の「王朝」は殷王朝とされているし、さらに殷より前の「先殷王朝」（いわゆる「夏」）の存在も確実になっている。この先殷王朝にしても、殷にしても、「王朝」といいながら、その実態は、一つの有力な都市国家が他の都市国家を束ねている「都市国家連合」であった。殷を倒して成立した周も、少なくともその始まりの時期には都市国家だった。

周の王は姫《き》という姓を称していた。周の支配下にある都市国家の支配者、すなわち諸侯も多くは同じ姫姓を称していた。事実として血縁関係があったかどうかはわからないが、支配者どうしが男系の血縁関係にあることを主張することで、周の時代の都市国家連合は成立していた。

歴史地図に出ている周の支配領域の実態は、この擬似的な血縁関係で結ばれた都市国家連合体の範囲だったのである。

しかしこの都市国家時代はやがて終わりを迎える。一つの理由は「本家」である周の権威の低下だった。擬似的な血縁関係で結ばれているといっても、時代が下ると、その血縁は遠くなってしまう。また本家と分家の力関係が常に本家の優位で推移するとも限らない。紀元前八世紀、周の「本家」で大きな混乱が起こると諸侯の自立が進んだ。これが春秋時代と呼ばれる時代（前七七〇～前四〇三年）である。さらに、「山川叢沢《さんせんそうたく》」などと呼ばれた原野の開拓が進み、農業生産力が上がると、いくつもの都市を含む広大な領域を支配する領域国家が成立してくる。やがて領域国家が優勢となり、領域国家どうしが争う戦国時代（前四〇三～前二二一年）が始まる。

春秋時代から戦国時代への時代の転換点で、それぞれの都市国家はそのあり方を問い直さなければならなくなった。古いあり方を守るのか、それとも領域国家の時代に積極的に適応していくのか。そんな時代に、現在の中国山東省にあった魯という都市国家に登場したのが孔子（本名は孔丘）である。孔子とその弟子たちの集団を儒家という。

†封建論

儒家は、この時代の転換点にあって、周の時代の古い秩序に立ち戻ることを主張した。復古主義である。しかし、儒家が目指した周の秩序とは、実在の周の秩序ではなく、多分に理想化された政治秩序だった。その重要な柱の一つが「封建」という制度だった。

周では王と諸侯が擬似的な血縁関係による「本家‐分家」の関係で結ばれていた。諸侯は、周の王に対しては「分家」の立場でも、その地方では地方の都市国家連合の「本家」にあたる。諸侯と、諸侯に従属する都市国家の長とのあいだもまた擬似的な血縁関係で結ばれていた。こうして「本家‐分家」関係が積み重なることで周の支配体制は成立していた。これが周の「封建」の実態だった。

儒家はこれを理想化した。最高支配者である王から底辺の庶民までが、いわば「心の通い合う関係」でつながっている制度としたのである。

王と諸侯は直接に知り合いの関係にあるから両者は「心の通い合う関係」にある。知り合いだから心が通う合うかというと、実際はそうとも限らなさそうだが、儒家は、知り合いが親睦を深めていけば必ず心は通い合うと考えるのである。諸侯と、士大夫などと呼ばれるその下のレベルの地域支配者も、やはり直接の知り合いだから「心の通い合う関係」にある。さらに士大夫が支配する地域では、その地域の村の長老たちへと「心の通う合う関係」がつながって行く。長老たちはもちろん村人たちと「心の通い合う関係」にあるから、「王‐諸侯‐諸侯の臣下‐村の長老‐村人たち」の全体が「心の通い合う関係」で結ばれることになる。

つまり、王の下の「天下」全体が、人間どうしの「心の通い合う関係」で結ばれることになるのである。これが儒家のいう「封建」のあり方である。周が天下を治めていた時代にはこの封建の理想が実現していた。それを再現することで天下の政治は安定するというのが儒家の考えだった。これが儒家の封建論である。

儒家思想は、やがて儒教というかたちを整え、さらに儒教の学問的側面として儒学が成立する。その儒教・儒学は封建制の実現を理想として掲げ続けた。

しかし周の封建制は儒家が描いたような理想的なものではなかったし、その封建制が崩壊したのにはそれだけの理由があった。だから、封建制の再現を求める儒家の思想は、最初から決定的に時代遅れだった。しかし、最初から時代遅れの思想は、何があっても古びることはない。最初から古いのだから。だからこそ、儒教・儒学は政治思想として力を持ち続けたのである。

†郡県制と皇帝制

戦国時代は「戦国の七雄」の一国だった秦が他の国を滅ぼすことで終わる（前二二一年）。史上初めて、中国は一つの王朝の下に統一されたのである。

その秦は、封建制をとらず、中国を大きく郡に分け、郡をさらに県に分けて、そこに官僚を派遣することによって王朝の支配を貫徹させる制度を採用した。これを郡県制という。

秦の始皇帝陵（兵馬俑）

郡県制は統一後の秦が実現した強大な君主権力と一体になっている。統一を達成した秦王嬴政《えいせい》は、「王」を超える称号として「皇帝」を案出し、秦の始皇帝となった。この皇帝の「帝」は殷の時代から信仰されてきた最高神で、「皇」は「大いなる」または「光り輝く」という意味である。皇帝となった君主は、もはや庶民まで「心の通い合う関係」でつながるような存在ではない。一般人とは隔絶した偉大な神である。

また、皇帝制度の下の官僚も、封建論で考えるような諸侯とは本質的に違っている。封建論で考える諸侯は王に次ぐ高い身分にあった。士大夫は諸侯に次ぐ身分にあった。しかし、皇帝制度と郡県制の下では皇帝以外はすべて庶民である。ただ、皇帝一人では支配ができないから、その庶民のなかから官僚を取り立てて、皇帝の支配を助けさせる。官僚は皇帝権力を背景にしているから強大な権力を持つが、官僚を辞めればただの庶民に戻る。封建制は身分制度を抜きにしては成立し得ないが、皇帝制と、それと一体になった郡県制は、皇帝一人が尊く、他は平等な庶民という社会を想定する。これを一君万民体制と呼ぶ。

その秦の統一は実質的に始皇帝一代で終わる。秦の後に中国を統一した漢（前漢、前二〇二〜後八年）は、始皇帝の失敗から教訓を得ながらも、基本的には皇帝制と郡県制を踏襲した。その後の中国王朝も基本的に皇帝制と郡県制を受け継いで行く。

2 後期帝制時代の社会

†始皇帝の理想の実現

秦の始皇帝が理想としたような強大な皇帝権力はなかなか実現しなかった。中国社会が「一君万民」にならなかったからである。

周の封建制による身分制は崩壊したが、漢から後漢にかけて大土地所有者が生まれ、それがやがて王朝貴族に成長する。また遊牧系王朝では遊牧民集団の部族長がそのまま貴族に転身した。華北は四世紀以来遊牧系王朝の支配下にあった。日本では典型的な中華王朝ととらえられた唐（六一八〜九〇七年）も遊牧系王朝で、唐の初期には遊牧系貴族の影響力も強かった。貴族層が存在する以上、「一君万民」にはなれない。

この唐が滅亡した後の戦乱時代（九〇七〜九七九年）に中国社会は大きく変化した。唐の中ごろから勢力を衰退させていた貴族階層がこの戦乱のなかで消滅してしまったのである。この戦乱が宋（北宋、九六〇〜一一二七年）の統一で終わったとき、平等な庶民とその上に絶対的権力を握って君臨する皇帝という、秦の始皇帝の理想が実現する条件が整っていた。

しかし、宋は、その皇帝の絶対的権力で社会をいかに統制するかということ自体が慢性的な政争の原因となり（新法‐旧法の争い）、それが対外的な緊張とも絡んで、一一二七年に滅亡してしまった。その後の宋は江南（長江下流域の南側）を中心とする地方王朝として存続する（南宋、一一二七〜一二七九年）。南宋はアジア各地と海上貿易を展開し、地方王朝ではあるものの繁栄をきわめたが、政治面では強力な皇帝権力は実現しないままに終わった。

南宋の滅亡後はモンゴル人王朝の元（大元、一二七一〜一三六八年）が中国の統一王朝となった。元は、現在の中華人民共和国とモンゴル国の領土の原型をつくり、また省と県を基本とする、現在まで続く中国の地方制度の原型をつくった。ほかにも元がその後の中国に与えた影響は数多い。その一つが世界帝国を支配する「大カアン」（カアンは当時のモンゴル語で皇帝のこと）としての強大な皇帝権力だった。

元を漢人地域から追い出して新たに成立した明（大明、一三六八〜一六四四年）はその強大な皇帝権力を受け継いだ。また、元末の混乱のなかで、漢人の農民は貧しいかわりに比較的平等な状態で残された。南宋時代から元にかけて比較的温暖だった気候が寒冷化したことも影響したといわれる。ともかく、明王朝は、その成立期に強大な皇帝権力と平等な庶民社会という条件を手にすることができた。ようやく、本格的に始皇帝の理想が実現するときがきたのである。

†科挙官僚制

この明と、明を受け継いだ満洲人王朝の清（大清、一六一六〜一九一二年）の時期を合わせて「後期帝制」という。明と清を連続してとらえるのは、漢人地域の支配に関しては、清が基本的に明の制度を受け継いだからである。

後期帝制は漢人地域を支配する方法として科挙官僚制を採用した。

科挙とは全国統一の官僚登用試験である。制度自体は隋（五八一〜六一八年）の時代から存在するが、重要性を増したのは貴族制が崩壊した宋の時代からである。明の時代になって科挙はもっとも正統な官僚登用の方法としての権威を獲得した。科挙では、実質的に、各地方会場で行なわれる試験と、首都で行なわれる試験の二段階で選抜がなされる。首都での試験の合格者には皇帝自身による面接試験（殿試）が行なわれた。皇帝による審査は形式的なものだったが、まさにその形式によって、皇帝自身が官僚を選抜したという形式が整えられたのである。科挙に合格した官僚（科挙官僚）は、自分を選んでくれた皇帝に恩を感じ、皇帝に忠誠を尽くすことになった。皇帝の手足として全国に派遣され、皇帝の権力を代行し、皇帝のために政治を行なったのである。秦の始皇帝の理想にかなう官僚像だった。

ところで、強力な権力の持ち主が地元と癒着すると、それが腐敗の温床になり、ひいては地方に半独立勢力が出現するきっかけになることがある。歴代の中国王朝はこの弊害に悩まされてきた。とくに、後期帝制の皇帝権力はそれまでの時代より強かったから、その代行者である科挙官僚の権力も強大で、それが地元と癒着すると始末に負えなくなる。そこで、後期帝制ではこの弊害が起こらないようにするために巧妙な工夫がなされた。それが回避の制と不久任の制という二つの制度である。

回避の制は、科挙官僚を地方官として赴任させる際に、出身地に近いところには赴任させないという制度である。出身地の近くには官僚の縁故者が多く、地元社会と癒着する可能性がある。だからその地方に赴任させることを避けるのである。不久任の制は、やはり地方官として赴任させる際、長くても三年で転勤させるという制度である（現代日本にもよく似た制度がある）。そうすると地方社会と癒着してもそれが深刻化する前にその地方から引き離してしまえる。後期帝制ではこのように官僚と赴任先の地方の癒着を徹底的に防止する制度が行なわれた。

ある。

†儒教知識人を取り込む

もう一つ、この科挙官僚制の特徴的なところは、儒教知識人を官僚として取り込んだことである。

日本には儒教・儒学というと前近代の体制に従順な教えというイメージがある。たしかにそういう一面もある。しかし、同時に、儒教は、封建論をはじめとする独自の政治的理想をもつ教えでもある。皇帝専制体制が封建の理想と異なる以上、儒教・儒学は体制批判の教えに転化する可能性を常に秘めていた。

皇帝制は郡県制と相性がよく、封建制とは相性がよくない。その封建制を支持する儒教が皇帝制と結びついたのは漢（前漢）の後期のことである。儒教が皇帝の支配を正統化する理論を提供し、王朝が儒教に特権的地位を与えたのである。しかし、その後、儒教・儒学の発展自体が停滞したことや、道教や仏教を尊ぶ貴族社会の気風の影響もあって、歴代王朝での儒教の影響力は限られたものになっていた。

しかし、南宋の時代に、儒教のライバルだった仏教などの世界観も採り入れた朱子学が成立した。明の時代には朱子学が諸学の中心になった。科挙でも朱子学の知識が合格を左右する状態になる。そうなると、官僚になりたい者は儒学（とくに朱子学）を学ぶ。儒学を学んだ者は科挙を受験して官僚になる。明のような強力な皇帝専制体制には批判的なはずの儒教・儒学が、科挙を通じて皇帝専制体制のなかに取り込まれた。

だからといって、官僚になった者たちが儒教の理想を裏切ったわけではない。官僚になって、その仕事を通じて「心の通い合う政治」という儒教の理想を実現していけばいいのである。

このような制度的工夫のおかげで後期帝制体制は一四世紀から二〇世紀まで安定して存続した。明朝は資質に問題のある皇帝が多く、最初から最後まで波乱が続いた。しかし、皇帝周辺の政治は混乱しても、制度は安定して存続したし、その支配下で経済は発展し社会は繁栄した。一六世紀、南アメリカにいたスペインの代官が、南アメリカの豊富な銀が中国に吸い込まれると二度と戻って来ないと嘆いたほどの繁栄ぶりだった。

しかし、この繁栄が、やがて後期帝制の足もとを掘り崩すことになる。

†紳士階層の出現

科挙の受験には時間と財力がかかる。少なくとも、受験勉強に充てられる時間の余裕をもち、受験のための書物を豊富に揃えられる財力があるほうが受験では有利である。そこで、豊かになった社会では、富裕層から科挙の合格者が出やすくなる。

またこの経済発展は経済格差の拡大を生んだ。明の末から清の時代にかけて、貧しい農民が土地を失い、地主の下に土地が集積されるという動きが続いた。地主は経済的に豊かになり、貧しい農民は、小作人になるか、村を離れて流動する流民と化していった。流れてきた流民を大地主が組織し、それがさらに大地主の社会的勢力を増大させた。

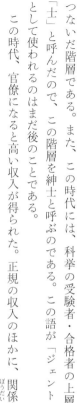

こうして科挙に合格するような読書人と大地主が一体化した階層が成立する。これを士大夫階層とか紳士階層とか呼ぶ。士大夫とは、周の封建制で諸侯の下に位置し、庶民とのあいだをつないだ階層である。また、この時代には、科挙の受験者・合格者の上層を「紳」、下層を「士」と呼んだので、この階層を紳士と呼ぶのである。この語が「ジェントルマン」の翻訳語として使われるのはまだ後のことである。

清末～民国の代表的な紳士であった張謇

この時代、官僚になると高い収入が得られた。正規の収入のほかに、関係先からの「付け届け」のたぐい、率直に言えば賄賂が厖大《ぼうだい》で、それも官僚の収入になったからである。官僚は、科挙の受験で費やした費用をこの高収入によって取り戻すのである。

しかし官僚生活にはリスクもつきまとう。政争に巻き込まれて左遷されたり、ばあいによっては処刑されたりすることもある。しかも、回避の制があるので、地方官として赴任する先は、慣れない風土の土地である。話しことばさえ通じないことも多い。

紳士層が大きな財力をもつようになると、ストレスの多い官僚生活は適当なところで切り上げて、自分の出身地で長い余生を送りたいという人も増えてくる。こうして、引退して郷里に帰ってきたり、合格しても任官しなかったりした科挙合格者を「郷紳《きょうしん》」という。

官僚になる気がないのなら科挙など受験しなくてもよさそうなものだが、これがそうではない。現在の公務員試験が専門知識を問うものであるのに対して、科挙は「この世についてよく知っている」という一般的な知識を問うものだった。実際には受験生は儒教の経書の知識を詰め込んで受験に向かうのだから、あくまでそれはたてまえである。それでも、科挙に合格すると「この人はこの世のことをよく知っている、いざというときに頼れる人だ」という信頼が生まれる。それを得るためには、たとえ最初から官僚になる気がなくても、やはり科挙を受験して合格していることが必要だったのである。

†「皇帝－紳士－庶民」の階層構造

郷紳は、その声望を活かして、出身地で地元社会のリーダーの役割を果たすようになる。農業の世話はもちろん、「郷約」と呼ばれる村の自治法の制定、学校や集会場も兼ねた宗教施設の設立と管理、そして住民の生活環境の改善などを率先して行なうようになった。

台湾の彰化孔子廟。孔子廟は紳士の民衆教化の拠点になった

さらに、経済活動が活発になると、郷紳のなかに、農村の地主という性格はそのままで、都市に進出する者も現れ始める。いわゆる不在地主化である。

ところで、後期帝制期の中国では、同じ地方の出身者が一つの都市に移住し、同じ仕事に従事するという傾向があった。ある地方の出身者は材木を商い、ある地方の出身者は織物を織り、というように、である。そういう職人や商人は、同じ出身地の者どうし、また同じ職業に従事する者どうしで組織を作る。その組織を通じて情報を交換し、親睦を図るのである。その地方出身の紳士はそういう組織の世話役になり、また、組織を代表して役所や他の組織との交渉に当たった。紳士は都市社会の指導者にもなったのである。こういう紳士の役割は、清の時代、一九世紀になって、欧米から近代工業や近代的な商業が入って来た後にも変わらなかった。

中国は、漢人地域に限ったとしても広大なので、このような社会の変化が一斉に進んだのではない。地域差はある。また社会のなかでの紳士のあり方にも地域差はあった。だから、一概に言うことはできないのだが、大きく言って、一九世紀には、偉大な皇帝と一般庶民だけから構成されるという「一君万民」の社会というあり方は崩れていた。「君」と「民」のあいだに紳士階層が存在するようになった。その紳士が皇帝の下では官僚になり、地元に戻れば郷里や都市のリーダーとして活躍する。「皇帝－紳士－庶民」という構成の社会が成立したのである。

†高まる変革要求

有力な社会階層になった紳士は、皇帝の官僚としてではなく、地方の代表として政治に参加することを要求する。そこで政治参加を要求する論理の骨組みを提供したのは封建論だった。一九世紀になり、清朝が内憂外患を抱えて不振になると、その原因を、皇帝と民衆の関係がかけ離れすぎていることに求める議論が盛んになった。皇帝には民情が伝わらず、庶民には皇帝の意思が伝わらない。その欠陥を埋めるために、皇帝と庶民の隔たりを埋める封建制的な制度が必要である、というのである。

欧米から紹介された議会制度も、ときにこの封建論の文脈で肯定的に理解された。議会は皇帝と庶民の隔たりを埋める役割を果たすというのである。もちろん、議会が開かれれば、紳士階層の人々が議員になることを想定してのことであった。また地方自治の制度も封建論を通じて理解された。封建制の「心の通い合う政治」を地方自治に読み替えたのである。その自治を主導するのは、「士大夫」つまり紳士階層の役割である。

一方で、紳士には陰の一面があったことも忘れてはならない。大地主として土地を集積し、零細農民を小作農に転落させ、その小作農から高い地代を搾り取る搾取者としての一面である。紳士の社会的権威の確立とともに、その土地所有の不平等も大きな社会問題になってきた。とくに、一八世紀末から一九世紀になると大きな民衆反乱が相次ぐようになる。その背景に土地を失った農民の不満があることは明らかだった。紳士による改革の要求だけでなく、その紳士の搾取に苦しむ零細農民や流民の変革の要求も高まっていた。中国が本格的に欧米と接触したのは、中国社会がそんな変革期にさしかかった時期だった。

3 近現代中国への展開

†紳士の共和国

一九一一年、革命が勃発し（辛亥《しんがい》革命）、翌一九一二年、清朝が倒れた。

この革命の本質は地方の反乱だった。たしかに、清朝打倒を目指す急進的な革命運動は進められていた。この革命の引き金を引いたのもそういう革命派である。しかし、清朝打倒を決定的にしたのは、その革命が起こったときに、地方行政の単位である各省が清朝の支配から離脱するという宣言を相次いで発したからである。支配下のほとんどの地方に不支持を表明されて、清王朝は滅亡した。

郡県制に基づく地方政府ならばこのようなことは起こらない。地方政府は皇帝権力の代行者である科挙官僚が握っているからである。しかし、この直前、清朝は地方議会を開設していた。地方を代表して政治に参加したいという紳士階層の要求に譲歩したのである。そうなると地方の世論が地方議会を通じて表出される。その結果が王朝の支配からの離脱宣言だった。革命は、急進的な革命家たちの運動によってではなく、地方議会に集結した紳士の動きによって成功したのである。
清朝の支配からの離脱を宣言した各地方の代表が集まり、一九一二年、共和制の新国家として中華民国が樹立される。

武昌決起（1911年）

それでは、その新しい共和国で、清の後期から紳士層が要求してきたような紳士の支配が実現しただろうか。

たしかに地方議会は地方の世論を表出する上で大きい役割を果たした。また、近代経済の発展とともに、都市の世論を代表して声を上げるのも、紳士が率いる実業家や商人の団体だった。こういう面で、新しい共和国で紳士階層が果たした役割を軽視することはできない。

しかし紳士だけでこの新しい共和国をコントロールすることはできなかった。国の統一を保つのはもちろん、地方の秩序を保持するのにも軍の力が必要だった。そして、新しい共和国の中枢を握ったのは袁世凱や段祺《だんき》瑞《ずい》など軍の最高幹部だった。また、地方政治にも、その地方の軍の司令官（督軍という）が強い影響力をもったのである。

†軍閥の時代と紳士

中国の近代軍の起源は紳士階層の登場と深く関係している。

後期帝制の軍制度ではすべての軍を皇帝直属とすることが原則とされた。清朝の制度は、その漢人の制度と、清がもともっていた遊牧的な軍制度が融合したものだった。しかし一九世紀に民衆反乱が頻発するとその清の軍制度では対処が難しくなった。そこで、地方紳士の主導で郷土防衛を目的とした義勇軍が編成され、これが常備軍化して、近代軍へと発展したのである。

自分の土地は自分たちで守る。それを積み上げることで王朝全体の防衛力も強くなる。それは封建論の理想でもあった。

しかし、では中国の近代軍が紳士に忠実であったかというと、そうとも限らない。

近代的な兵制が未成立だったため、近代軍の兵士の多くは、失業者や土地を失った農民など、ほかの生業に就けない男性によって補充された。つまり流民的な人々である。士官は紳士階層に近い出身のこともあったが、兵士とさほど変わらない境遇から成り上がった士官もいた。この時代の中国の近代軍はそういう零細農民層や流民層を代表する政治勢力という一面もあったのである。零細農民や流民は紳士の搾取によって生まれた階層だから、軍と紳士のあいだには一定の緊張関係があった。

しかも、紳士は、都市や省のレベルでは地方を代表して世論を表出する役割を果たせても、全国的な組織をもつことはできなかった。そういう広い範囲での政治を組織したのは軍だった。軍の上官‐部下関係や士官学校の教官‐生徒関係を軸に、政治家や経済人、実業家・商人、ばあいによっては知識人まで恩顧‐庇護（パトロン‐クライアント）関係で結びつき、軍を中心とする大小のグループが成立して、それが政治に大きな影響力をもった。いわゆる軍閥である。

軍閥が影響力をもったからといって、紳士の存在が無になったわけではない。軍閥も、内戦を繰り返したり、地方を搾取したりするだけでは自らの支配を維持できないことはわかっていた。支配下で農林業を振興し、商工業を発達させ、それを担える人材を教育しないことには存続できないことがわかっていたのである。その担い手として紳士の存在はまだ重要だった。紳士が結集する省議会と、その地方を支配する軍閥との関係は、地方によって様々だが、大きく言えば、軍閥も紳士も互いに相手を必要としあう関係だったのである。

†国民革命と「封建」の命運

だが、一九二〇年代には紳士の時代は終わりを迎えつつあった。

紳士は科挙に合格していることによって社会的信用を得てきた。ところがその科挙は一九〇五年に廃止されてしまった。また、たとえ科挙が存続していたとしても、多分に儒教的な「この世についての知識」の持ち主が近代社会でも前時代のように尊敬され続けたかどうか。紳士は、大地主や実業家・商人のまとめ役という近代的な富裕層・中間層へと転身した。それでも社会の指導層にとどまりはしたが、王朝時代に得ていた社会的尊敬は十分に得られなくなってしまった。

そんななかで、一九二〇年代には中国社会の分裂を克服して新しい中国社会を建設しようという運動が勢いを得る。これを国民革命という。大きなきっかけの一つは第一次世界大戦終結後の世界情勢に対する危機感だった。中国が近代国家として生存していくためには、近代的な国民の共同体を実現しなければならない。そのためには、軍閥対立による地域的な分裂だけでなく、紳士階層の搾取による階層の分裂の問題を解決しなければならない。地域分裂を統合するとともに、社会を変革して階層による分裂を再統合しなければならない。それを実行に移そうとするのが国民革命運動だった。

国民革命運動の担い手は、改革に熱心な軍閥や政治家、地方政治を担う紳士層の一部まで含む幅広い層だった。しかし、軍事的・政治的な条件から、その中心は一九二一年に成立した中国共産党と、その協力も得て一九二四年に近代革命政党に改組された中国国民党へとしだいに固まっていく。

清の後期から一九一〇年代にかけての社会変革では紳士層が主導権をとった。しかし、国民革命運動では、紳士層は、都市社会や農村社会のリーダーとしてはその推進側の一翼を担いながら、搾取階級としては変革の対象になっていく。変革の中心勢力ではなくなったのである。

これを象徴するのが「封建」ということばの語感の変化である。儒教をその教養の中核とする紳士にとって「封建」とは理想の社会状態であり、理想の政治像であった。ところが、国民革命運動のなかでは、「封建」は軍閥の地方割拠を意味するきわめてイメージの悪い語になっていった。しかも、そこには、軍閥の割拠を許している社会の古さに対する非難もこめられていた。古い時代に返ることは理想ではない。古さは克服されなければならないのである。この大きな転換は、社会の変革を主導する層の急速で大きな入れ替わりを象徴している。

†取り残される個人の自由

孔子の時代から二〇〇〇年あまり、儒教・儒学の封建論は皇帝専制体制と一定の緊張関係を持ちつつ共存してきた。それが改革の理念として大きな役割を果たした時期の一つが清の後期から一九一〇年代までである。そして、それが国民革命の大きな「うねり」のなかに飲み込まれて消えていってから、そろそろ一〇〇年が経とうとしている。

封建論は、欧米の議会論や地方自治論とも結びつきながら、中国政治の近代化に一定の役割を果たした。儒教の封建論が、中国の都市国家時代が終わろうとしている段階で、過ぎ去った時代の再現を求める「最初から時代遅れ」の理想だったことを思えば、その生命力は驚くべきものであったと言っていい。

ただし、それは、一面では搾取階級であった紳士の政治思想だった。その紳士は、土地所有の不平等の是正を求める零細農民・流民階層の変革要求に対しては受け身だった。地方議会の開設で先にその意見を世論として表出する機会を得たのは紳士だった。しかし、零細農民・流民階層は、国民革命運動のなかで、「耕す者を畑の持ち主に」と主張する中国国民党や「土地革命」を目指す中国共産党にその声の代弁者を獲得していくことになる。そして、日本との戦争で紳士が主導してきた社会が疲弊し崩壊した後、「無産階級」が主導権をとるとする中国共産党の革命が起こり、中国共産党体制が成立する。中国共産党が社会主義をまじめに追求しているあいだは、「紳士」は反動階級の一部とされ、打倒されるのでなければ改造されなければならない階級になってしまった。

ところで封建論からは個人の自由という発想は出て来ない。個人は「心の通い合う政治」のなかで、身分が上や下の人とも同じ身分の人とも和み合う関係であって、自由の主体にはならない。では、その封建論を批判した国民革命の運動のなかからは個人の自由を追求する動きは出て来たか。出て来た。しかし、主流にはならなかった。中国国民党の孫文は「中国の革命は個人の自由・平等を目標にしてはならない」と言い、中国共産党の毛沢東は「自由主義に反対する」という文章を公表した。紳士に搾取される階級の立場に立つからと言って、その階級に属する個人の自由はほとんど考慮されなかったのである。

そういう状況のなかでも、国民革命の時代から現在に至るまで、国民個人の自由、あるいは個人の権利を追求する中国リベラリズムの運動が粘り強く進められている。一九二〇年代、改革を主導する論理が紳士の改革論から国民革命へと急速に入れ替わった変化がまた起こらないともかぎらない。そのことを忘れずに、中国リベラリズムの運動の今後を注視していきたいと私は思う。

さらに詳しく知るための参考文献

平勢隆郎『中国古代の予言書』（講談社現代新書、二〇〇〇）……中国の都市国家時代がその後の時代からどう描かれたかを論じる。

後藤基巳／山井湧編『中国古典文学大系　五七　明末清初政治評論集』（平凡社、一九七一）……本章では省略した明末・清初の儒教知識人の懸命の模索の様子を読み取ることができる。

西順蔵／島田虔次編『中国古典文学大系　五八　清末民国初政治評論集』（平凡社、一九七一）……同じく、清末から民国初期の政治論の広がりを読み取ることができる。本書も入手困難だが、野村浩一ほか編『新編原典中国近代思想史』（全七巻）に収録されている文章もある。

岸本美緒『明清交替と江南社会──一七世紀中国の秩序問題』（東京大学出版会、一九九九）……一七世

紀、明から清への王朝交替に揺れる社会と、その時期の紳士のあり方を実証的に論じている。

戸川芳郎ほか『世界宗教史叢書　一〇　儒教史』（山川出版社、一九八七）……多様な角度から、その始まりから現代までの儒教の歴史を描いた通史。

野村浩一『近代中国の思想世界――『新青年』の群像』（岩波書店、一九九〇）……紳士の改革論から国民革命への転換期を生きた知識人たちの群像を通して、この時代のあり方を浮かび上がらせる。

深町英夫『孫文――近代化の岐路』（岩波新書、二〇一六）……本章では十分に触れられなかった孫文についての最新の研究。この本の著者の編集による『孫文革命文集』（岩波文庫、二〇一六）もある。

中村元哉『叢書東アジアの近代史　二　対立と共存の日中関係史――共和国としての中国』（講談社、二〇一七）……中国のリベラリズムと立憲主義の観点から見た近代中国の通史。

あとがき

西山隆行

成蹊大学法学部は二〇一八年度に創立五〇周年を迎え、その記念事業の一環として政治学科は論文集を刊行することになった。近年では政治学の研究も高度に専門化しており、我々政治学科の教員も第一線で研究を行なっている。その最新の研究成果を論文集としてまとめれば、まさに五〇周年の記念事業としてふさわしいのではないかと思われた。だが、論文集の性格や構成について学科会議で議論する中で、「政治(学)の面白さと大切さを伝えることのできる本を作りたい」という思いが徐々に強くなっていった。

大学教員の主たる任務は、専門的な研究を行なうとともに、その成果を学生に伝えることである。それに加えて、成蹊大学法学部政治学科には、学術研究の成果を社会に還元することの重要性に鑑《かんが》み、公開講座などで講演したり、メディアで発言したりする教員も多い。そこで、各教員が自らの研究分野を踏まえつつ、政治(学)の面白さと大切さを一般読者の皆様に伝えることのできる原稿を執筆し、それを一冊の本にまとめてはどうかということになった。幸い、我々は学科の新入生を対象として「政治学への案内」と題するオムニバス講義を提供している。この科目は教員の顔見世を一つの目的としているが、それと同時に、政治（学）の面白さと大切さを新入生に伝えるという目的も持っている。本書は、成蹊大学法学部政治学科が行なってきたこれらの研究と教育の成果を一冊の本にまとめることで、学問の裾野を広げようとする試みである。

このような我々の思いを受け止めてくださった筑摩書房の松田健さんに心からお礼を申し上げる。新書は原則として多数の執筆者による共著にはしない方針を持っていることは、松田さんから幾度となく伺っていた。成蹊大学法学会からの出版助成があるとはいえ、特例を認めて出版をご快諾いただいたこと、様々な段階で適切な助言をいただき、迅速に編集作業をしていただいたことに心からお礼を申し上げたい。

本書は、二〇一八年度に成蹊大学法学部政治学科に在籍している教員が執筆したものである。あいにく、在外研究中の李静和は体調面での問題もあり執筆が叶わなかったが、我々執筆者は研究会などを通じて氏から常に啓発されてきた。また、我々執筆者の政治に対する理解は、成蹊大学の研究・教育活動に関わってくださった先生方（名誉教授を含むかつて在籍しておられた先生方、非常勤講師の先生方、成蹊大学政治学研究会で報告をしてくださった先生方など）、そして、授業などで様々な問いかけをし、語り合ってくれた成蹊大学の歴代の学生の皆さんのおかげで、より深いものになった。大学の職員の方々は、我々執筆者が研究と教育を行なうための環境を整えてくださった。これらのことを考えると、本書は、これまで成蹊大学法学部と各教員に関わりを持ってくださった全ての方のおかげで可能になったものである。皆様に心よりお礼を申し上げたい。

『教養としての政治学入門』と題する本書が、政治（学）に関する理解を少しでも豊かにすることができるならば、誠に幸いである。

執筆者紹介

高安健将（たかやす・けんすけ）【第1章】
一九七一年生まれ。早稲田大学政治経済学部卒業。Ph.D.（Government, London School of Economics and Political Science）。早稲田大学教育・総合科学学術院教授。専門は政治過程論、比較政治学。著書に『首相の権力――日英比較からみる政権党とのダイナミズム』（創文社）、『議院内閣制――変貌する英国モデル』（中公新書）など。

西村美香（にしむら・みか）【第2章】
成蹊大学法学部政治学科教授。東京大学大学院法学政治学研究科修士課程修了。修士（法学）。専門は行政学、日本の公務員制度。著書『日本の公務員給与政策』（東京大学出版会）、『行政学の基礎』（共著、岩波書店）、『自治体の構想2　制度』（共著、岩波書店）など。

浅羽隆史（あさば・たかし）【第3章】
一九六五年生まれ。成蹊大学法学部政治学科教授。中央大学大学院経済学研究科博士後期課程中退。専門は地方財政論、財政学。著書『格差是正の地方財源論』（同友館）、『建設公債の原則と財政赤字』（丸善）、『入門　地方財政論』（同友館）など。

遠藤誠治（えんどう・せいじ）【第4章】
一九六二年生まれ。成蹊大学法学部政治学科教授。東京大学大学院法学政治学研究科修士課程修了。修士（法学）。専門は国際政治理論、国際政治経済学、平和研究。著書『シリーズ日本の安全保障』全八巻（編集代表、岩波書店）、『グローバル対話社会』（編著、明石書店）、『グローバル・ポリティクス』（編著、有信堂）など。

野口雅弘（のぐち・まさひろ）【第5章】

一九六九年生まれ。成蹊大学法学部政治学科教授。早稲田大学大学院政治学研究科博士課程単位取得退学。博士（哲学、ボン大学）。専門は政治理論、政治思想史。著書『闘争と文化』（みすず書房）、『官僚制批判の論理と心理』（中公新書）、『忖度と官僚制の政治学』（青土社）など、翻訳書にマックス・ウェーバー『仕事としての学問 仕事としての政治』（講談社学術文庫）など。

平石 耕（ひらいし・こう）【第6章】
一九七二年生まれ。成蹊大学法学部政治学科教授。成蹊大学大学院法学政治学研究科博士後期課程修了。博士（政治学）。専門は西洋政治思想史。著書『グレアム・ウォーラスの思想世界——来たるべき共同体論の構想』（未來社）、『市民社会論』（共著、おうふう）『多元主義と多文化主義の間——現代イギリス政治思想史研究』（共著、早稲田大学出版部）、『政治の発見3 支える——連帯と分配の政治学』（共著、風行社）など。

井上正也（いのうえ・まさや）【第7章】
一九七九年生まれ。慶應義塾大学法学部教授。神戸大学大学院法学研究科博士後期課程修了。博士（政治学）。専門は日本政治外交史。著書『日中国交正常化の政治史』（名古屋大学出版会）、『戦後日本のアジア外交』（共著、ミネルヴァ書房）、『現代中国入門』（共著、ちくま新書）など。

立石洋子（たていし・ようこ）【第8章】
同志社大学グローバル地域文化学部准教授。東京大学大学院法学政治学研究科博士課程修了。博士（法学）。専門はロシア・旧ソ連史。著書『国民統合と歴史学——スターリン期ソ連における『国民史』論争』（学術出版会）、『ロシア革命とソ連の世紀2』（共著、岩波書店）など。

今井貴子（いまい・たかこ）【第9章／はじめに】
成蹊大学法学部政治学科教授。東京大学大学院総合文化研究科博士課程単位取得退学。博士（学術）。専門は英国政治、比較福祉政治。著書『政権交代の政治力学——イギリス労働党の軌跡 1994-2010』（東京大学出版会）、『グローバリゼーションと福祉国家』（共著、明石書店）など。

西山隆行（にしやま・たかゆき）【第10章／あとがき】
一九七五年生まれ。成蹊大学法学部政治学科教授。東京大学大学院法学政治学研究科博士課程修了。博士（法学）。専門は比較政治、アメリカ政治。著書『アメリカ政治講義』（ちくま新書）、『移民大国アメリカ』（ちくま新書）、『アメリカ政治入門』（東京大学出版会）、『アメリカ型福祉国家と都市政治』（東京大学出版会）など。

板橋拓己（いたばし・たくみ）【第11章】
一九七八年生まれ。東京大学大学院法学政治学研究科・法学部教授。北海道大学大学院法学研究科博士後期課程修了。博士（法学）。専門は国際政治史、ヨーロッパ政治史。著書『中欧の模索——ドイツ・ナショナリズムの一系譜』（創文社）、『アデナウアー——現代ドイツを創った政治家』（中公新書）、『黒いヨーロッパ——ドイツにおけるキリスト教保守派の「西洋」主義、1925〜1965年』（吉田書店）など。

光田 剛（みつた・つよし）【第12章】
一九六五年生まれ。成蹊大学法学部政治学科教授。東京大学大学院法学政治学研究科単位取得退学。博士（法学）。専門は中国近現代政治史。著書に『中国国民政府期の華北政治』（御茶の水書房）、『現代中国入門』（編著、ちくま新書）など。

ちくま新書
1393

教養《きょうよう》としての政治学入門《せいじがくにゅうもん》

二〇一九年三月一〇日　第一刷発行
二〇二四年一二月二〇日　第三刷発行

編者　成蹊大学法学部（せいけいだいがくほうがくぶ）
発行者　増田健史
発行所　株式会社 筑摩書房
東京都台東区蔵前二-五-三　郵便番号一一一-八七五五
電話番号〇三-五六八七-二六〇一（代表）
装幀者　間村俊一
印刷・製本　株式会社 精興社

本書をコピー、スキャニング等の方法により無許諾で複製することは、法令に規定された場合を除いて禁止されています。請負業者等の第三者によるデジタル化は一切認められていませんので、ご注意ください。

乱丁・落丁本の場合は、送料小社負担でお取り替えいたします。

© Faculty of Law, Seikei University 2019　Printed in Japan

ISBN978-4-480-07211-5 C0231

ちくま新書

1193 移民大国アメリカ　西山隆行

止まるところを知らない中南米移民。その増加への不満がいかに米国社会を蝕みつつあるのか。米国の移民問題の全容を解明し、日本に与える示唆を多角的に分析する。

1331 アメリカ政治講義　西山隆行

アメリカの政治はどのように動いているのか。その力学を歴史・制度・文化など多様な背景から解説。アメリカン・デモクラシーの考え方がわかる、入門書の決定版。

1258 現代中国入門　光田剛編

あまりにも変化が速い現代中国。その実像を政治史、文化、思想、社会、軍事等の専門家がわかりやすく解説。歴史から最新情勢までバランスよく理解できる入門書。

1262 分解するイギリス　——民主主義モデルの漂流　近藤康史

EU離脱、スコットランド独立——イギリスは政治の機能不全で分解に向かいつつある。もはや英国議会政治は民主主義のモデルたりえないのか。危機の深層に迫る。

1195 「野党」論　——何のためにあるのか　吉田徹

野党は、民主主義をよりよくする上で不可欠のツールだ。そんな野党に多角的な光を当て、来るべき野党を、これからの対立軸を展望する。「賢い有権者」必読の書！

1310 行政学講義　——日本官僚制を解剖する　金井利之

我々はなぜ官僚支配から抜け出せないのか。政治主導はなぜ無効なのか。支配・外界・身内・権力の四つの切り口で行政の作動様式を解明する、これまでにない入門書。

655 政治学の名著30　佐々木毅

古代から現代まで、著者がその政治観を形成する上でたえず傍らにあった名著の数々。選ばれた30冊は混迷を深める時代にこそますます重みを持ち、輝きを放つ。